财务成本管理实训

主　编　周建香　王　军　王　宏
副主编　王吉凤　史春欣　李凤荣
编　委　梁　雪　辛　悦　张开宇
　　　　管敬韬　张　萌　鲁秋玲

东北师范大学出版社

长　春

图书在版编目（CIP）数据

财务成本管理实训／周建香，王军，王宏主编. —
长春：东北师范大学出版社，2015.8
ISBN 978 - 7 - 5681 - 1144 - 7

Ⅰ. ①财… Ⅱ. ①周… ②王… ③王… Ⅲ. ①企业管
理—成本管理—高等职业教育—教材 Ⅳ. ①F275.3

中国版本图书馆 CIP 数据核字(2015)第 198635 号

□责任编辑：周虎男　□封面设计：吴晋书艺坊
□责任校对：贾永红　□责任印制：刘兆辉

东北师范大学出版社出版发行
长春净月经济开发区金宝街 118 号（邮政编码：130117）
电话：0431－82687213　010－82893125
传真：0431－85691969　010－82896571
网址：http：//www. nenup. com
东北师范大学出版社激光照排中心制版
北京瑞富峪印务有限公司印装
北京市海淀区苏家坨镇前沙涧村（邮政编码：100194）
2015 年 8 月第 1 版　2015 年 8 月第 1 版第 1 次印刷
幅面尺寸：185 mm×260 mm　印张：16　字数：378 千

定价：36.00 元

前　言

高职教育以培养应用型的人才为主要目标，深化教育改革，创新教育方法，提高教育质量，其中很重要的一个环节就是有能因材施教的教材。财务成本管理是会计学专业的一门必修课程，也是将财务成本管理基本理论与方法运用于企业经营管理的一门实践性极强的学科，因此本教材力图以学生为教学主体，以够用的理论为学习基础，以技能培养为中心，以应用实践为导向，力求理论与实践相融合，为高职教育培养应用型人才提供良好的教育资源。

为了满足高职院校的教学和社会财会人员培训的需要，本书以市场经济为背景，以公司制企业为研究对象，以企业财务活动为主线，形成脉络清晰、架构合理、逻辑缜密的编写体系。编者在编著过程中力求做到：既通俗易懂又指导实践，框架清晰，为学生提供明晰的学习思路，从而使学生掌握基本财务成本管理知识的同时，提高财务管理的能力。

本书的突出特点如下：

（1）实践性。每个项目中，任务一论述财务成本管理的基本理论与基本方法，任务二是实训内容，使理论教学与实践教学紧密结合，增强学生对本门课程所讲知识的感性认识，激发和培养学生的学习动力和学习兴趣，锻炼实战能力，提高实际操作能力。

（2）新颖性。本书在会计制度的运用和会计处理上均以我国财政部于2014年1月1日实施的新修改或新颁布的八项会计准则为依据，充分体现了会计改革的新精神。

（3）精简性。理论知识精简，在教材体系中力求简明扼要地表达清楚理论含义或概念，不重复赘述，不加深其抽象的表述。

（4）方便性。教材便于教师"教"和学生"学"。每个项目都以内容提示为开始，便于学生学习时抓住重点；注重对各种理论习题和实务题的编写，每个项目后安排基本知识训练题和实际技能训练题，便于学生进行课程复习。

本书由周建香、王军、王宏任主编，王吉凤、史春欣、李凤荣任副主编，其他参编人员有：梁雪、辛悦、张开宇、管敬韬、张萌、鲁秋玲。项目一、项目六由梁雪编写；项目二由张开宇编写；项目三、项目八、项目十一、项目十五由王军编写；项目四由管敬韬编写；项目五、项目七由王宏编写；项目九由史春欣和鲁秋玲编写；项目十、项目十三、项目十四、项目十七由王吉凤编写；项目十二由李凤荣和张萌编写；项目十六由周建香编写；项目十八由辛悦编写。

在本教材的编写过程中，参阅了一些书籍，恕未一一注明，在此向这些著作的作者致谢。成书过程中，吉林省经济管理干部学院的领导、东北师范大学出版社的领导及编辑给予了大力支持，在此一并致谢。

学海无涯，尽管我们对本教材的撰写做了很大的努力，但由于水平有限，书中难免存在疏漏、不当之处，敬请各位同仁不吝批评指正，以便于进一步充实和完善。

编　者

目　　录

项目一

财务管理基础工作准备

【内容提示】

本项目是财务管理的理论基础，主要为学习以后各项目内容提供理论依据。
要求通过本项目的学习，重点掌握财务管理的目标和主要原则。

任务一 财务管理基本知识

一、财务管理的内容

任何组织都需要财务管理，但是盈利性组织和非盈利性组织的财务管理有较大的区别。本教材讨论的是盈利性组织的财务管理，即企业财务管理。财务管理学主要讨论一个组织的筹资和内部投资决策。

公司的基本活动可以分为投资，筹资和营业活动三个方面。从财务管理角度看，投资可以分为长期投资和短期投资，筹资也可以分为长期筹资和短期筹资，这样财务管理的内容可以分为五个部分：长期投资、短期投资、长期筹资、短期筹资和营业现金流管理。由于短期投资、短期筹资和营业现金流管理有密切关系，通常合并在一起讨论，称为营运资本管理（或短期财务管理）。因此，为了便于表述，本书把财务管理的内容分为三个部分：长期投资、长期筹资和营运资本管理。

1. 长期投资

这里的长期投资，是指公司对经营性长期资产的直接投资。它具有以下特征：

（1）投资的主体是公司。公司投资不同于个人或专业投资机构的投资。公司投资是直接投资，即现金直接投资于经营性或称生产性资产，然后用其开展经营活动并获取现金。个人或专业投资机构是把现金投资于企业，然后企业用这些现金再投资于经营性资产，属于间接投资。

（2）投资的对象是经营性资产。经营性资产包括建筑物、厂房、机器设备、存货等。经营性资产投资有别于金融资产投资。金融资产投资的对象主要是股票、债券、各种衍生金融工具等，习惯上也称证券投资。经营资产和证券投资的分析方法不同，前者的核心是净现值原理，后者的核心是投资组合原理。

（3）长期投资的直接目的是获取经营活动所需的实物资源，是获取生产经营所需的固定资产等劳动手段,以便运用这些资源赚取营业利润。长期投资的直接目的不是获取长期资产的再出售收益,而是要使用这些资产。

长期投资涉及的问题非常广泛,财务经理主要关心其财务问题,也就是现金流量的规模(期望回收多少现金)、时间(何时回收现金)和风险(回收现金的可能性如何)。长期投资现金流量的计划和管理过程,称为资本预算。

2. 长期筹资

长期筹资是指公司筹集生产经营所需的长期资本,它具有以下特点:

(1)筹资的主体是公司。公司是有别于业主的独立法人。它可以在资本市场上筹集资金,同时承诺提供回报。公司可以直接在资本市场上向潜在的资金所有权人融资,例如发行股票、债券等,也可通过金融机构间接融资,例如银行借款等。

(2)筹资的对象是长期资金。长期资金是指企业可以长期使用的资金,包括权益资金和长期负债资金。权益资金不需要归还,企业可以长期使用;长期借款和长期债券虽然需要归还,但是可以持续使用较长时间。长期筹资还包括股利分配,股利分配决策同时也是内部筹资决策。净利润是属于股东的,应该分配给他们,而留存一部分收益不将其分配给股东,实际上是向现有股东筹集权益资本。

(3)筹资的目的是满足公司的长期资金需要。筹集多少长期资金,应根据长期资金的需要量确定,两者应当匹配。按照投资持续时间结构去安排筹资时间结构,有利于降低利率风险和偿债风险。如果使用短期债务支持固定资产购置,短期债务到期时企业要承担出售固定资产偿债的风险。而使用长期债务支持长期资产,可以锁定利息支出,避免短期利率变化的风险。

3. 营运资本管理

营业活动产生的现金对于价值创造有直接意义,它是增加股东财富的基础。财务管理人员不直接从事营业活动,他们的职责是管理营业运转所需要的资本。

营运资本管理分为营运资本投资和营运资本筹资两部分。营运资本投资管理主要是制定营运资本投资政策,决定分配多少资金用于应收账款和存货,决定保留多少现金以备支付,以及对这些资金进行日常管理。营运资本筹资管理主要是制定营运资本筹资政策,决定向谁借入短期资金,借入多少短期资金,是否需要采用赊购融资等。

财务管理的上述三部分内容中,投资主要涉及资产负债表的左方下半部分的项目,这些项目的类型和比例往往会因公司所处行业不同而有所差异;筹资主要涉及资产负债表的右方下半部分的项目,这些项目的类型和比例往往会因企业组织类型的不同而有所差异;营运资本管理主要涉及资产负债表的上半部分的项目,这些项目的类型和比例和行业有关,也和组织类型有关。这三部分内容是相互联系、相互制约的。

筹资和投资有关,一方面投资决定需要筹资的规模和时间,另一方面公司已经筹集到的资金制约了公司投资的规模。投资和经营有关系,一方面生产经营活动的内容决定了需要投资的长期资产类型,另一方面已经取得的长期资产决定了公司日常活动的特点和方式。投资、筹资和营运资本管理的最终目的,都是为了增加企业价值。

二、财务管理的目标

财务管理目标又称理财目标，是指企业进行财务活动所要达到的根本目的，它决定着企业财务管理的基本方向。财务管理目标是一切财务活动的出发点和归宿，是评价企业理财活动是否合理的基本标准。企业应根据自身的实际情况和市场经济体制对企业财务管理的要求，科学合理地选择、确定财务管理目标。

1. 利润最大化

利润最大化目标认为，利润代表了企业新创造的财富，利润越多则说明企业的财富增加得越多，越接近企业的目标。但利润最大化目标存在以下缺点：

(1)没有明确利润最大化中利润的概念，给企业管理当局提供了进行利润操纵的空间。

(2)不符合货币时间价值的理财原则。它没有考虑利润的取得时间，不符合现代企业"时间就是价值"的理财理念。

(3)不符合风险—报酬均衡的理财原则。它没有考虑利润和所承担风险的关系，增大了企业的经营风险和财务风险。

(4)没有考虑利润取得与投入资本额的关系。该利润是绝对指标，不能真正衡量企业经营业绩的优劣，也不利于企业在同行业中竞争优势的确立。

2. 股东财富最大化

股东财富最大化是指通过财务上的合理经营，为股东创造最多的财富，实现企业财务管理目标。不可否认，该目标具有积极的意义。然而，该目标仍存在如下不足：

(1)适用范围存在限制。该目标只适用于上市公司，不适用于非上市公司，因此不具有普遍的代表性。

(2)不符合可控性原则。股票价格的高低受各种因素的影响，如国家政策的调整、国内外经济形势的变化、股民的心理等，企业管理当局对这些因素无法完全加以控制。

(3)不符合理财主体假设。理财主体假设认为，企业的财务管理工作应限制在每一个经营上和财务上具有独立性的单位组织内，而股东财富最大化将股东这一理财主体与企业这一理财主体相混同，不符合理财主体假设。

(4)不符合证券市场的发展。证券市场既是股东筹资和投资的场所，也是债权人进行投资的重要场所，同时还是经理人市场形成的重要条件。股东财富最大化片面强调站在股东立场的资本市场的重要，不利于证券市场的全面发展。

(5)它强调的更多的是股东利益，而对其他相关者的利益重视不够。

3. 企业价值最大化

企业价值最大化是指采用最优的财务结构，充分考虑资金的时间价值以及风险与报酬的关系，使企业价值达到最大。

该目标的一个显著特点就是全面地考虑到了企业利益相关者和社会责任对企业财务管理目标的影响，但该目标也有许多问题需要我们去探索：

(1)在企业价值计量方面存在问题。首先，把不同理财主体的自由现金流混合折现不具有可比性；其次，把不同时点的现金流共同折现不具有说服力。

（2）不易为管理当局理解和掌握。企业价值最大化实际上是几个具体财务管理目标的综合体，包括股东财富最大化、债权人财富最大化和其他各种利益财富最大化，这些具体目标的衡量有不同的评价指标，从而使财务管理人员无所适从。

（3）没有考虑股权资本成本。在现代社会，股权资本和债权资本一样，不是免费取得的，如果不能获得最低的投资报酬，股东们就会转移资本投向。

三、财务管理的原则

财务管理的原则也称理财原则，是指人们对财务活动的共同的、理性的认识。财务管理主要的原则有：

1. 系统原则

财务管理是企业管理系统的一个子系统，本身又由筹资管理、投资管理、分配管理等子系统构成。在财务管理中坚持系统原则，是理财工作的首要出发点。

2. 现金收支平衡原则

在财务管理中，贯彻的是收付实现制，而非权责发生制，客观上要求在理财过程中做到现金收入（流入）与现金支出（流出）在数量上、时间上达到动态平衡，即现金流转平衡。企业要在一系列的复杂业务关系中保持现金的收支平衡，基本方法是现金预算控制。因而，现金预算是进行现金流转控制的有效工具。

3. 成本、收益、风险权衡原则

在理财过程中，要获取收益就要付出成本，同时面临风险，因此成本、收益、风险之间总是相互联系、相互制约的。理财人员必须牢固树立成本、收益、风险三位一体的观念，以指导各项具体财务管理活动。

4. 管理原则

在全面协调、统一的前提下，按照管理物资与管理资金相结合、使用资金与管理资金相结合、管理责任与管理权限相结合的要求，实行各级、各部门共同承担责任的财务管理，以调动全体员工管理的积极性，将各项管理措施落到实处，务实有效。

5. 委托代理关系原则

现代企业的委托代理关系一般包括顾客与公司、债权人与股东、股东与经理以及经理与雇员等多种关系。企业和这些关系人之间的关系，大部分属于委托代理关系。这种既相互依赖又相互冲突的利益关系，需要通过"合约"来协调。为了提高企业的财务价值，可以预见，企业将采取更加灵活多样的激励机制。

四、金融市场

金融市场是理财环境的一部分。企业的理财环境，是指对企业财务活动产生影响作用的企业外部条件。理财环境是企业决策难以改变的外部约束条件，企业财务决策更多的是适应它们的要求和变化，而不是设法改变它们。财务管理的环境涉及的范围很广，包括一般宏观环境、行业环境、经营环境和国际商业环境等。这里仅讨论理财环境中的金融市场问题。

金融市场和普通商品市场类似，也是一种交换商品的场所。金融市场交易的对象是银行存款单、债券、股票、期货、保险单等证券。与普通商品交易的不同之处在于，金融交易大多只是货币资金使用权的转移，而普通商品交易是所有权和使用权的同时转移。

任务二　财务管理岗位的技能

财务管理工作以会计工作为基础，以企业经营目的为指导，综合运用各种管理工具，涉及企业供、产、销等环节，人员涉及企业一般员工到高层领导的全体成员。财务管理岗位应具备的关键能力如表 1-1 所示。

表 1-1　财务管理岗位关键能力明细表

关键能力	关键能力描述
财务分析能力	具有非常出色的分析评估能力，能依据各类财务数据和财务工作开展的实际情况，并结合企业的经营管理现状，对月度、季度、年度各分公司、子公司的经营管理(包括企业偿债能力、营运能力、盈利能力和发展能力等方面)进行有效的分析，并提出相应的意见和建议，包括相关的措施和方案；能根据财务工作开展的实际情况，并结合财务工作规划，对月度、季度、年度整个财务系统的工作开展情况进行有效的分析，并提出改善和提升的措施方案
风险控制能力	具备风险前瞻意识，凡事谋而后动，并注重在过程中的思考和理性分析，以进行风险控制；能根据市场环境和管理的变化，采取灵活多样的方式(方案、措施)来应对各类风险。善于应变；权宜通达，机动灵活，不抱残守缺，不墨守成规
成本费用控制能力	在成本与费用形成过程中，必须具备对其事先进行规划、预算和制定系统目标，事中进行指导、限制和监督，及时发现和纠正偏差，事后进行评价分析，在总结和改进的基础上，修订和建立新成本与费用目标的一系列活动的能力；能够为成本与费用控制而采取行动和措施，包括成本预测、成本计划、成本控制、成本核算、成本考核和成本分析六个环节，能以较小的耗费换取最大的经济效益
税务筹划能力	可通过利用税收优惠、税收弹性等方法，实现直接减轻税收负担、获取资金的时间价值，实现涉税零风险、提高自身经济效益以及维护主体的合法权益等目标
财务预警能力	以企业的财务报表、经营计划、相关经营资料及收集的外部资料为依据，依托建立的组织体系，采用各种分析方法，将企业所面临的经营波动情况和危险情况预先告知各分支机构负责人和其他相关利益关系人，并分析发生的原因及企业财务运营体系隐藏的问题，以督促各经营者提早做好防范措施，并为各机构负责人提供决策和控制依据，以及组织手段和分析系统
财务预算能力	能在业务预算和资本预算基础上合理安排现金流量，以及预计一定时期内的损益表和一定时期末的资产负债表；能在财务预测和决策的基础上，围绕企业战略目标，对一定时期内企业资金的取得和投放、各项收入和支出、企业经营成果及其分配等资金运动进行一系列的安排
资金管理能力	能从资金筹集、管理、控制三方面加强企业资金管理，提高企业经济效益

【基市知识训练题】

一、单项选择题

1. 下列有关增加股东财富的表述中，正确的是( )。

    A. 收入是增加股东财富的因素，成本费用是减少股东财富的因素

    B. 股东财富的增加可以用股东权益的市场价值来衡量

    C. 多余现金用于再投资有利于增加股东财富

    D. 提高股利支付率，有助于增加股东财富

2. 以下各项财务指标中，最能够反映上市公司财务管理目标实现程度的是( )。

    A. 扣除非经常性损益后的每股收益   B. 每股净资产

    C. 每股市价   D. 每股股利

3. 企业的下列财务活动中，不符合债权人目标的是( )。

    A. 提高利润留存比率   B. 降低财务杠杆比率

    C. 发行公司债券   D. 非公开增发新股

4. 下列关于企业履行社会责任的说法中，正确的是( )。

    A. 履行社会责任主要是指满足合同利益相关者的基本利益要求

    B. 提供劳动合同规定的职工福利是企业应尽的社会责任

    C. 企业只要依法经营就是履行了社会责任

    D. 履行社会责任有利于企业的长期生存与发展

5. 企业在进行财务决策时不考虑沉没成本，这主要体现了财务管理的( )。

    A. 比较优势原则   B. 期权原则

    C. 净增效益原则   D. 有价值的创意原则

二、多项选择题

1. 下列有关企业财务目标的说法中，正确的有( )。

    A. 企业的财务目标是利润最大化

    B. 增加借款可以增加债务价值以及企业价值，但不一定增加股东财富，因此企业价值最大化不是财务目标的准确描述

    C. 追加股权投资资本可以增加企业的股东权益价值，但不一定增加股东财富，因此股东权益价值最大化不是财务目标的准确描述

    D. 财务目标的实现程度可以用股东权益的市场增加值度量

2. 如果资本市场是完全有效的，下列表述中正确的有( )。

    A. 股价可以综合反映公司的业绩

    B. 运用会计方法改善公司业绩可以提高股价

    C. 公司的财务决策会影响股价的波动

    D. 投资者只能获得与投资风险相应的报酬

3. 下列关于理财原则的表述中，正确的有( )。

    A. 理财原则既是理论，也是实务

    B. 理财原则在一般情况下是正确的，在特殊情况下不一定正确

C. 理财原则是财务交易与财务决策的基础

D. 理财原则只解决常规问题，对特殊问题无能为力

4. 在货币市场中交易的金融工具有（　　　）。

　　A. 银行承兑汇票　　　　　　　　　　B. 期限为 3 个月的政府债券

　　C. 期限为 12 个月的可转让定期存单　　D. 股票

5. 关于金融市场说法正确的有（　　　）。

　　A. 金融市场的基本功能是融通资金和调节经济

　　B. 金融市场的活跃程度可以反映经济的繁荣和衰退

　　C. 完整、准确和及时的信息是理想金融市场的条件之一

　　D. 金融市场的附带功能是价格发现、经济调节和节约信息成本

三、判断题

1. 机会成本概念应用的理财原则是比较优势原则。　　　　　　　　　　　（　　　）

2. 通货膨胀时，金融资产的名义价值上升。　　　　　　　　　　　　　　（　　　）

3. 企业是金融市场上最大的资金需求者。　　　　　　　　　　　　　　　（　　　）

4. 金融资产具有实际价值不变的特点。　　　　　　　　　　　　　　　　（　　　）

5. 金融市场为政府实施宏观经济的间接调控提供了条件。　　　　　　　　（　　　）

项目二

财务管理基本价值观

【内容提示】

本项目对货币时间价值的概念及相关计算，风险报酬的概念、衡量及相关计算进行了论述，从能力目标、任务描述、实训资料、实训要求等方面进行的实训。

通过本项目的学习，要求掌握货币时间价值的计算方法、风险报酬计算方法等相关内容。

任务一　财务管理基本价值观基本知识

一、货币的时间价值

1. 货币时间价值的概念

货币时间价值，是指资金经历一定时间的投资和再投资所增加的价值，也称为资金的时间价值。在市场经济条件下，即使不存在通货膨胀，等量资金在不同时点上的价值也不相等，今天的100元钱与将来的100元钱不等值，前者要比后者的价值大。比如，若银行存款年利率为10%，将今天的100元钱存入银行，一年以后就会是110元，可见，经过一年时间，这100元钱发生了10元的增值，今天的100元钱和一年后的110元等值。人们将资金在使用过程中随时间的推移而发生增值的现象，称为资金具有时间价值的属性。

货币投入生产经营过程后，其数额随着时间的持续不断增长，这是一种客观的经济现象。企业资金循环和周转的起点是投入货币资金，企业用它来购买所需的资源，然后生产出新的产品，产品出售时得到的货币量大于最初投入的货币量。资金的循环和周转以及因此实现的货币增值需要或多或少的时间，每完成一次循环，货币就增加一定数额，周转的次数越多，数值额也越大。因此，随着时间的延续，货币总量在循环和周转中按几何级数增长，使得货币具有时间价值。

2. 货币时间价值的计算方法

(1)单利的计算。

单利是指计算利息时只按本金计算利息，应付而未付的利息不计算利息。例如，某人将1 000元存入银行，存款利率为4%，一年后可得本利和1 040元，若存款期为3年，则每年利息都是 40 元(1 000×4％)。目前，我国银行存贷款一般都采用这种方法计算利息。

① 单利终值的计算。

终值是指一定数额的资金经过一段时期后的价值，即资金在其运动终点的价值，在商业上俗称"本利和"。如前例 1 040 元(1 000+40)就是单利终值。单利终值的计算公式是：

$$F = P + P \times i \times n = P \times (1 + i \times n)$$

公式中：F——单利终值；P——本金(现值)；i——利率；n——计息期数；$P \times i \times n$——利息。

注意：公式中 i 和 n 应相互配合，如 i 为年利率，n 应为年数；如 i 为月利率，n 应为月份数。

【例 2-1】　某人持有一张带息票据，面额为 3 000 元，票面利率为 6％，出票日期为 8 月 12 日，到期日为 11 月 10 日(90 天)。则该持有者到期可得本利和为多少？

$$F = P \times (1 + i \times n) = 3\ 000 \times (1 + 6\％ \times 90/360) = 3\ 045(元)$$

② 单利现值的计算。

现值是指在未来某一时点上的一定数额的资金折合成现在的价值，即资金在其运动起点的价值，在商业上俗称"本金"，如例 2-1 中的 3 000 元。单利现值的计算公式是：

$$P = \frac{F}{1 + i \times n}$$

公式中：有关字母的含义同上。

可见，单利现值的计算同单利终值的计算是互逆的，由终值计算现值的过程称为折现。

【例 2-2】　某人希望在第 5 年末取得本利和 1 000 元，用以支付一笔款项。在利率为 5％，单利方式计算条件下，此人现在需要存入银行多少资金？

$$P = \frac{F}{1 + i \times n} = \frac{1\ 000}{1 + 5\％ \times 5} = 800(元)$$

(2)复利的计算。

复利是指计算利息时，把上期的利息并入本金一并计算利息，即"利滚利"。例如，某人将 1 000 元钱存入银行，存款利率为 4％，存款期为 3 年。第 1 年利息为 40 元(1 000×4％)，第 2 年利息为 41.6 元(1 040×4％)，第 3 年利息为 43.264 元(1 081.6×4％)。货币时间价值通常是按复利计算的。

① 复利终值的计算(已知现值 P，求终值 F)。

复利终值是指一定量的本金按复利计算若干期后的本利和。图 2-1 为复利终值示意图，图中有关字母的含义同前。

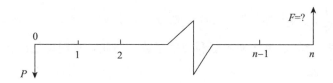

图 2-1　复利终值示意图

某企业将 10 000 元存入银行，存款利率为 5%，存款期为 1 年，则到期本利和为：

$F = P + P \times i = P \times (1 + i) = 10\,000 \times (1 + 5\%) = 10\,500 (元)$

若该企业不提走现金，将 10 500 元继续存入银行，则第二年本利和为：

$F = [P \times (1 + i)] \times (1 + i) = P \times (1 + i)^2 = 10\,000 \times (1 + 5\%)^2 = 11\,025 (元)$

若该企业仍不提走现金，将 11 025 元再次存入银行，则第三年本利和为：

$F = \{[P \times (1 + i)] \times (1 + i)\} \times (1 + i) = P \times (1 + i)^3 = 10\,000 \times (1 + 5\%)^3 = 11\,576.25$ (元)

同理，第 n 年本利和为：

$$F = P \times (1 + i)^n$$

上式就是计算复利终值的一般计算公式，其中 $(1 + i)^n$ 通常称作"复利终值系数"，用符号 $(F/P, i, n)$ 表示。例如，$(F/P, 5\%, 3)$ 表示利率为 5%、第 3 期的复利终值系数。因此，复利终值的计算公式也可表示为：

$$F = P \times (F/P, i, n)$$

即：

$$复利终值 = 现值 \times 复利终值系数$$

为了便于计算，复利终值系数可以通过查阅"1 元复利终值系数表"获得。

"1 元复利终值系数表"的第一行是利率 i，第一列是计息期数 n，相应的 $(1 + i)^n$ 在其纵横相交处。通过该表可查出，$(F/P, 5\%, 3) = 1.1576$，即在利率为 5% 的情况下，现在的 1 元和 3 年后的 1.157 6 元在经济上是等效的，根据这个系数可以把现值换算成终值。

【例 2-3】 某企业将 50 000 元存入银行，年存款利率为 6%，5 年后本利和为多少？

$F = 50\,000 \times (F/P, 6\%, 5) = 50\,000 \times 1.338\,2 = 66\,910 (元)$

② 复利现值的计算（已知终值 F，求现值 P）。

复利现值是复利终值的对称概念，指未来一定时间的特定资金按复利计算的现在价值，或者说是为取得将来一定本利和现在所需要的本金。图 2-2 为复利现值示意图，图中有关字母的含义同前。

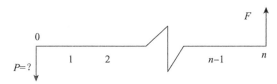

图 2-2　复利现值示意图

复利现值的计算公式为：

$$P = \frac{F}{(1 + i)^n}$$

公式中：$\frac{F}{(1 + i)^n}$ 通常称作"复利现值系数"，用符号 $(P/F, i, n)$ 表示。例如 $(P/F, 5\%, 3)$ 表示利率为 5%、第 3 期的复利现值系数。因此，复利现值的计算公式也可以表示为：

$$P = F \times (P/F, i, n)$$

即：

$$复利现值 = 终值 \times 复利现值系数$$

为了便于计算，复利现值系数可以通过查阅"1元复利现值系数表"获得。该表的使用方法与"1元复利终值系数表"相同。

【例2-4】　某企业欲投资A项目，预计5年后可获得1 000 000元的收益，假定年利率（折现率）为10%，则这笔收益的现值为多少？

$P = 1\ 000\ 000 \times (P/F,\ 10\%,\ 5) = 1\ 000\ 000 \times 0.620\ 9 = 620\ 900$（元）

（3）普通年金的计算。

年金是指一定时期内每期相等金额的收付款项。折旧、租金、养老金、保险金、等额分期付款、等额分期收款以及零存整取储蓄存款等都是年金问题。

年金有多种形式，根据第一次收到或付出钱的时间不同和延续时间长短，一般可分为后付年金（或称普通年金）、先付年金（或称即付年金）、延期年金和永续年金。

① 普通年金终值的计算（已知年金A，求年金终值F）。

普通年金，也称后付年金，即在每期期末收到或付出的年金，如图2-3所示。

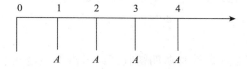

图2-3　普通年金示意图

图2-3中，横轴代表时间，数字代表各期的顺序号，竖线的位置表示支付的时点，竖线下端的字母A表示每期收付的金额（即年金）。

普通年金终值是指最后一次支付时的本利和，它是每次支付的复利终值之和。如果年金相当于零存整取储蓄存款的零存数，那么年金终值就是零存整取的整取数。普通年金终值的计算公式可根据复利终值的计算方法计算得出：

$$F = A + A \cdot (1+i) + A \cdot (1+i)^2 + \cdots + A \cdot (1+i)^{n-1} \tag{1}$$

等式两边同乘$(1+i)$，则有：

$$F \cdot (1+i) = A \cdot (1+i) + A \cdot (1+i)^2 + A \cdot (1+i)^3 \cdots + A \cdot (1+i)^n \tag{2}$$

公式(2)－公式(1)：

$$F \cdot (1+i) - F = A \cdot (1+i)^n - A$$

$$F \times i = A \cdot [(1+i)^n - 1]$$

$$F = A \times \frac{(1+i)^n}{i} \tag{3}$$

公式(3)就是普通年金终值的计算公式。式中的分式$\frac{(1+i)^n}{i}$称作"年金终值系数"，记为$(F/A,\ i,\ n)$，可通过直接查阅"1元年金终值系数表"求得有关数值。上式也可表示为：

$$F = A \times (F/A,\ i,\ n)$$

即：　　　　　　　　普通年金终值＝年金×年金终值系数

【例2-5】　假定某房产商计划在5年建设期内每年年末向银行借款1 000万元，借款年利率为10%，则该项目竣工时应付本息的总额为多少？

$F = 1\ 000 \times (F/A,\ 10\%,\ 5) = 1\ 000 \times 6.105\ 1 = 6\ 105.1$（万元）

② 普通年金现值的计算（已知年金A，求年金现值P）。

普通年金现值，是指为在每期期末取得相等金额的款项，现在需要投入的金额。普通年金现值的计算公式为：

$$P=A \cdot (1+i)^{-1}+A \cdot (1+i)^{-2}+\cdots+A \cdot (1+i)^{-(n-1)}+A \cdot (1+i)^{-n}$$

根据上式整理可得到：

$$P=A \times \frac{1-(1+i)^{-n}}{i}$$

公式中：分式 $\frac{1-(1+i)^{-n}}{i}$ 称作"年金现值系数"，记为 $(P/A，i，n)$，可通过直接查阅"1元年金现值系数表"求得有关数值。上式也可表示为：

$$P=A \times (P/A，i，n)$$

即：　　　　　　　　普通年金现值＝年金×年金现值系数

【例2-6】　某企业租入办公楼，租期为3年，每年年末支付租金800 000元。假定年利率为9%，则该企业3年内应支付的租金总额的现值为多少？

$$P=800\,000 \times (P/A，9\%，3)=800\,000 \times 2.531\,3=2\,025\,040(元)$$

（4）即付年金的计算。

即付年金也称先付年金，即在每期期初收到或付出的年金。它与普通年金的区别仅在于收付款时间的不同，如图2-4所示。

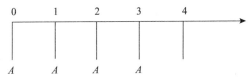

图2-4　即付年金示意图

图2-4中，横轴代表时间，数字代表各期的顺序号，竖线的位置表示支付的时点，竖线下端的字母A表示每期收付的金额（即年金）。

① 即付年金终值的计算。

从图2-3和图2-4可以看出，n期即付年金与n期普通年金的付款次数相同，但由于其付款时间不同（普通年金是在每期期末收到或付出相等的金额），n期即付年金终值比n期普通年金的终值多计算一期利息。因此，在n期普通年金终值的基础上乘上（1+i）就是n期即付年金的终值。或者，在普通年金终值系数的基础上，期数加1，系数减1便可得对应的即付年金的终值。计算公式如下：

$$F=A \times (F/A，i，n) \times (1+i)$$

即：　　　　　即付年金终值＝年金×普通年金终值系数×(1+i)

或：　　　　　　　　$F=A \times [(F/A，i，n+1)-1]$

即：　　　　　　　　即付年金终值＝年金×即付年金终值系数

【例2-7】　某公司决定连续3年于每年年初存入100万元作为住房基金，银行存款利率为8%，则该公司在第3年末能一次取出的本利和为多少？

$$F=100 \times (F/A，8\%，3) \times (1+8\%)=100 \times 3.246\,4 \times 1.08=350.61(万元)$$

或：$F=100 \times [(F/A，8\%，4)-1]=100 \times (4.506\,1-1)=350.61(万元)$

② 即付年金现值的计算。

同理，n 期即付年金现值比 n 期普通年金的现值多计算一期利息。因此，在 n 期普通年金现值的基础上乘上 $(1+i)$ 就是 n 期即付年金的现值。或者，在普通年金现值系数的基础上，期数减 1、系数加 1 便可得对应的即付年金的现值。计算公式如下：

$$P = A \times (P/A, i, n) \times (1+i)$$

即：　　　　即付年金现值＝年金×普通年金现值系数×$(1+i)$

或：　　　　$$P = A \times [(P/A, i, n-1) + 1]$$

即：　　　　即付年金现值＝年金×即付年金现值系数

【例 2-8】 某人购房，现有两种付款方式可供选择：一是现在一次付清，房款为 75 万元；二是分期付款，于每年年初付款 15 万元，付款期为 6 年。假定银行存款利率为 9%，此人应选择哪一种付款方式？

$$P = 15 \times (P/A, 9\%, 6) \times (1+9\%) = 15 \times 4.4859 \times 1.09 = 73.34 (\text{万元})$$

由于分期付款的房款 73.34 万元低于一次付清的房款 75 万元，应选择分期付款方式。

(5) 永续年金的计算。

永续年金，即无限期等额收入或付出的年金，可视为普通年金的特殊形式，即期限趋于无穷的普通年金。存本取息可视为永续年金的例子。此外，也可将利率较高、持续期限较长的年金视同永续年金计算。

由于永续年金持续期无限，没有终止的时间，因此没有终值，只有现值。通过普通年金现值计算可推导出永续年金现值的计算公式：

$$P = A \times \frac{1-(1+i)^{-n}}{i}$$

当 $n \to \infty$ 时，$(1+i)^{-n}$ 的极限为零，故上式可表示为：

$$P = \frac{A}{i}$$

【例 2-9】 某学校拟建立一项永久性的奖学金，每年计划颁发 30 000 奖学金，若银行存款利率为 8%，现在应存入多少钱？

$$P = 30\,000 \div 8\% = 375\,000 (\text{元})$$

(6) 递延年金的计算。

递延年金，即第一次收入或付出发生在第二期或第二期以后的年金。即第一次收付款与第一期无关，而是隔若干期后才开始发生的系列等额收付款项。它是普通年金的特殊形式，凡不是从第一期开始的年金都是递延年金。

递延年金现值的计算方法有三种：

$$P = A \times [(P/A, i, m+n) - (P/A, i, m)] \tag{1}$$

或：　　　　$$P = A \times (P/A, i, n) \times (P/F, i, m) \tag{2}$$

或：　　　　$$P = A \times (F/A, i, n) \times (P/F, i, m+n) \tag{3}$$

公式中：m——表示递延期；n——表示连续实际发生的期数

公式 (1)，是假设递延期中也进行收付，先求出 $(m+n)$ 期的年金现值，然后扣除实际并未收付的递延期 (m) 的年金现值，即可得出最终结果。

公式 (2)，是把递延年金视为普通年金，求出递延期末的现值，然后再将此值调整到第一期初。

公式(3)，是先求出递延年金的终值，再将其折算为现值。

三种方法第 1 次均在 $m+1$ 期期末。

【例 2-10】 某人向银行贷款的年利率为 8%，协议规定前 3 年不用还本付息，但从第 4 年至第 10 年每年年末偿还本息 40 000 元。问这笔贷款的现值为多少？

递延年金的支付形式见图 2-5。

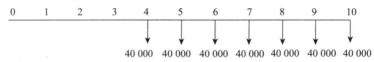

图 2-5 递延年金的支付形式

从图 2-5 中可以看出，前三期没有发生支付，即递延期 $m=3$，第一次支付在第四期期末，连续支付 7 次，即 $n=7$。$m+n=3+7=10$

$P=40\,000\times[(P/A, 8\%, 10)-(P/A, 8\%, 3)]=40\,000\times(6.710\,1-2.577\,1)=165\,320(元)$

或：$P=40\,000\times(P/A, 8\%, 7)\times(P/F, 8\%, 3)=40\,000\times5.206\,4\times0.793\,8=165\,314(元)$

或：$P=40\,000\times(F/A, 8\%, 7)\times(P/F, 8\%, 10)=40\,000\times8.922\,8\times0.463\,2=165\,322(元)$

注：三种计算方法产生的尾差系小数点后数字四舍五入所致。

二、风险和报酬

1. 风险报酬的概念

在阐述时间价值时，我们提出资金的时间价值是不存在风险和通货膨胀条件下的投资报酬率。所以，前面我们是假设没有风险的。但是，风险是客观存在的，做财务管理工作不能不考虑风险问题。按风险的程度，可把企业财务决策分为三种类型：

(1)确定性决策。

决策者对未来的情况是完全确定的或已知的决策，称为确定性决策。例如，盛鼎公司将 100 万元投资于利息率为 10% 的国库券，由于国家实力雄厚，到期得到 10% 的报酬几乎是肯定的，因而，一般认为这种投资为确定性投资。

(2)风险性决策

决策者对未来的情况不能完全确定，但它们出现的可能性——概率的具体分布是已知的或可以估计的，这种情况下的决策称为风险性决策。例如，盛鼎公司将 100 万元投资于明亮玻璃制造公司的股票，已知这种股票在经济繁荣时能获得 20% 的报酬，在经济状况一般时能获得 10% 的报酬，在经济萧条时只能获得 5% 的报酬。现根据各种资料分析，认为明年经济繁荣的概率为 30%，经济状况一般的概率为 40%，经济萧条的概率为 30%。这种决策便属于风险性决策。

(3)不确定性决策

决策者对未来的情况不仅不能完全确定，而且对其可能出现的概率也不清楚，这种情况下的决策称为不确定性决策。例如，盛鼎公司把 100 万元投资于东北煤炭开发公司的股票，如果东北公司能顺利找到煤矿，则盛鼎公司可获得 100％的报酬；反之，如果东北公司找不到煤矿，则盛鼎公司获得－100％的报酬。但找到煤矿与找不到煤矿的可能性各为多少，事先无法知道，也就是说，事先并不能知道有多大的可能性获得 100％的报酬，有多大的可能性获得－100％的报酬，这种投资决策便属于不确定性决策。

2. 风险程度的衡量

风险的衡量，需要使用概率和统计方法。

(1)概率。

在经济活动中，某一事件在相同的条件下可能发生也可能不发生，这类事件称为随机事件。概率就是用来表示随机事件发生可能性大小的数值。通常，把必然发生的事件概率定为 1，把不可能发生的事件概率定为 0，而一般随机事件的概率是介于 0 与 1 之间的一个数，概率越大就表示该事件发生的可能性越大。任何概率都具有以下特点：

① 每个概率 P_i 必在 0 与 1 之间，即 $0 \leqslant P_i \leqslant 1$；

② 各个概率之和必等于 1，即其中 n 表示可能出现结果的个数。

【例 2-11】 某公司制定一项投资方案，该方案的收益和投资效果情况如表 2-1 所示。

表 2-1　投资方案的收益和投资效果

投资效果	收益(随机变量 X_i)/万元	概率(P_i)
良好	$X_1 = 3\ 000$	$P_1 = 0.2$
一般	$X_2 = 2\ 000$	$P_2 = 0.6$
不佳	$X_3 = 700$	$P_3 = 0.2$

表 2-1 说明，该项投资有 20％的可能为投资效果良好，并可获 3 000 万元的收益；有 60％的可能为投资效果一般，并可获得 2 000 万元的收益；有 20％的可能为投资效果不佳，只能获得 700 万元的收益。

(2)离散型分布和连续型分布。

① 离散分布。如果随机变量(如报酬率)只取有限个值，并且对应于这些值有确定的概率，则称随机变量离散型分布。例 2-11 就属于离散型分布，它有三个值，见图 2-6。

② 连续分布。随机变量取值为某区间的一切取值都有确定的概率。实际上，例 2-11 中出现投资效果远不止三种，有无数可能的情况会出现，如果对每种情况都赋予一个概率，并分别测定其收益，则可用连续分布描述，见图 2-7。

如果概率分布曲线为对称钟形时，则称该随机变动为正态分布。实际上，并不是所有问题都按正态分布。但是，按照统计学的理论，不论总体分布

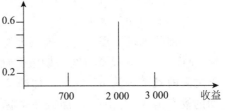

图 2-6　随机变量离散型分布图

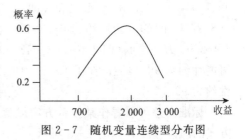

图 2-7　随机变量连续型分布图

是正态还是非正态，当样本很大时，其样本平均数都呈正态分布。一般来说，如果被研究的量受彼此独立的大量偶然因素的影响，并且每个因素在总的影响中只占很小部分，那么，这个总影响所引起的数量上的变化，就近似服从于正态分布。所以，正态分布在统计上被广泛使用。

（3）期望值。

对随机变量的各个取值，以相应的概率为权数加权平均，所得数值叫作随机变量的期望值（数学期望或均值），它反映随机变量取值的平均化。其计算公式为：

$$期望值\ \overline{E}=\sum_{i=1}^{n}(P_iX_i)$$

公式中：P_i——第 i 种结果出现的概率；X_i——第 i 种结果出现后的预期值；n——所有可能结果的数目。

【例 2-12】 承接例 2-11 的数据：

该项投资方案收益的期望值 $\overline{E}=3\,000\times0.2+2\,000\times0.6+700\times0.2=1\,940$（万元）

（4）方差和标准差。

方差和标准差都是反映随机变量离散程度的指标。

① 方差是用来表示随机变量与期望值之间离散程度的一个量。其计算公式为：

$$方差\ \delta^2=\sum_{i=1}^{n}(X_i-\overline{E})^2\times P_i$$

② 标准（离）差也叫均方差，是方差的平方根。标准离差是指某事件各种可能值（随机变量）与期望值的综合偏离程度。它们之间的差距越大，说明随机变量的可变性越大，意味着各种可能情况与期望值的差别越大，风险也越大；反之，它们之间差距越小，说明随机变量越接近于期望值，就意味着风险越小。标准离差可以用公式表示为：

$$标准（离）差\ \delta=\sqrt{\sum_{i=1}^{n}(X_i-\overline{E})^2\times P_i}$$

【例 2-13】 承接例 2-11 和例 2-12 的数据，该项投资方案的标准离差为：

$$\delta=\sqrt{(3\,000-1\,940)^2\times0.2+(2\,000-1\,940)^2\times0.6+(700-1\,940)^2\times0.2}$$
$$=731.03（万元）$$

根据数理统计理论，当投资方案呈正态分布时（见图 2-8），投资方案的期望值加减 1 个标准差之间的概率约为 68.26%，加减 2 个标准差之间的概率约为 95.44%，加减 3 个标准差之间的概率约为 99.72%。据此，上述投资方案的收益在 1 940±731.03 万元之间（即 2 671.03～1 208.97 万元）的可能性约为 68.26%；在 1 940±1 462.06 万元之间（即 3 402.06～477.94 万元）的

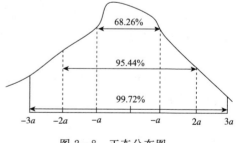

图 2-8　正态分布图

可能性约为 95.44%；在 1 940±2 193.03 万元之间（即 4 133.03～−253.03 万元）的可能性约为 99.72%。

标准离差可以看作某投资方案风险大小的具体标志，也可以比较期望值相同时不同的方案的风险程度，如图 2-8 所示。

(5)标准离差率。

标准离差是指随机变量偏离期望值的绝对值，它可以说明某经营方案的风险程度，也可以比较相同期望值的各种方案的风险大小。但对于期望值不同的各种方案的风险程度，只能运用标准离差率这一相对数指标来比较或评价。标准离差率(V)是标准离差同期望值的比率，其计算公式为：

$$V = \frac{\delta}{E}$$

3. 风险报酬的计算

如果不考虑物价变动情况，一项投资活动的报酬由两部分组成：一是货币时间价值，这部分收益不承担风险，可以称之为无风险报酬；二是风险报酬，即由于冒风险而取得的超过货币时间价值的收益。风险报酬的大小通常可用风险报酬和风险报酬率来表示。

(1)风险报酬率。

风险报酬率是指风险报酬与投资额的比率。尽管标准离差能代表企业投资或经营所冒风险的大小，但它并不等于风险报酬率。一般而言，企业投资或经营所冒风险越大，其得到的风险报酬就越高。所以，表示风险报酬的风险报酬率应与反映风险程度的标准离差率成正比例关系。具体说，标准离差率要转换成风险报酬率，需要借助于一个参数，即风险价值系数。

即：　　　　　　　风险报酬率＝风险价值系数×标准离差率

风险价值系数的大小取决于全体投资者的风险回避态度。如果大家都愿意冒险，风险价值系数就小，风险报酬不大；如果大家都不愿意冒险，风险价值系数就大，风险的报酬就比较大。

风险价值系数的大小由投资者根据经验并结合其他因素加以确定，通常有以下方法：

① 根据以往同类项目的有关数据确定。如根据以往同类项目的投资收益率、无风险收益率和标准离差率等历史资料，就可以求得风险价值系数。

【例2-14】　企业进行某项投资，其同类项目的投资收益率为10％，无风险收益率为6％，收益标准离差率为50％。则其风险价值系数为？

根据公式：投资收益率＝无风险收益率＋风险价值系数×标准离差率，得：

$$风险价值系数 = \frac{10\% - 6\%}{50\%} = 8\%$$

② 由企业决策者或有关专家确定。如果现在进行的投资项目缺乏同类项目的历史资料，则不能采用上述方法。这时可根据主观的经验加以确定，可以由企业决策者确定，也可以由企业组织有关专家确定。此时，风险价值系数的确定在很大程度上取决于企业对风险的态度：敢于冒风险的企业，往往把风险价值系数定得低些，把风险缩小；比较保守的企业，则往往定得高些，把风险夸大。

③ 由国家有关部门组织专家确定。国家财政、银行、证券等部门可组织有关方面的专家，根据各行业的条件和有关因素，确定各行业的风险价值系数。这种风险价值系数的国家参数由有关部门定期发布，供投资者参考。

④ 以无风险投资收益率为标准确定。因为风险报酬率是相对于无风险报酬率而言的，

故风险价值系数也可以根据无风险报酬率上下浮动。

【例2-15】 嘉华公司一项投资方案的有关数据如表2-2所示。假定该项投资的无风险收益率为5%，根据企业组织有关专家确定的该项投资方案的风险价值系数为10%，试确定其风险收益率的大小。

表2-2 嘉华公司投资方案的有关数据

经营状况	收益（万元）	概率（P_i）
良好	400	0.2
一般	300	0.5
不佳	120	0.3

计算该方案的风险收益率如下：

$$\overline{E}=400\times0.2+300\times0.5+120\times0.3=266（万元）$$

$$\delta=\sqrt{(400-266)^2\times0.2+(300-266)^2\times0.5+(120-266)^2\times0.3}=102.78（万元）$$

$$V=\frac{\delta}{\overline{E}}=\frac{102.78}{266}=38.64\%$$

则：该方案的风险收益率＝10%×38.64%＝3.86%

（2）风险报酬。

风险报酬可分别用以下公式计算：

① 依据投资额和风险报酬率的关系计算。

$$风险报酬＝投资额\times风险报酬率$$

② 依据投资报酬与有关报酬率的关系计算。

$$风险报酬＝投资总报酬\times\frac{风险报酬率}{无风险报酬率＋风险报酬率}$$

应当指出，风险价值计算的结果有一定的假定性，并不十分精确。研究投资风险价值原理的关键是，要在进行投资决策时，树立风险价值观念，认真权衡风险与收益的关系，选择尽可能避免风险、分散风险并获得较多收益的投资方案。

任务二　资金时间价值和风险价值实训

 【能力目标】

通过资金时间价值和风险价值的实训，使学生掌握货币时间价值计算、风险报酬计算的相关内容。

【任务描述】

1. 计算货币时间价值

2. 计算风险报酬率

【实训资料】

（1）起点公司欲投资一个项目，该项目施工期为 5 年，自竣工年度起的 10 年内，每年末可得收益 5 万元。已知该项目需现在一次性投入资金 25 万元。

（2）起点公司准备投资开发集成电路生产线，根据市场预测，预计可能获得的年报酬及概率资料如下表所示。

市场状况	预计年报酬（万元）	概率（P_i）
繁荣	600	0.3
一般	300	0.5
衰退	0	0.2

已知：电器行业的风险报酬系数为 10%，无风险报酬率为 6%。

 【实训要求】

（1）设企业所要求的投资报酬率为 6%，试分析该项投资是否有利。

（2）计算起点公司该方案的风险报酬率。

 【实训结果】

（1）收益现值＝$5 \times (P/A, 6\%, 10) \times (P/F, 6\%, 5)＝27.49$（万元）$> 25$ 万元

所以投资有利，应选择投资。

（2）期望报酬额 $\overline{E}＝600 \times 0.3＋300 \times 0.5＋0 \times 0.2＝330$（万元）

标准离差 $\delta＝\sqrt{(600-330)^2 \times 0.3＋(300-330)^2 \times 0.5＋(0-330)^2 \times 0.2}＝210$（万元）

标准离差率 $V＝\dfrac{\delta}{E}＝\dfrac{210}{330}＝63.64\%$

该方案的风险收益率＝$10\% \times 63.64\%＝6.36\%$

 【基本知识训练题】

一、单项选择题

1. 将 10 元钱存入银行，利息率为 10%，计算 5 年后的终值应用（　　　）来计算。

    A. 复利终值系数　　　　　　　　　　B. 复利现值系数

    C. 年金终值系数　　　　　　　　　　D. 年金现值系数

2. 下列项目中的（　　　）称为普通年金。

    A. 先付年金　　　　B. 后付年金　　　　C. 延期年金　　　　D. 永续年金

3. A 方案在 3 年中每年年初付款 100 元，B 方案在 3 年中每年年末付款 100 元。若利率为 10%，则二者在第 3 年年末时的终值之差为（　　　）元。

    A. 33.1　　　　　　B. 31.3　　　　　　C. 133.1　　　　　　D. 13.31

4. 下列公式中，（　　　）是计算永续年金的公式。

    A. $V_0＝A \times PVIF_{i,n}$　　　　　　　　B. $V_0＝A \times \dfrac{(1+i)^n-1}{i}$

C. $V_0 = A \times \dfrac{1}{i}$ D. $V_0 = A \times \dfrac{1}{(1+i)^n}$

5. 下列各项年金中，只有现值没有终值的是（　　）

   A. 普通年金   B. 即付年金   C. 先付年金   D. 永续年金

6. 假如企业按 12% 的年利率取得贷款 300 000 元，要求在 5 年内每年年末等额偿还，每年的偿付额应为（　　）元。

   A. 70 000   B. 73 000   C. 83 222   D. 93 000

7. 某学校准备设立永久性奖学金，每年计划颁发 24 000 元奖金。若年复利率为 12%，该校现在应向银行存入（　　）元本金。

   A. 300 000   B. 250 000   C. 150 000   D. 200 000

8. 投资者因冒风险进行投资而获得的超过时间价值率的那部分额外报酬率，称为（　　）。

   A. 超额时间价值率   B. 期望报酬率   C. 风险报酬率   D. 必要报酬率

9. 企业某新产品开发成功的概率为 70%，成功后的投资报酬率为 50%，开发失败的概率为 30%，失败后的投资报酬率为 −100%，则该产品开发方案的预期投资报酬率为（　　）。

   A. 4%   B. 5%   C. 10%   D. 15%

10. 甲方案的标准离差是 2，乙方案的标准离差是 1.8，如果甲、乙两方案的期望值相同，则两方案的风险关系为（　　）。

   A. 甲＞乙   B. 甲＜乙   C. 无法确定   D. 甲＝乙

二、多项选择题

1. 对于资金的时间价值来说，下列说法正确的有（　　）。

   A. 资金的时间价值不可能由时间创造，只能由劳动创造

   B. 只有把货币作为资金投入生产经营中，才能产生时间价值

   C. 时间价值的相对数是扣除风险报酬和通货膨胀贴现后的平均资金利润率或平均报酬率

   D. 时间价值的绝对数是资金在生产经营过程中带来的真实增值额

2. 计算资金时间价值的四个因素包括（　　）。

   A. 资金时间价值额   B. 资金的未来值

   C. 资金现值   D. 单位时间价值率

3. 年金按其每期收付款发生的时点不同，可分为（　　）。

   A. 普通年金   B. 先付年金   C. 递延年金   D. 永续年金

4. 下列选项中，既有现值又有终值的有（　　）。

   A. 单利   B. 复利   C. 普通年金   D. 先付年金

5. 设利率为 i，计息期数为 n，则复利终值的计算公式为（　　）。

   A. $F = P \times (1+i)^n$ B. $F = P \times (F/P, i, n)$

   C. $F = P \times \dfrac{1}{(1+i)^n}$ D. $F = P \times (1+i)^{n+1}$

6. 下列各项中，可以用来衡量投资决策中项目风险的有（　　）。

   A. 报酬率的期望值   B. 各种可能的报酬率的离散程度

C. 预期报酬率的方差　　　　　　　　D. 预期报酬率的标准离差

7. 关于风险报酬，下列表述中正确的有（　　）。

A. 风险报酬有风险报酬额和风险报酬率两种表示方法

B. 风险越大，获得的风险报酬应该越高

C. 风险报酬额是指投资者因冒风险进行投资所获得的超过时间价值的那部分额外报酬

D. 风险报酬率是风险报酬与原投资额的比率

8. 在财务管理中，衡量风险大小的指标有（　　）。

A. 标准离差　　　　　　　　　　　　B. 标准离差率

C. β 系数　　　　　　　　　　　　　D. 期望报酬率

9. β 系数是衡量风险大小的重要指标，下列有关 β 系数的表述正确的有（　　）。

A. β 越大，说明风险越小

B. 某股票的 β 值等于零，说明此证券无风险

C. 某股票的 β 值小于 1，说明其风险小于市场的平均风险

D. 某股票的 β 值等于 1，说明其风险等于市场的平均风险

10. 有效投资组合是（　　）。

A. 报酬率、风险均为最低　　　　　　B. 遵循风险报酬均衡原则

C. 一定报酬率水平上风险最低　　　　D. 一定风险水平上报酬率最高

三、判断题

1. 所有的货币都具有时间价值。　　　　　　　　　　　　　　　　　　（　　）

2. 复利终值与现值成正比，与计息期数和利率成反比。　　　　　　　　（　　）

3. 先付年金与后付年金的区别仅在于付款时间不同。　　　　　　　　　（　　）

4. 分期付款购物，每年年初付款 500 元，设银行存款利率为 10%，该项分期付款相当于现在一次现金支付的购价是 2 395.42 元。　　　　　　　　　　　（　　）

5. 在现值和利率一定的情况下，计息期数越少，则复利终值越大。　　　（　　）

6. 年金是指每隔一年、金额相等的一系列现金流入或流出量。　　　　　（　　）

7. 两个方案比较时，标准离差越大，说明风险越大。　　　　　　　　　（　　）

8. 在利率和计息期相同的条件下，复利现值系数与复利终值系数互为倒数。（　　）

9. 风险与收益是对等的，风险越大收益的机会越多，期望的收益率就越高。（　　）

10. 无论各投资项目报酬率的期望值是否相同，都可以采用标准离差比较其风险程度。

　　　　　　　　　　　　　　　　　　　　　　　　　　　　　　　（　　）

【实际技能训练题】

嘉定公司需用一台设备，买价为 2 500 万元，可用 10 年。如果租用，则每年年初需付租金 300 万元。除此之外，买与租的其他情况相同。假设利率为 6%。

要求：用数据说明购买与租用哪个方案为优。

项目三

债券和股票估价

 【内容提示】

本项目对企业债券估价的基本模型和股票估价的基本模型进行了表述，论述了各种股票和债券的价值，并以长春电机厂为例从能力目标、任务描述、实训资料、实训要求等方面进行股票和债券估价的实训。

通过本项目学习，要求掌握如何对债券和股票进行估价，并能计算出各种债券和股票的价值。

任务一   债券和股票估价基本知识

一、债券估价

债券估价具有重要的实际意义。企业运用债券形式从资本市场上筹资，必须要知道它如何定价。债券的价值代表了债券投资人要求的报酬率，对于经理人来说，不知道债券如何定价就是不知道投资人的要求，也就无法使他们满意。

1. 债券及其相关概念

(1)债券。债券是发行者为筹集资金，向债权人发行的、在约定时间支付一定比例的利息，并在到期时偿还本金的一种有价证券。

(2)债券面值。债券面值是指设定的票面金额，它代表发行人借入并且承诺于未来某一特定日期偿付给债券持有人的金额。

(3)债券票面利率。债券票面利率是指债券发行者预计一年内向投资者支付的利息占票面金额的比率。票面利率不同于实际利率。实际利率通常是指按复利计算的一年期的利率。债券的计息和付息方式有多种，可能是用单利或复利计息，利息支付可能半年一次、一年一次或到期一次支付，这就使得票面利率可能不等于实际利率。

(4)债券的到期日。债券的到期日指偿还本金的日期。债券一般都规定到期日，以便到期偿还本金。

2. 债券的价值

债券的价值是发行者按照合同规定从现在至债券到期日所支付的款项的现值。计算现值时使用的折现率，取决于当前的利率和现金流量的风险水平。

（1）债券估价的基本模型。

典型的债券是固定利率，每年计算并支付利息，到期归还本金。按照这种模式，债券价值计算的基本模型是：

$$PV=\frac{I_1}{(1+i)^1}+\frac{I_2}{(1+i)^2}+\cdots+\frac{I_n}{(1+i)^n}+\frac{M}{(1+i)^n}$$

公式中：PV——债券价值；I——每年的利息；M——到期的本金；i——折现率，一般采用当时的市场利率或投资人要求的必要报酬率；n——债券到期前的年数。

【例3-1】 长春电机厂拟于20××年2月1日发行面额为2 000元的债券，其票面利率为8%，每年2月1日计算并支付一次利息，并于5年后的1月31日到期。同等风险投资的必要报酬率为10%，则债券的价值为：

$$PV=\frac{160}{(1+10\%)^1}+\frac{160}{(1+10\%)^2}+\frac{160}{(1+10\%)^3}+\frac{160}{(1+10\%)^4}+\frac{160+2\,000}{(1+10\%)^5}$$
$$=160\times(P/A，10\%，5)+2\,000\times(P/F，10\%，5)$$
$$=160\times3.791+2\,000\times0.621$$
$$=1\,848.56（元）$$

通过该模型可以看出，影响债券定价的因素有折现率、利息率、计息期和到期时间等。

（2）债券价值与折现率。

债券价值与折现率有密切的关系。债券定价的基本原则是：折现率等于债券利率时，债券价值就是其面值；折现率高于债券利率时，债券的价值就低于面值；折现率低于债券利率时，债券的价值就高于面值。所有类型的债券估价都必须遵循这一原理。

【例3-2】 承接例3-1，折现率是8%，则债券价值为：
$$PV=160\times(P/A，8\%，5)+2\,000\times(P/F，8\%，5)$$
$$=160\times3.9927+2\,000\times0.6806$$
$$=2\,000（元）$$

如果折现率是6%，则债券价值为：
$$PV=160\times(P/A，6\%，5)+2\,000\times(P/F，6\%，5)$$
$$=160\times4.2124+2\,000\times0.7473$$
$$=2\,168.58（元）$$

【例3-3】 长春电机厂持有某两年期债券，每半年付息一次，票面利率为8%，面值为2 000元。假设折现率是8%，计算其债券价值。

分析：由于债券在一年内复利两次，给出的票面利率是以一年为计息期的名义利率，也称为报价利率。实际计息是以半年为计息期的实际利率，即8%的一半为4%，也称"周期利率"。同样如此，由于债券在一年内复利两次，给出的折现率也是名义折现率，实际的周期折现率为8%的一半，即4%。由于票面利率与要求的折现率相同，该债券的价值应当等于其面值（2 000元）。验证如下：

$$PV=\frac{80}{1.04}+\frac{80}{1.04^2}+\frac{80}{1.04^3}+\frac{80}{1.04^4}+\frac{80+2\,000}{1.04^4}=2\,000（元）$$

应当注意,折现率也有实际利率(周期利率)和名义利率(报价利率)之分。当一年内要复利几次时,给出的年利率是名义利率,名义利率除以年内复利次数得出实际的周期利率。在计算债券价值时,除非特别指明,折现率与票面利率采用同样的计息规则,包括计息方式(单利还是复利)、计息期和利息率性质(名义还是实际利率)。

（3）债券价值与到期时间。

债券价值不仅受折现率的影响,而且受债券到期时间的影响。债券的到期时间,是指当前日至债券到期日之间的时间间隔。随着时间的延续,债券的到期时间逐渐缩短,至到期日时该间隔为零。

在折现率一直保持不变的情况下,不管它高于或低于票面利率,债券价值随到期时间的缩短逐渐向债券面值靠近,至到期日债券价值等于债券面值。当折现率高于票面利率时,随着时间向到期日靠近,债券价值逐渐提高,最终等于债券面值;当折现率等于票面利率时,债券价值一直等于票面价值;当折现率低于票面利率时,随着时间向到期日靠近,债券价值逐渐下降,最终等于债券面值。

【例3-4】 承例3-1,如果到期时间缩短至2年,在折现率等于10%的情况下,债券价值为:

$$PV = 160 \times (P/A, 10\%, 2) + 2\,000 \times (P/F, 10\%, 2)$$
$$= 160 \times 1.7355 + 2\,000 \times 0.8264$$
$$= 1\,930.48(元)$$

在折现率为10%并维持不变的情况下,到期时间为5年时债券价值为1 848.56元,到期时间为2年时债券价值上升至1 930.48元,向面值2 000元靠近了。

如果折现率为6%、到期时间为2年时,债券价值为:

$$PV = 160 \times (P/A, 6\%, 2) + 2\,000 \times (P/F, 6\%, 2)$$
$$= 160 \times 1.8334 + 2\,000 \times 0.8900$$
$$= 2\,073.34(元)$$

在折现率为6%并维持不变的情况下,到期时间为5年时债券价值为2 168.58元,3年后下降至2 073.34元,向面值2 000元靠近了。

在折现率为8%并维持不变的情况下,到期时间为2年时债券价值为:

$$PV = 160 \times (P/A, 8\%, 2) + 2\,000 \times (P/F, 8\%, 2)$$
$$= 160 \times 1.7833 + 2\,000 \times 0.8573$$
$$= 2\,000(元)$$

在折现率等于票面利率时,到期时间的缩短对债券价值没有影响。

综上所述,当折现率一直保持至到期日不变时,随着到期时间的缩短,债券价值逐渐接近其票面价值。如果付息期无限小则债券价值表现为一条直线。

如果折现率在债券发行后发生变动,债券价值也会因此而变动。随着到期时间的缩短,折现率变动对债券价值的影响越来越小。这就是说,债券价值对折现率特定变化的反应越来越不灵敏。

从上述计算中可以看出,如果到期时间为5年,折现率从8%上升到10%,债券价值从2 000元降至1 848.58元,下降了7.6%。到期时间为2年时,折现率从8%上升至

10%，债券价值从 2 000 元降至 1 930.48 元，仅下降了 3.5%。

（4）债券价值与利息支付频率。

前面的讨论均假设债券每年支付一次利息，实际上利息支付的方式有许多种。不同的利息支付频率也会对债券价值产生影响。典型的利息支付方式有三种：

① 纯贴现债券。纯贴现债券是指承诺在未来某一确定日期做某一单笔支付的债券。这种债券在到期日前购买人不能得到任何现金支付，因此也称为"零息债券"。零息债券没有标明利息计算规则的，通常采用按年计息的复利计算规则。纯贴现债券价值的计算公式如下：

$$PV=\frac{F}{(1+i)^{n}}$$

【例 3-5】 长春电机厂有一纯贴现债券，面值 2 000 元，20 年到期。假设折现率为 10%，其价值为：

$$PV=\frac{2\ 000}{(1+10\%)^{20}}=297.20（元）$$

【例 3-6】 长春电机厂持有某五年期国库券，面值 2 000 元，票面利率 12%，单利计息，到期时一次还本付息。假设折现率为 10%（复利、按年计息），其价值为：

$$PV=\frac{2\ 000+2\ 000\times12\%\times5}{(1+10\%)^{5}}=\frac{3\ 200}{1.6105}=1\ 986.96（元）$$

在到期日一次还本付息的债券，实际上也是一种纯贴现债券，只不过到期日不是按票面额支付而是按本利和做单笔支付。

② 平息债券。平息债券是指利息在到期时间内平均支付的债券。支付的频率可能是一年一次、半年一次或每季度一次等。平息债券价值的计算公式如下：

$$PV=\sum_{t=1}^{mn}\frac{\dfrac{I}{m}}{(1+\dfrac{i}{m})^{t}}+\frac{M}{(1+\dfrac{i}{m})^{mn}}$$

公式中：m——年付利息次数；n——到期时间的年数；i——年折现率；I——年付利息；M——面值或到期日支付额。

【例 3-7】 长春电机厂有一债券，面值为 2 000 元，票面利率为 8%，每半年支付一次利息，5 年到期。假设折现率为 10%。该债券的价值为：

分析：报价利率为按年计算的名义利率，每半年计息时按年利率的 1/2 计算，即按 4% 计息，每次支付 40 元。折现率按同样方法处理，每半年期的折现率按 5% 确定。

$$PV=\frac{160}{2}\times(P/A,10\%\div2,5\times2)+2\ 000\times(P/F,10\%\div2,5\times2)$$

$$=80\times7.7217+2\ 000\times0.6139$$

$$=1\ 845.54（元）$$

该债券的价值比每年付息一次时的价值（1 848.56 元）降低了。债券付息期越短价值越低的现象，仅出现在折价出售的状态。如果债券溢价出售，则情况正好相反。

③ 永久债券。永久债券是指没有到期日，永不停止地定期支付利息的债券。英国和美国都发行过这种公债。对于永久公债，通常政府都保留了回购债券的权利。优先股实际

上也是一种永久债券，如果公司的股利支付没有问题，将会持续地支付固定的优先股息。永久债券价值的计算公式如下：

$$PV = \frac{利息额}{折现率}$$

【例 3-8】 长春电机厂有一优先股，承诺每年支付优先股股息 70 元。假设折现率为 10%，则其价值为：

$$PV = \frac{70}{10\%} = 700（元）$$

3. 债券的收益率

债券的收益水平通常用到期收益率来衡量。到期收益率是指以特定价格购买债券并持有至到期日所能获得的收益率。它是使未来现金流量现值等于债券购入价格的折现率。

计算到期收益率的方法是求解含有折现率的方程，即：

购进价格＝每年利息×年金现值系数＋面值×复利现值系数

$$V = I \cdot (P/A, i, n) + M \cdot (P/F, I, n)$$

公式中：V——债券的价格；I——每年的利息；M——面值；n——到期的年数；i——折现率。

【例 3-9】 长春电机厂 2014 年 2 月 1 日平价购买了一张面额为 2 000 元的债券，其票面利率为 8%，每年 2 月 1 日计算并支付一次利息，并于 5 年后的 1 月 31 日到期。长春电机厂持有该债券至到期日，计算其到期收益率如下：

$2\,000 = 160 \times (P/A, i, 5) + 2\,000 \times (P/F, i, 5)$

解该方程要用"试误法"。

用 i＝8% 试算：

$160 \times (P/A, 8\%, 5) + 2\,000 \times (P/F, 8\%, 5) = 160 \times 3.9927 + 2\,000 \times 0.6806 = 2\,000（元）$

可见，平价购买的每年付息一次的债券的到期收益率等于票面利率。

如果债券的价格高于面值，则情况将发生变化。例如，买价是 2 200 元，则：

$2\,200 = 160 \times (P/A, i, 5) + 2\,000 \times (P/F, i, 5)$

通过前面试算已知，i＝8% 时等式右边为 2 000 元，小于 2 200，可判断收益率低于 8%，应降低折现率进一步试算。

用 i＝6% 试算：

$160 \times (P/A, 6\%, 5) + 2\,000 \times (P/F, 6\%, 5) = 160 \times 4.212 + 2\,000 \times 0.747 = 2\,167.92（元）$

由于折现结果仍小于 2 200，还应进一步降低折现率。

用 i＝4% 试算：

$160 \times (P/A, 4\%, 5) + 2\,000 \times (P/F, 4\%, 5) = 160 \times 4.452 + 2\,000 \times 0.822 = 2\,356.32（元）$

折现结果高于 2 200，可以判断，收益率高于 4%。用插补法计算近似值：

$$R = 4\% + \frac{2\,356.32 - 2\,200}{2\,356.32 - 2\,167.92} \times (6\% - 4\%) = 5.66\%$$

可以看出，如果购买价和面值不等，则收益率和票面利率不同。

二、股票估价

这里讨论的股票估价，是指普通股票的估价。

1. 股票的有关概念

（1）股票。

股票是股份公司发给股东的所有权凭证，是股东借以取得股利的一种有价证券。股票持有者即为该公司的股东，对该公司的财产有要求权。

股票可以按不同的方法和标准分类。我国目前各公司发行的都是不可赎回的、记名的、有面值的普通股票，只有少量公司发行过优先股股票。

（2）股票价格。

股票本身是没有价值的，仅是一种凭证。它之所以有价格，可以买卖，是因为它能给持有人带来预期收益。一般来说，公司第一次发行股票时，要规定发行总额和每股金额，一旦股票发行后上市买卖，股票价格就与原来的面值分离。这时的价格主要由预期股利和当时的市场利率决定，即股利的资本化价值决定了股票价格。此外，股票价格还受整个经济环境变化和投资者心理等复杂因素的影响。

股市中的价格分为开盘价、收盘价、最高价和最低价等，投资人在进行股价估价时主要使用收盘价。股票的价格会随着经济形势和公司的经营状况而升降。

（3）股利。

股利是公司对股东投资的回报，它是股东所有权在分配上的体现。股利是公司税后利润的一部分。

2. 股票的价值

股票的价值是指股票期望提供的所有未来收益的现值。

（1）股票估价的基本模型。

股票带给持有者的现金流入包括两部分：股利收入和出售时的售价。股票的内在价值有一系列的股利和将来出售股票时售价的现值构成。

如果股东永远持有股票，他只获得股利，是一个永续的现金流入。这个现金流入的现值就是股票的价值：

$$V = \frac{D_1}{(1+R_S)^1} + \frac{D_2}{(1+R_S)^2} + \cdots + \frac{D_n}{(1+R_S)^n} = \sum_{t=1}^{\infty} \frac{D_t}{(1+R_S)^t}$$

公式中：D_t——t 年的股利；R_s——折现率，即必要的收益率；T——折现期数。

如果投资者不打算永久地持有该股票，而在一段时间后出售，他的未来现金流入是有限次股利和出售时的股价。因此，买入时的价格 P_0（一年的股利现值加上一年后股价的现值）和一年后的价格 P_1（第二年股利折现到第二年年初的价值加上第二年年末股价折现到第二年年初的价值）为：

$$P_0 = \frac{D_1}{1+R_S} + \frac{P_1}{1+R_S}$$

$$P_1 = \frac{D_2}{1+R_s} + \frac{P_2}{1+R_s}$$

将 P_1 代入 P_0：

$$P_0 = \frac{D_1}{1+R_s} + \left(\frac{D_2}{1+R_s} + \frac{P_2}{1+R_s}\right) \div (1+R_s)$$

$$= \frac{D_1}{(1+R_s)^1} + \frac{D_2}{(1+R_s)^2} + \frac{P_2}{(1+R_s)^2}$$

如果不断继续上述代入过程，则可得出：

$$P_0 = \sum_{t=1}^{\infty} \frac{D_t}{(1+R_s)^t}$$

上式是股票估价的基本模型。它在实际应用中，面临的主要问题是如何预计未来每年的股利，以及如何确定折现率。

股利的多少，取决于每股盈利和股利支付率两个因素。对其估计的方法是历史资料的统计分析，例如回归分析、时间序列的趋势分析等。股票评价的基本模型要求无限期地预计历年的股利(D_t)，实际上并不可能做到。因此，应用的模型都是各种简化办法，如每年股利相同或固定比率增长等。

折现率的主要作用是把所有未来不同时间的现金流入折算为现在的价值。折算为现值的比率应当是投资者所要求的收益率。那么，投资者要求的收益率应当是多少呢？我们将在稍后再讨论这个问题。

(2)零增长股票的价值。

假设未来股利不变，其支付过程是一个永续年金，则股票价值为：

$$P_0 = \frac{D}{R_s}$$

【例3-10】 长春电机厂每年分配股利4元/股，最低报酬率为16％，则：

$P_0 = 4 \div 16\% = 25$(元/股)

这就是说，该股票每年带来4元的收益，在市场利率为16％的条件下，它相当于25元资本的收益，所以其价值是25元。当然，市场上的股价不一定就是25元，还要看投资人对风险的态度，可能高于或低于25元。

如果当时的市价不等于股票价值，例如市价为24元，每年固定股利4元，则其预期报酬率为：

$R_s = 4 \div 24 \times 100\% = 16.67\%$

可见，市价低于股票价值时，预期报酬率高于最低报酬率。

(3)固定增长股票的价值。

企业的股利不应当是固定不变的，而应当不断增长。各公司的增长率不同，但就整体平均水平来说应等于国民生产总值的增长率，或者说是真实的国民生产总值增长率加通货膨胀率。固定增长股票的股价计算公式为：

$$P = \sum_{t=1}^{\infty} \frac{D_0 \cdot (1+g)^t}{(1+R_s)^t}$$

当 g 为常数，并且 $R_s > g$ 时，上式可简化为：

$$P=\frac{D_0 \cdot (1+g)}{(R_s-g)}=\frac{D_1}{(R_s-g)}$$

【例 3-11】　长春电机厂报酬率为 18%，年增长率为 16%，$D_0=4$ 元/股，则股票的内在价值为：

$$P=\frac{4\times(1+16\%)}{18\%-16\%}=232(元/股)$$

（4）非固定增长股票的价值。

在现实生活中，有的公司股利是不固定的。例如，在一段时间里高速增长，在另一段时间里固定增长或固定不变。在这种情况下，就要分段计算，才能确定股票的价值。

3. 股票的收益率

前面主要讨论如何估计股票的价值，以判断某种股票被市场高估或低估。现在，假设股票价格是公平的市场价格，证券市场处于均衡状态：在任一时点证券价格都能完全反映有关该公司的任何可获得的公开信息，而且证券价格对新信息能迅速做出反应。在这种假设条件下，股票的期望收益率等于其必要的收益率。

根据固定增长股利模型，我们知道：

$$P_0=\frac{D_1}{R-g}$$

如果把公式移项整理，求 R，可以得到：

$$R=\frac{D_1}{P_0}+g$$

这个公式告诉我们，股票的总收益率可以分为两个部分：第一部分是 $\frac{D_1}{P_0}$，叫作股利收益率，它是根据预期现金股利除以当前股价计算出来的；第二部分是增长率 g，叫作股利增长率。由于股利的增长速度也就是股价的增长速度，因此 g 可以解释为股价增长率或资本利得收益率。g 的数值可以根据公司的可持续增长率估计。P_0 是股票市场形成的价格，只要能预计出下一期的股利，就可以估计出股东预期报酬率，在有效市场中它就是与该股票风险相适应的必要报酬率。

任务二　债券和股票估价实训

【能力目标】

通过债券估价的实训，使学生掌握债券当前的价格、每种债券税后收益率的相关内容。

【任务描述】

1. 计算每种债券当前的价格

2. 计算投资于每种债券的税后收益率

【实训资料】

长春电机厂有一笔闲置资金，可以进行为期一年的投资，市场上有三种债券可供选择，相关资料如下：

(1)三种债券的面值均为 1 000 元，到期时间均为 5 年，到期收益率均为 8%。

(2)长春电机厂计划一年后出售购入的债券，一年后三种债券到期收益率仍为 8%。

(3)三种债券票面利率及付息方式不同。A 债券为零息债券，到期支付 1 000 元；B 债券的票面利率为 8%，每年年末支付 80 元利息，到期支付 1 000 元；C 债券的票面利率为 10%，每年年末支付 100 元利息，到期支付 1 000 元。

(4)长春电机厂利息收入适用所得税税率 30%，资本利得适用的企业所得税税率为 20%，发生投资损失可以按 20% 抵税，不抵消利息收入。

【实训要求】

(1)计算每种债券当前的价格。

(2)计算每种债券一年后的价格。

(3)计算长春电机厂投资于每种债券的税后收益率。

【实训结果】

(1)A 债券当前的价格 $= 1\,000 \times (P/F, 8\%, 5) = 680.60$(元)

B 债券当前的价格 $= 80 \times (P/A, 8\%, 5) + 1\,000 \times (P/F, 8\%, 5) = 1\,000.02$(元)

C 债券当前的价格 $= 100 \times (P/A, 8\%, 5) + 1\,000 \times (P/F, 8\%, 5) = 1\,079.87$(元)

(2)A 债券一年后的价格 $= 1\,000 \times (P/F, 8\%, 4) = 735$(元)

B 债券一年后的价格 $= 80 \times (P/A, 8\%, 4) + 1\,000 \times (P/F, 8\%, 4) = 999.97$(元)

C 债券一年后的价格 $= 100 \times (P/A, 8\%, 4) + 1\,000 \times (P/F, 8\%, 4) = 1\,066.21$(元)

(3)投资 A 债券的税后收益率 $= (735 - 680.6) \times (1 - 20\%)/680.6 \times 100\% = 6.39\%$

投资 B 债券的税后收益率 $= [80 \times (1 - 30\%) + (999.97 - 1\,000.02) \times (1 - 20\%)]/1\,000.02 = 5.6\%$

投资 C 债券的税后收益率 $= [100 \times (1 - 30\%) + (1\,066.21 - 1\,079.87) \times (1 - 20\%)]/1\,097.87 = 5.47\%$

【基本知识训练题】

一、单项选择题

1. 某公司发行面值为 1 000 元的 5 年期债券，债券票面利率为 10%，半年付息一次，发行后在二级市场上流通。假设必要投资报酬率为 10% 并保持不变，以下说法正确的是(   )。

    A. 债券溢价发行，发行后债券价值随到期时间的缩短而逐渐下降，至到期日债券价值等于债券面值

B. 债券折价发行，发行后债券价值随到期时间的缩短而逐渐上升，至到期日债券价值等于债券面值

C. 债券按面值发行，发行后债券价值等于票面价值

D. 债券按面值发行，发行后债券价值在两个付息日之间呈周期波动

2. 如果不考虑影响股价的其他因素，固定增长股票的价值（   ）。

A. 与市场利率成正比

B. 与预期股利成反比

C. 与预期股利增长率成正比

D. 与预期股利增长率成反比

3. 债券到期收益率计算的原理是（   ）。

A. 到期收益率是购买债券后一直持有到期的内含报酬率

B. 到期收益率是能使债券每年利息收入的现值等于债券买入价格的贴现率

C. 到期收益率是债券利息收益率与资本利得收益率之和

D. 到期收益率的计算要以债券每年末计算并支付利息、到期一次还本为前提

4. 某公司股票的 β 系数为 1.5，无风险利率为 8%，市场上所有股票的平均报酬率为 10%，则该公司股票的报酬率为（   ）。

A. 8%   B. 15%   C. 11%   D. 12%

5. 相对于股票投资而言，下列项目中能够揭示债券投资特点的是（   ）。

A. 无法事先预知投资收益水平

B. 投资收益率的稳定性较强

C. 投资收益率比较高

D. 投资风险较大

6. 某上市公司预计未来 5 年股利高速增长，然后转为正常增长，则下列各项普通股评价模型中，最适宜于计算该公司股票价值的是（   ）。

A. 股利固定模型

B. 零成长股票模型

C. 三阶段模型

D. 股价固定增长模型

7. 某种股票为固定增长股票，年增长率为 5%，预期一年后的股利为 6 元，现行国库券的收益率为 11%，平均风险股票的必要收益率等于 16%，而该股票的 β 系数为 1.2，那么，该股票的价值为（   ）元。

A. 56   B. 45   C. 50   D. 54

8. 某股票为固定增长股，年增成长率为 3%，预期第一年后的股利为 4 元，假定目前国库券收益率为 13%，平均风险股票的必要收益率为 18%，该股票的 β 系数为 1.2，那么该股票的价值为（   ）元。

A. 25   B. 23   C. 20   D. 4.8

9. 甲企业 2 年前发行到期一次还本付息债券，该债券面值为 1 000 元，期限为 5 年，票面利率为 10%（单利计息，复利折现）。当前市场上无风险收益率为 5%，市场平均风险收益率为 3%，则下列说法中正确的是（   ）。

A. 如果发行时市场利率与当前相同，则该债券是溢价发行的

B. 目前债券的价值为 1 020.9 元

C. 如果目前债券价格是 1 080 元，则不能购买

D. 如果现在购买该债券，则到期日前 3 年的利息不能获得

10. 某种股票为固定增长股票，股利年增长率为 6%，今年刚分配的股利为 8 元，无风险

收益率为 10%，市场上所有股票的平均收益率为 16%，该股票 β 系数为 1.3，则该股票的内在价值为（　　）元。

  A. 65.53   B. 68.96   C. 55.63   D. 71.86

11. 永久债券价值的计算与下列哪项价值的计算类似（　　）。

  A. 纯贴现债券的价值   B. 零增长股票的价值

  C. 固定增长股票的价值   D. 典型债券的价值

二、多项选择题

1. 估算股票价值时，可以使用的折现率有（　　）。

  A. 投资者要求的必要收益率   B. 股票市场的平均收益率

  C. 国库券收益率   D. 无风险收益率加适当的风险报酬率

2. 两只刚发行的平息债券，面值和票面利率相同，票面利率均高于必要报酬率，下列说法正确的有（　　）。

  A. 如果两债券的偿还期限和必要报酬率相同，利息支付频率高的债券价值低

  B. 如果两债券的偿还期限和必要报酬率相同，利息支付频率高的债券价值高

  C. 如果两债券的必要报酬率和利息支付频率相同，偿还期限长的债券价值低

  C. 如果两债券的必要报酬率和利息支付频率相同，偿还期限长的债券价值高

3. 下列关于平息债券与到期时间的说法，正确的有（　　）。

  A. 当必要报酬率等于票面利率时，债券价值一直等于债券面值

  B. 当必要报酬率高于票面利率时，债券在发行后总的趋势是波动上升，最终等于债券面值

  C. 溢价发行的债券在发行后价值逐渐升高，在付息日由于割息而价值下降，然后又逐渐上升，总的趋势是波动下降，最终等于债券面值

  D. 当必要报酬率低于票面利率时，债券在发行后总的趋势是波动上升，最终等于债券面值

4. 债券的价值会随着市场利率的变化而变化，下列说法正确的有（　　）。

  A. 若到期时间不变，当市场利率上升时，债券价值下降

  B. 当债券的票面利率大于其市场利率时，债券发行时的价格低于债券的面值

  C. 若到期时间缩短，市场利率对债券价值的影响程度会降低

  D. 若到期时间延长，市场利率对债券价值的影响程度会降低

5. 下列表述正确的有（　　）。

  A. 对于分期付息的债券，当期限接近到期日时，债券价值向面值回归

  B. 债券价值的高低受利息支付的方式影响

  C. 一般而言债券期限越长，其利率风险越小

  D. 当市场利率上升时，债券价值会下降

6. 在复利计息、到期一次还本的条件下，债券票面利率与到期收益率不一致的情况有（　　）。

  A. 债券平价发行，每年付息一次   B. 债券平价发行，每半年付息一次

  C. 债券溢价发行，每年付息一次   D. 债券折价发行，每年付息一次

7. 在计算不超过一年期债券的持有期年均收益率时，应考虑的因素包括(　　)。

　　A. 利息收入　　　　B. 持有时间　　　　C. 买入价　　　　D. 卖出价

8. 下列各项中，能够影响债券的内在价值的因素有(　　)。

　　A. 债券的价格　　　B. 债券的计息方式　　C. 市场利率　　　D. 票面利率

9. 导致债券到期收益率不同于息票收益率的原因主要有(　　)。

　　A. 平价发行每年付息一次　　　　　　B. 溢价发行

　　C. 折价发行　　　　　　　　　　　　D. 平价发行到期一次还本付息

三、判断题

1. 如果不考虑影响股价的其他因素，零增长股票的价值与市场利率成正比，与预期股利成反比。　　　　　　　　　　　　　　　　　　　　　　　　　　　　　(　　)

2. 股票的市盈率越高越好。　　　　　　　　　　　　　　　　　　　　　(　　)

3. 零息债券是一种不支付利息而以低于面值的价格出售的债券。　　　　　(　　)

4. 股票的价值是指其实际股利所得和资本利得所形成的现金流入量的现值。(　　)

【实际技能训练题】

预计长春电机厂 2015 年的税后利润为 1 000 万元，发行在外普通股 500 万股。

要求：

(1) 假设市盈率应为 12 倍，计算其股票的价值。

(2) 假设其盈余的 60% 将用于发放现金股利，股票获利率应为 4%，计算其股票的价值。

(3) 假设成长率为 6%，必要报酬率为 10%，预计盈余的 60% 用于发放股利，用固定成长股利模式计算其股票价值。

项目四

筹 资 管 理

 【内容提示】

　　本项目对企业筹资的方式、企业的资本成本、杠杆原理及资本结构的决策进行了论述,以华创公司为例从能力目标、任务描述、实训资料、实训要求等方面进行筹集管理的实训。

　　通过本项目学习,要求掌握权益性筹资和债务性筹资的种类及特点、企业信用筹资的运用、杠杆系数的计算、资金成本法及其运用、长期筹资决策的相关内容。

任务一　筹资管理基本知识

一、权益性筹资

　　权益资本筹资构成了企业的原始资本,也是实现债务资本筹资以及进行资产投资的基础。通过资本市场进行的权益资本筹资方式主要有普通股和优先股两种方式。本部分重点说明普通股及普通股融资的形式和特点。

　　1. 股票的概念和种类

　　股票是指股份有限公司发行的,表示股东按其持有的股份享有权益和承担义务的可转让凭证。股票可以作为买卖对象和抵押品,是资本市场主要的长期融资工具之一。

　　(1)股票按股东权利的不同分为普通股和优先股。普通股是最基本的一种股票形式,是指股份公司依法发行的具有表决权、股利不固定的一类股票。普通股具有股票的最一般的特征,每一份股权包含对公司的财产享有的平等权利。优先股是股份有限公司依法发行的具有一定优先权的股票,是一种特殊的权益形式。法律上讲,企业优先股不承担法定的还本义务,是企业自有资金的一部分。

　　(2)股票按有无记名分为记名股和无记名股。记名股是在股票上载有股东姓名或名称并将其记入公司股东名册的一种股票,记名股的转让和继承都要办理过户手续。无记名股是指在股票上不记载股东姓名或名称的股票。凡持有无记名股票,都可以成为公司股东,其转让和继承无须办理过户手续。

　　(3)股票按其是否标明金额分为面值股票和无面值股票。

　　(4)股票按其发行时间的先后顺序,可分为始发股和增发股。

（5）股票按其发行对象和上市地区的不同，可分为 A 股、B 股、H 股和 N 股。

2. 普通股的首次发行、定价与上市

（1）初次发行。

股份有限公司在设立时要发行股票，即初次发行。股份的发行，实行公平、公正的原则，必须同股同权、同股同利。

初次发行程序：提出筹集股份申请→公告招股说明书，制作认股书，签订承销协议和代收股款协议→招认股份，缴纳股款→召开创立大会，选举董事会、监事会→办理设立登记，交割股票。

股票的发行方式，指公司通过何种途径发行股票，分为公开间接发行和不公开直接发行。公开间接发行是指通过中介机构，公开向社会公众发行股票；不公开直接发行是指不公开对外发行股票，只向少数特定的对象直接发行，因而不需要中介机构。

股票的销售方式，是指股份有限公司向社会公开发行股票时所采取的股票销售方法。股票的销售方式分为自行销售方式和委托销售方式。

（2）普通股发行定价。

股票发行价格通常有等价、时价和中间价三种。等价是指以股票面额发行价格，即股票的发行价格与其面额等价，也称平价发行；时价是以公司原发行同种股票的现行市场价格为基准来选择增发新股的发行价格，也称市价发行；中间价是取股票市场价格与面额的中间值作为股票的发行价格。以中间价和时价发行都可能是溢价发行，也可能是折价发行。《中华人民共和国公司法》规定公司发行股票不准折价发行，即不准以低于股票面额的价格发行。股票发行价格的确定方法主要有市盈率法、净资产倍率法和现金流量折现法。

（3）股票上市。

股票上市，指的是股份有限公司公开发行的股票经批准在证券交易所进行挂牌交易。经批准在交易所上市交易的股票称为上市股票，只有公开募集发行并经批准上市的股票才能进入证券交易所流通转让。

3. 普通股融资的特点

普通股融资的特点有：没有固定的利息负担；没有固定的到期日；筹资风险小；能增加公司的信誉；筹资限制较少。另外，由于普通股的预期收益较高并可在一定程度上抵消通货膨胀的影响，因此普通股筹资容易吸收资金。

二、债务性筹资

债务性筹资是指通过负债筹集资金。负债筹资具有使用上的时间性，需到期偿还；不论经营好坏，需固定支付债务利息，从而形成企业固定的负担；其资本成本一般比普通股筹资成本低，且不会分散投资者对企业的控制权。债务性筹资分为长期筹资和短期筹资。

1. 长期筹资

长期筹资有长期借款筹资和长期债券筹资两种方式。长期借款是指企业向银行或其他非金融机构借入的使用期超过 1 年的借款，主要用于构建固定资产和满足长期流动资金占用的需要；长期债券是发行人按照法定程序发行期限超过一年、还本付息的有价证券，其发行目的通常是为建设大型项目筹集大笔长期资金。

(1)长期借款筹资。

分类：按照用途分为固定资产投资借款、更新改造借款、科技开发和新产品试制借款；按照提供贷款机构分为政策性银行贷款、商业银行贷款；按照有无担保分为信用贷款和抵押贷款。

优点：筹资速度快；借款弹性好。

缺点：财务风险大；限制条款多。

(2)长期债券筹资。

分类：按是否记名分为记名债券和无记名债券；按是否可转换分为可转换债券和不可转换债券；按有无财产抵押分为抵押债券和信用债券；按是否参加盈余分配分为参加公司债券和不参加公司债券；按利率不同分为固定利率债券和浮动利率债券；按是否上市分为上市债券和非上市债券；按偿还方式分为一次债券和分期债券。

优点：筹资规模较大；具有长期性和稳定性；有利于资源优化配置。

缺点：发行成本高；信息披露成本高；限制条件多。

债券的发行价格是债券发行时用的价格，即投资者购买债券时所支付的价格。公司债券的发行价格通常有三种：平价发行、溢价发行和折价发行。平价是指债券的票面金额为发行价格；溢价是指高出债券票面金额的价格为发行价格；折价是指以低于债券票面金额的价格为发行价格。

2. 短期筹资

短期负债筹资所筹资金的可使用时间较短，一般不超过 1 年。短期筹资有商业信用和短期借款两种形式。

(1)商业信用。

商业信用是指商品交易中由于延期付款或预收货款所形成的企业间的借贷关系。其优越性在于容易取得，缺点在于放弃现金折扣时所付出的成本较高。商业信用的具体形式有应付账款、应付票据、预收账款等。

应付账款的是企业购买货物暂未付而欠对方的款项，倘若买方企业购买货物后超过卖方规定的期限付款，便要承担因放弃折扣而产生的成本。放弃现金折扣的成本的计算公式如下：

$$放弃现金折扣成本 = \frac{折扣百分比}{1-折扣百分比} \times \frac{360}{信用期-折扣期}$$

【例 4-1】 华创公司采购一批零件，供应商规定的条件为："1/20，n/30"，每年按 360 天计算。购入货物 10 万元，如果该企业在 20 天内付款，便享受了 20 天的免费信用期，并获得折扣 0.1 万元(10×1%)，免费信用额为 9.9 万元(10−0.1)。则：

$$放弃现金折扣的成本 = \frac{1\%}{1-1\%} \times \frac{360}{30-20} = 36.36\%$$

(2)短期借款。

短期借款是指企业向银行和其他非金融机构借入期限在 1 年以内的借款。短期借款可以随企业的需要安排，便于灵活使用，且取得较简便。但其缺点是要在短期内偿还，使风险加剧。

短期借款按目的和用途分为生产周转借款、临时借款、结算借款等；按照偿还方式不同分为一次性偿还借款和分期偿还借款；按利息支付方法不同分为收款法借款、贴现法借款和利息法借款；按照有无担保分为抵押借款和信用借款。

三、资本成本

资本成本是指企业取得和使用资本时所付出的代价。资本成本一方面包括与公司募集和使用有关的资金成本，即筹资成本，另一方面包括与企业投资活动相关的投资成本。前者为公司的资本成本，后者为投资项目的资本成本。

本部分我们要介绍公司的资本成本。

1. 权益成本

权益成本主要指普通股成本。普通股成本是指筹集普通股资金所需的成本。通过发行普通股筹集资金有两种方式：一种是增发新的普通股，另一种通过留存收益增加普通股资金。估计普通股成本的方法有以下三种：资本资产定价模型、折现现金流量模型和债券报酬率风险调整模型。

(1)资本资产定价模型。

在估计权益资本成本时，使用最广泛的方法就是资本资产定价模型。按照该模型，权益成本等于无风险利率加上风险溢价。计算公式如下：

$$K_s = R_f + \beta \times (R_m - R_f)$$

公式中：R_f——无风险报酬率；β——该股票的贝塔系数；R_m——平均风险股票报酬率。

(2)股利增长模型。

股利增长模型法是依照股票投资的收益率不断提高的思路计算权益资本成本，一般假定收益以固定的年增长率递进。权益成本的计算公式为：

$$K_s = \frac{D_t}{P_0} + g$$

公式中：K_s——普通股成本；D_t——预期年股利额；P_0——普通股当前市价；g——股利的年增长率。

使用股利增长模型的主要问题在于估计长期平均增长率 g。估计长期平均增长率的方法有三种：历史增长法、可持续增长法和证券分析师的预测。

(3)债券收益加风险溢价法。

根据"风险越大，要求的报酬率越高"的原理，普通股股东对企业的投资风险大于债券投资者，因而会在债券投资者要求的收益率上再要求一定的风险溢价。依据这一理论，权益成本的计算公式为：

$$K_s = K_{dt} + RP_c$$

公式中：K_{dt}——税后债务成本；RP_c——股东比债权人承担更大的风险所要求的风险溢价。

风险溢价 RP_c 是凭经验估计的。一般认为，某企业普通风险溢价对其自己发行的债券来讲，大约在 3%～5% 之间。风险溢价对风险较高的企业的股票用 5%，对风险较低的股票用 3%。

2. 债务成本

估计债务成本就是确定债权人要求的收益率。债务成本的估计方法与债务筹资的特征有关。区分债务筹资和权益筹资的特点、区分历史成本和未来成本、区分债务的承诺收益与期望收益、区分长期债务和短期债务等都是选择债务成本估计方法的依据。债务成本估计的方法有以下五种：

（1）到期收益率。

如果公司目前有上市的长期债券，则可以使用到期收益率法计算债务的税前成本。K_d 为到期收益率。需要使用"逐步测试法"求解 K_d，计算公式如下：

$$P_0 = \sum \frac{利息}{(1+K_d)^t} + \frac{本金}{(1+K_d)^n}$$

公式中：P_0——债券的市价；K_d——到期收益率；n——债务期限。

（2）可比公司法。

如果目标公司没有上市债券，就需要找一个拥有长期债券的可比公司作为参照物。计算可比公司长期债券的到期收益率，作为本公司的长期债务成本。可比公司应当与目标公司处于同一行业，具有类似的商业模式。最好两者的规模、负债比率和财务状况也相类似。

（3）风险调整法。

如果目标公司没有上市的债券，而且找不到合适的可比公司，那么就需要使用风险调整法估计债务成本。此时：

税前债务成本＝政府债券的市场回报率＋企业的信用风险补偿率

（4）财务比率法。

如果目标公司没有上市的长期债券，也找不到合适的可比公司，并且没有信用评级资料，那么可以使用财务比率发估计债务成本。该方法需要知道目标公司的关键财务比率，根据这些比率大体判断其信用级别，有了信用级别就可以使用风险调整法确定其债务成本。

根据目标公司的关键财务比率和信用级别，参照关键财务比率对照表，就可以估计出公司的信用级别，然后就可以按照前述的"风险调整法"估计其债务成本。

（5）税后债务成本。

由于利息可以从应税收入中扣除，因此，负债的税后成本是税率的函数。利息的抵税作用使得负债的税后成本低于税前成本。计算公式如下：

税后债务成本＝税前债务成本×（1－所得税税率）

由于所得税的作用，债权人要求的收益率不等于公司税后债务成本。因为利息可以免税，政府实际上支付了部分债务成本，所以公司的债务成本小于债权人要求的收益率。

3. 加权平均成本

加权平均成本有三种方案可供选择：账面价值加权、实际市场价值加权和目标资本结构加权。账面价值加权是指根据企业资产负债表上显示的会计价值来衡量每种资本的比例；实际市场价值加权是指根据当前负债和权益的市场价值比例衡量每种资本的比例；目标资本结构加权是指根据市场价值计量的目标资本结构衡量每种资本要素的比例。

如果考虑发行费用计算债务发行成本，则需要将其从筹资额中扣除。此时债务的税前成本 K_d 应使下式成立：

$$M \times (1-F) = \sum_{t=1}^{n} \frac{I}{(1+K_d)^t} + \frac{M}{(1+K_d)^n}$$

公式中：M——债券面值；F——发行费用；T——公司所得税税率；n——债券的到期时间；K_d——经发行成本调整后的债务税前成本；I——每年的利息数量。

调整前后的债务成本差别不大，除非发行费用很大才会进行发行费用的调整。

新发行普通股的内部权益成本会产生发行成本。所以比留存收益进行再投资的内部权益成本要高一些。如果将发行费用考虑在内，新发普通股成本的计算公式为：

$$K_s = \frac{D_1}{P_0(1-F)} + g$$

公式中：F——普通股筹资费用率。

【例 4-2】 华创公司现有资产 1 000 万元，没有负债，全部为权益资本。其总资产净利率为 13%，每年净收益 130 万元，全部用于发放股利，公司的增长率为零。公司发行在外的普通股 100 万股，每股息税前利润 1.3 元（130 万/100 万股）。股票的价格为每股 10 元。公司为了扩大规模购置新的资产（该资产的期望报酬率与现有资产相同），拟以每股 10 元价格增发普通股 100 万股，发行费用率 10%。该增资方案是否可行？

$$K_{s1} = \frac{1.3}{10} + 0 = 13\%$$

经发行费用调整的普通股成本 $K_{s2} = \frac{1.3}{10 \times (1-10\%)} + 0 = 14.44\%$

由于资产报酬率只有 13%，因此该方案增资不可行。

四、杠杆原理

杠杆效应，是指固定成本提高公司收益，同时也增加公司风险的现象。经营杠杆是由与产品产生或提供劳务有关的固定性经营成本所引起的，而财务杠杆则是由债务利息等固定性融资成本所引起的，两种杠杆具有放大盈利波动性的作用，从而影响企业的风险与收益。

1. 经营杠杆

(1)息税前利润与盈亏平衡分析。

息税前利润的计算公式为：

$$EBIT = Q(P-V) - F$$

公式中：$EBIT$——息税前利润；Q——产品销售数量；P——单位销售价格；V——单位变动成本；F——固定成本总额。

当企业的营业收入总额与成本总额相等时，即当息税前利润等于零时达到盈亏平衡点，此时的产品销售数量为 Q_{BE}。因此：

$$EBIT = Q_{BE}(P-V) - F = 0$$

$$Q_{BE} = \frac{F}{P-V}$$

【例 4-3】 华创公司生产 A 产品，销售单价为 65 元，单位变动成本为 40 元，固定成本总额为 120 000 元。则盈亏平衡点为：

$$Q_{BE} = \frac{F}{P-V} = \frac{120\,000}{65-40} = 4\,800（件）$$

(2)经营杠杆系数。

在影响经营风险的诸多因素中，固定性经营成本的影响是一个基本因素。在一定的营业收入范围内，固定成本总额是不变的，随着营业收入的增加，单位固定成本就会降低，从而单位产品的利润提高，息税前利润的增长率将大于营业收入的增长率。反之亦然。这种在某一固定成本比重的作用下，由于营业收入一定程度的变动引起息税前利润产生更大变动的现象被称为经营杠杆效应。经营杠杆系数的定义表达式为：

$$DOL = \frac{\text{息税前利润变化的百分比}}{\text{营业收入变化的百分比}} = \frac{\Delta EBIT/EBIT}{\Delta S/S}$$

公式中：DOL——经营杠杆系数；$\Delta EBIT$——息税前利润变动额；$EBIT$——变动前息税前利润；S——营业收入（销售量）变动量；S——变动前营业收入。

经营杠杆系数越大，表明经营杠杆作用越大，经营风险也就越大；经营杠杆系数越小，表明经营杠杆作用越小，经营风险也就越小。利用上述定义表达式可以推导出经营杠杆系数两个计算公式：

$$DOL = \frac{Q(P-V)}{Q(P-V)-F} \tag{1}$$

公式中：DOL——销售量为 Q 时的经营杠杆系数；P——单位销售价格；V——单位变动成本；F——总固定成本。

$$DOL_S = \frac{S-VC}{S-VC-F} = \frac{EBIT+F}{EBIT} \tag{2}$$

公式中：DOL_S——营业收入为 S 时的经营杠杆系数；S——单位销售价格；VC——变动成本；S——营业收入。

实际工作中，公式(1)可用于计算单一产品的经营杠杆系数；公式(2)除了用于单一产品外，还可用于计算多种产品的经营杠杆系数。从上述公式可以看出，如果固定成本等于 0，则经营杠杆系数为 1，即不存在经营杠杆效应。当固定成本不为 0 时，通常经营杠杆系数都大于 1，即显现出经营杠杆效应。

【例 4-4】 华创公司生产 A 产品，固定成本为 50 万，变动成本率为 40%，当企业的营业收入分别为 400 万、200 万元、100 万元时，经营杠杆系数分别为：

$$DOL_1 = \frac{400-400\times40\%}{400-400\times40\%-50} = 1.26$$

$$DOL_2 = \frac{200-200\times40\%}{200-200\times40\%-50} = 1.71$$

$$DOL_3 = \frac{100-100\times40\%}{100-100\times40\%-50} = 6$$

以上计算结果说明：在固定成本不变的情况下，经营杠杆系数说明了营业收入增长

（减少）所引起息税前利润增长（减少）的幅度。在固定成本不变的情况下，营业收入越大，经营杠杆系数越小，经营风险也就越小；反之亦然。

2. 财务杠杆

（1）财务风险。

财务风险是指由于企业运用了债务筹资方式而产生的丧失偿付能力的风险，而这种风险最终由普通股股东承担。企业在经营中经常会发生借入资本进行负债经营，不论经营利润多少，债务利息是不变的。当企业在资本结构中增加了债务这类具有固定性筹资成本的比例时，固定的现金流出量就会增加，特别是在利息费用的增加速度超过息税前利润增加速度的情况下，企业将因负担较多的债务成本引发对净收益减少的冲击作用，丧失偿债能力的概率也会增加，导致财务风险增加；反之，当债务资本比率较低时，财务风险就小。

（2）财务杠杆系数。

影响财务风险的因素中，债务利息或优先股股息这类固定性融资成本是基本因素。固定性融资成本是引起财务杠杆效应的根源，但息税前利润与固定性融资成本之间的相对水平决定了财务杠杆的大小，即财务杠杆的大小由固定性融资成本和息税前利润共同决定。

通过例 4-5 可以了解息税前利润变动率对每股收益变动率的影响程度。

【例 4-5】　甲、乙、丙为三家经营业务相同的公司，其有关情况如表 4-1 所示。

表 4-1　各公司的融资方案　　　　　　　　单位：元

项　目	甲公司	乙公司	丙公司
普通股本	1 000 000	800 000	600 000
发行股数（股）	10 000	8 000	6 000
债务（利率 8%）	0	200 000	400 000
资本总额	1 000 000	1 000 000	1 000 000
资产负债率	0	20%	40%
息税前利润（EBIT）	100 000	100 000	100 000
债务利息	0	16 000	32 000
税前利润	100 000	84 000	68 000
所得税（税率为 25%）	25 000	21 000	17 000
税后盈余	75 000	63 000	51 000
普通股每股收益	7.50	7.88	8.50
息税前利润增加额	100 000	100 000	100 000
债务利息	0	16 000	32 000
税前利润	200 000	184 000	168 000
所得税（税率 25%）	50 000	46 000	42 000
税后利润	150 000	138 000	126 000
普通股每股收益	15.00	17.25	21.00
EPS 变动百分比率	100%	119%	147%

通过对表4-1的分析，可以得出以下结论：

第一，完全没有负债融资的甲公司相对于具有债务融资的乙公司、丙公司而言，当息税前利润增加1倍的情况下（从100 000元增加到200 000元），每股收益也增加了1倍，说明每股收益与息税前利润同步变化，即没有显现出财务杠杆效应。而乙公司、丙公司每股收益变化率则分别为119%和147%，变动幅度均超过了息税前利润所增加的1倍，显现出财务杠杆效应。

第二，除甲公司没有负债外，乙公司、丙公司的资产负债分别为20%和40%。在乙公司、丙公司各自的资产负债率保持不变时，当息税前利润增加均为1倍的情况下（100 000元增加到200 000元），乙公司、丙公司的每股收益的变化程度越大，说明财务杠杆效应越明显。

第三，在甲、乙、丙三家公司的资产负债率保持不变的条件下（其资产负债率分别为0、20%、40%），当息税前利润增加（从100 000元增加到200 000元），债务利息占息税前利润的比例是下降的（甲公司除外），乙公司、丙公司分别由16%与32%下降到8%与16%，表明企业的财务风险是下降的。

负债比率是可以控制的。企业可以通过合理安排资本结构，适度负债可以使财务杠杆利益抵消风险增大所带来的不利影响。

财务杠杆效应具有放大企业息税前利润的变化对每股收益的变动程度，这种影响程度是财务风险的一种测度。财务杠杆的大小一般用财务杠杆系数表示，它是企业计算每股收益的变动率与息税前利润的变动率之间的比率。财务杠杆系数越大，表明财务杠杆作用越大，财务风险越大；财务杠杆系数越小，表明财务杠杆作用越小，财务风险也就越小。财务杠杆系数的定义表达式为：

$$DFL = \frac{每股收益变化的百分比}{息税前利润变化的百分比} = \frac{\Delta EPS/EPS}{\Delta EBIT/EBIT}$$

公式中：DFL——财务杠杆系数；ΔEPS——普通股每股收益变动额；EPS——变动前的普通股每股收益；$\Delta EBIT$——息税前利润变动额；$EBIT$——变动前的息税前利润。

依据以上定义表达式，可以推导出财务杠杆系数的两个计算公式：

$$DFL = \frac{EBIT}{EBIT - I - PD/(1-T)} \tag{1}$$

公式中：I——债务利息；PD——优先股股利；T——所得税税率。

从上式可以看出，如果固定性融资成本债务利息或者优先股股利等于0，则财务杠杆系数为1，即不存在财务杠杆效应。当债务利息成本或优先股股利不为0时，通常财务杠杆系数都是大于1的，即显现出财务杠杆效应。

$$DFL = \frac{Q(P-V)-F}{Q(P-V)-F-I-PD/(1-T)} \tag{2}$$

在实际工作中，公式(1)可用于计算单一产品的财务杠杆系数；公式(2)除了可用于单一产品外，还可用于计算多种产品的财务杠杆系数。

【例4-6】 承例4-5，利用财务杠杆系数计算公式，分别计算出A、B、C三家公司在息税前利润均是200 000元时的财务杠杆系数为：

$$DFL_A = \frac{EBIT}{EBIT - I_A} = \frac{200\,000}{200\,000 - 0} = 1$$

$$DFL_B = \frac{EBIT}{EBIT - I_B} = \frac{200\,000}{200\,000 - 40\,000} = 1.25$$

$$DFL_C = \frac{EBIT}{EBIT - I_C} = \frac{200\,000}{200\,000 - 80\,000} = 1.67$$

计算结果表明：除 A 公司外，B、C 两家公司的财务杠杆系数随着财务利息的增大而增加。显然，如果三家公司的负债结构保持不变，当息税前利润增加 1 倍时（200 000 元增加到 400 000 元），用同样的计算方法，A 公司仍维持财务杠杆系数是 1，而 B、C 公司的财务杠杆系数分别为 1.11 和 1.25（同样使用上述公式计算）。这说明，当盈利能力提高时，固定性利息成本占全部盈利的比重下降，表现为财务杠杆系数下降。

财务杠杆有助于对企业管理层在控制财务风险时，不是简单考虑负债融资的绝对量，而是关注负债利息成本与盈利水平的相对关系。

3. 总杠杆系数

通过以上内容可知，考查营业收入变化对息税前利润的影响程度，而财务杠杆则是考察息税前利润对每股收益的影响程度。如果直接考察营业收入的变化对每股收益的影响程度，即同时考察了两种杠杆的共同作用，通常把这两种杠杆的连锁作用称为总杠杆作用。

总杠杆作用的大小可以用总杠杆系数（DTL）表示，其定义表达式为：

$$DTL = \frac{每股收益变化的百分比}{营业收入变化的百分比} = \frac{\Delta EPS/EPS}{\Delta S/S}$$

依据经营杠杆系数与财务杠杆系数的定义表达式，总杠杆系数可以进一步表示为经营杠杆系数和财务杠杆系数的乘积，反映了企业经营风险与财务风险的组合效果。

$$DTL = DOL \times DFL$$

总杠杆的两个具体计算公式：

$$DTL = \frac{Q(P-V)}{Q(P-V) - F - I - PD/(1-T)} \tag{1}$$

$$DTL = \frac{EBIT + F}{EBIT - I - PD/(1-T)} \tag{2}$$

【例 4-7】 华创公司的经营杠杆系数为 3.5，财务杠杆系数为 2，则：

总杠杆系数 = 3.5 × 2 = 7

五、资本结构决策

1. 资本结构的影响因素

长期债务与权益资本的组合形成了企业的资本结构。债务融资虽然可以实现抵税的收益，但在增加债务的同时也会加大企业的风险，并最终要由股东承担风险的成本。因此，企业资本结构决策的主要内容是权衡债务的收益与风险，实现合理的目标资本结构，从而实现企业价值最大化。

影响资本结构的因素较为复杂，大体可以分为企业内部因素和外部因素。内部因素通常有营业收入、成长性、资产结构、盈利能力、管理偏好、财务灵活性以及股权结构等；

外部因素通常有税率、利率、资本市场、行业特征等。

需要注意的是，企业实际资本结构往往受企业自身状况、政策条件及市场环境等多种因素的共同影响，同时伴随着企业管理层的偏好与主观判断，从而使资本结构的决策难以形成统一的原则与模式。

2. 资本结构的决策方法

适当利用负债可以降低企业资本成本，但当债务比率过高时，杠杆利益会被债务成本抵消，企业面临较大的财务风险。因此，企业应该确定其最佳的债务比率(资本结构)，使加权平均资本成本最低、企业价值最大。由于每个企业都处于不断变化的经营条件和外部环境中，使得确定最佳资本结构十分困难。资本结构决策有不同的方法，常用的方法有资本成本比较法与每股收益无差别点法。

(1)资本成本比较法。

资本成本比较法，是指在不考虑各种融资方式在数量与比例上的约束以及财务风险差异时，通过计算各种基于市场价值的长期融资组合方案的加权平均资本成本，并根据计算结果选择加权平均资本成本最小的融资方案，确定为相对最优的资本成本。

【例 4-8】 华创公司成立时资本总额 8 000 万元，其三种筹资方案如表 4-2 所示。

表 4-2　三种筹资方案基本数据　　　　　　　　　　　　单位：万元

筹资方式	方案一		方案二		方案三	
	筹资金额	资本成本	筹资金额	资本成本	筹资金额	资本成本
长期借款	600	4.4%	700	5%	650	4.4%
长期债券	1 500	5%	1 700	4.8%	1 550	5.9%
优先股	500	9%	500	10%	500	10%
普通股	5 600	14%	5 100	15%	4 900	13%
合　计	8 000		8 000		8 000	

其中，债务资本成本均为税后资本成本，所得税税率为 25%。

将表 4-2 中的数据带入，计算三种筹资方案的加权平均资本成本：

方案一的 $K_{WACC} = \dfrac{600}{8\,000} \times 4.4\% + \dfrac{1\,500}{8\,000} \times 5\% + \dfrac{500}{8\,000} \times 9\% + \dfrac{5\,600}{8\,000} \times 14\% = 11.63\%$

方案二的 $K_{WACC} = \dfrac{700}{8\,000} \times 5\% + \dfrac{1\,700}{8\,000} \times 4.8\% + \dfrac{500}{8\,000} \times 10\% + \dfrac{5\,100}{8\,000} \times 15\% = 11.64\%$

方案三的 $K_{WACC} = \dfrac{650}{8\,000} \times 4.4\% + \dfrac{1\,550}{8\,000} \times 5.9\% + \dfrac{500}{8\,000} \times 10\% + \dfrac{4\,900}{8\,000} \times 13\% = 10.08\%$

通过比较发现，方案三的加权平均资本成本最低。因此，适度的财务风险条件下，企业应按照方案三的各种资本比例筹集资金，由此形成的资本结构为相对最优的资本结构。

资本成本比较法测算简单，是一种便捷的方法。但是这种方法只是比较了各种融资组合方案的资本成本，难以区分不同的筹资方案之间的风险因素差异，在实际计算中有时也难以确定各种融资方式的资本成本。

(2)每股收益无差别点法。

每股收益无差别点法是在计算不同融资方案下企业的每股收益相等时所对应的盈利水平基础上,通过比较在企业预期盈利水平下的不同融资方案的每股收益,进而选择每股收益较大的融资方案。

无差别点的计算公式如下:

$$EPS = \frac{(EBIT - I_1)(1-T) - PD_1}{N_1} = \frac{(EBIT - I_2)(1-T) - PD_2}{N_2}$$

公式中:$EBIT$——每股收益无差别点时的息税前利润;I_i——年利息支出;T——企业所得税;PD_i——支付的优先股股利;N_i——筹资后发行在外的普通股股数。

任务二 筹资管理实训

【能力目标】

通过筹资管理的实训,使学生掌握企业信用筹资的运用、杠杆系数的计算、资金成本法及其运用、长期筹资决策的相关内容。

【任务描述】

1.运用企业信用筹资。
2.计算杠杆系数。
3.运用资金成本法。
4.选择合适的长期决策方式。

【实训资料】

与华创公司有关的资料及数据如下:

(1)按"2/10,$n/30$"的信用条件赊购一批货物,赊购金额为80万元。

(2)当前销售量为10 000件,售价为50元,单位变动成本为20元,固定成本为200 000元,$EBIT$为100 000元。预计下年度的销售量为12 000件(即增长20%),固定成本保持不变,下年度预测需要资金400 000元。假设有两种筹资方案可供选择:

A方案,发行40 000股普通股,每股面值10元。

B方案,采用负债筹资,利率8%,所得税税率40%,预计下年度$EBIT$也同比增长20%。

(3)拟筹资4 500万元,有M、N两种筹资方案可供选择,有关资料如表4-3所示。

表4-3 两种筹资方案

资金来源	M方案			N方案		
	筹资额/万元	比重%	资金成本	筹资额/万元	比重%	资金成本
长期借款	500	11	6	600	13	7
长期债券	1 500	33	7	1 200	27	8
优先股	500	11	10	200	4	15
普通股	2 000	45	15	2 500	56	20
合　计	4 500	100		4 500	100	

(4)以生产食品为主,近年来经营状况良好,产品供不应求。2015年准备再增加一条生产线,拟筹资人民币2亿元。可供选择的方案如下:

方案一,向银行借款融资。扩建生产线项目投资建设期为一年半,即2015年4月1日至2015年10月1日。银行愿意为华创公司提供2年期贷款2亿元,年利率为14%,贷款到期后一次还本付息。预计扩建项目投产后收益率为18%。

方案二,发行长期债券融资。已知其企业规模达到国家规定的要求;企业财务会计制度符合国家规定;企业具有偿债能力;所筹资金用途符合国家产业政策;债券票面年利率为7%。

 【实训要求】

(1)指出其信用额度、信用期、折扣期、折扣率。如果10天内付款,筹资额为多少?

(2)计算该公司的经营杠杠系数、不同筹资方案的财务杠杠系数和复合杠杠系数,并进行简单分析。

(3)采用比较资金成本法确定最佳资金结构。

(4)根据提供的资料,试为华创公司做出筹资方式决策。

 【实训结果】

(1)信用额度80万元,信用期30天,折扣期10天,折扣率2%。

如果10天内付款:筹资额为=80×(1-2%)=78.4(万元)

(2)①计算经营杠杆系数。

经营杠杆系数 $DOL=300\ 000/(300\ 000-200\ 000)=3$

这意味着该公司的销售收入每增长1%,其息税前利润(EBIT)将增长3%(1%×3)。反之,若销售收入下降1%,则其息税前利润(EBIT)将下降3%(1%×3)。

② 计算财务杠杆系数。

A方案的 $DFL=EBIT/(EBIT-I)=100\ 000/(100\ 000-0)=1$

B方案的 $DFL=EBIT/(EBIT-I)=100\ 000/(100\ 000-32\ 000)=1.47$

其中,利息$=400\ 000×8\%=32\ 000$(元)

这意味着该公司的息税前利润每增长1%,A、B方案下其每股利润将分别增长1%和1.47%。反之亦然。从中可以看出,B方案的财务风险大于A方案。

③ 计算复合杠杆系数。

A 方案的 $DCL=3\times1=3$

B 方案的 $DCL=3\times1.47=4.41$

这意味着该公司的销售收入每增长 1%，A、B 方案下其每股利润将分别增长 3% 和 4.41%。反之亦然。从中可以看出，B 方案的财务风险大于 A 方案。虽然经营风险相同，但两种方案的财务风险不同，最终导致 B 方案的风险加大。

(3)方案 M 加权平均资金成本 $=11\%\times6\%+33\%\times7\%+11\%\times10\%+45\%\times15\%$ $=10.82\%$

方案 N 加权平均资金成本 $=13\%\times7\%+27\%\times8\%+4\%\times15\%+56\%\times20\%$ $=14.87\%$

以上两种筹资方案的加权平均资金成本相比较，M 方案较低，在其他相关因素大体相同的条件下，方案 M 是最好的筹资方案。

(4)确认融资条件。根据有关规定，华创公司符合发行长期债券和向银行申请借款的条件，公司可选择这两种融资方式。长期债券筹资年资金成本为 7%。

向银行借款，两年中应支付的利息 $=200\ 000\ 000\times14\%\times2=56\ 000\ 000$（元）

其项目建设期为一年半，两年内经营盈利期为 6 个月，收益率为 18%，则：

半年内总收益 $=200\ 000\ 000\times18\%\times6/12=18\ 000\ 000$（元）

两年内用资成本 $=56\ 000\ 000-1\ 800\ 0000=38\ 000\ 000$（元）

向银行借款资金成本 $=(38\ 000\ 000/2)/200\ 000\ 000=9.5\%$

显然，向银行借款筹资成本 9.5% 高于发行长期债券筹资成本 7%，故应选择发行长期债券方式融资。

 【基本知识训练题】

一、单项选择题

1. 相对于股权融资而言，长期银行借款筹资的优点是（　　）。

   A. 财务风险小　　　B. 筹资规模大　　　C. 限制条款少　　　D. 资本成本低

2. 目前，某公司普通股的市价为 15 元，筹资费用率为 4%，本年发放现金股利每股 0.3 元，预期股利年增长率为 10%，则该企业利用留存收益的资本成本为（　　）。

   A. 12.2%　　　B. 12.3%　　　C. 10.2%　　　D. 12.08%

3. 目前国库券收益率为 5%，市场平均报酬率为 10%，而该股票的 β 系数为 1.2，那么该股票的资本成本为（　　）。

   A. 11%　　　B. 6%　　　C. 17%　　　D. 12%

4. 预计某公司 2015 年的财务杠杆系数为 1.2，2014 年息税前利润为 720 万元，则 2014 年该公司的利息费用为（　　）万元。

   A. 120　　　B. 144　　　C. 200　　　D. 600

5. 某企业 2014 年的销售额为 5 000 万元，变动成本 1 800 万元，固定经营成本 1 400 万元，利息费用 50 万元，则该企业 2015 年的总杠杆系数为（　　）。

   A. 1.78　　　B. 1.03　　　C. 1.83　　　D. 1.88

6. 与债务筹资相比，吸收直接投资的优点是（　　）。

  A. 资本成本低   B. 企业控制权集中

  C. 财务风险低   D. 有利于发挥财务杠杆作用

7. 某公司普通股目前的股价为 20 元/股，筹资费用率为 4%，刚刚支付的每股股利为 1 元。已知该股票的资本成本率为 9.42%，则该股票的股利年增长率为（　　）。

  A. 4%   B. 4.2%

  C. 4.42%   D. 5%

8. 某企业计划发行面值为 1 000 元的可转换债券，如果确定的转换价格越高，债券能转换为普通股的股数（　　）。

  A. 越多   B. 越少   C. 不变   D. 不确定

9. A 公司 2014 年的经营性资产为 680 万元，经营性负债为 260 万元，销售收入为 1 200 万元，经营性资产、经营性负债占销售收入的百分比不变。预计 2015 年销售增长率为 10%，销售净利率为 10%，股利支付率为 75%，则 2015 年需要从外部市场筹集的资金为（　　）万元。

  A. 6   B. 7   C. 8   D. 9

10. 在财务管理中，将资金划分为变动资金、不变资金和半变动资金，并据以预测企业未来资金需要量的方法称为（　　）。

  A. 定额预测法   B. 比率预测法

  C. 资金习性预测法   D. 成本习性预测法

二、多项选择题

1. 下列各项中，属于吸收直接投资的有（　　）。

  A. 吸收国家投资   B. 吸收债权人投资

  C. 吸收外商直接投资   D. 吸收社会公众投资

2. 与普通股筹资方式相比，留存收益筹资的特点有（　　）。

  A. 筹资数额有限   B. 筹资费用高

  C. 不会稀释原有股东控制权   D. 资金成本低

3. 下列各项中，会导致公司资本成本降低的有（　　）。

  A. 因总体经济环境变化，导致无风险报酬率降低

  B. 企业经营风险低，财务风险小

  C. 资本市场缺乏效率，证券的市场流动性低

  D. 企业一次性需要筹集的资金规模大、占用资金时限长

4. 下列措施中，可以降低企业经营风险的有（　　）。

  A. 增加产品销售量   B. 降低利息费用

  C. 降低变动成本   D. 提高固定成本水平

5. 某公司经营杠杆系数为 2，财务杠杆系数为 3，如果产销量增加 1%，则下列说法不正确的有（　　）。

  A. 息税前利润将增加 2%   B. 息税前利润将增加 3%

  C. 每股收益将增加 3%   D. 每股收益将增加 6%

6. 银行借款按企业取得贷款用途划分，不包括（　　）。

　　A. 信用贷款　　　　　　　　　　B. 担保贷款

　　C. 专项贷款　　　　　　　　　　D. 基本建设贷款

7. 相对于一次偿还债券来说，分批偿还债券的特点有（　　）。

　　A. 发行费较高　　　　　　　　　B. 发行费较低

　　C. 便于发行　　　　　　　　　　D. 是最为常见的债券偿还方式

8. 采用销售百分比法预测资金需要量时，下列项目中被视为不随销售收入的变动而变动的有（　　）。

　　A. 现金　　　　　　　　　　　　B. 应付票据

　　C. 短期借款　　　　　　　　　　D. 公司债券

9. 下列各项资金占用中，属于不变资金的有（　　）。

　　A. 直接构成产品实体的原材料　　B. 直接构成产品实体的外购件

　　C. 厂房、设备　　　　　　　　　D. 原材料的保险储备

10. 下列认股权证中，一般属于短期认股权证的有（　　）。

　　A. 认购期限为 30 天的认股权证　　B. 认购期限为 60 天的认股权证

　　C. 认购期限为 6 个月的认股权证　　D. 认购期限为 2 年的认股权证

三、判断题

1. 企业进行筹资时，首先应利用内部筹资，然后再考虑外部筹资。　　　　　　（　　）

2. 与普通股股票筹资相比，留存收益筹资的特点是财务风险小。　　　　　　（　　）

3. 企业全部资本中，权益资本与债务资本的比是 1∶1，则该企业经营风险和财务风险可以相互抵消。　　　　　　（　　）

4. 在不考虑风险的情况下，利用每股收益无差别点进行企业资本结构分析，当预计息税前利润低于每股收益无差别点时，采用低财务杠杆筹资方式比采用高财务杠杆筹资方式有利。　　　　　　（　　）

5. 从企业资产结构对资本结构影响的角度进行分析，拥有大量固定资产的企业主要通过长期负债和发行股票筹集资金。　　　　　　（　　）

6. 普通股股东依法享有公司重大决策参与权、优先认股权、优先分配剩余财产权、股份转让权等。　　　　　　（　　）

7. 限制企业非经营性支出，如限制购入股票和职工加薪的数额规模，属于银行借款的一般性保护条款。　　　　　　（　　）

8. 如果企业在发行债券的契约中明确规定了有关允许提前偿还的条款，则当预测利率上升时，一般应提前赎回债券。　　　　　　（　　）

9. 可转换债券的票面利率一般会低于普通债券的票面利率，有时甚至会低于同期银行存款利率。　　　　　　（　　）

10. 欧式认股证是指权证持有人在到期日前，可以随时提出履约要求，买进约定数量的标的资产的权证。　　　　　　（　　）

【实际技能训练题】

蓝天公司是一家销售 A 产品的上市公司，发行在外的普通股股数为 2 500 万股，2013 年和 2014 年的利息费用均为 120 万元，企业适用所得税税率 25%，有关生产经营的资料如下表所示。

蓝天公司生产经营资料表   金额单位：元

项　目	2013 年	2014 年
销售量(万件)	9	10.2
销售单价	500	500
单位变动成本	350	350
固定经营成本	3 600 000	3 600 000

要求：

(1)计算该公司 2013 年的边际贡献、息税前利润、净利润和每股收益。

(2)计算该公司 2014 年的边际贡献、息税前利润、净利润和每股收益。

(3)计算该公司 2014 年的经营杠杆系数、财务杠杆系数和总杠杆系数。

(4)计算该公司 2015 年的经营杠杆系数、财务杠杆系数和总杠杆系数。

▶ 项目五

资本预算

 【内容提示】

本项目对企业投资项目评价的指标、企业的现金流量、项目投资决策评价方法的运用进行了论述，以蓝天公司为例从能力目标、任务描述、实训资料、实训要求等方面进行投资项目评价的基本方法的实训。

通过本项目学习，要求掌握项目投资主要指标的含义及种类、评价指标方法的优缺点、企业现金流量的构成与估算、对投资项目的财务评价、项目投资决策的计算方法，并能够运用相关指标对投资项目作出判断和决策。

任务一　资本预算基本知识

预算是一种系统的方法，用来分配企业的财务、实物及人力等资源，以实现企业既定的战略目标。

资本预算又称建设性预算或投资预算，是指企业为了今后更好地发展，获取更大的报酬而做出的资本支出计划。它是综合反映建设资金来源与运用的预算，其支出主要用于经济建设，其收入主要是债务收入。资本预算是复式预算的组成部分。资本预算具有资金量大、周期长、风险大、时效性强等特点。

一、项目评价的基本方法

项目投资是现代企业管理中的重要组成部分。企业进行项目投资决策，必须在事前运用科学的方法进行分析预测。为了客观、科学地分析评价各种投资方案是否可行，一般应使用不同的指标，从不同的侧面或角度反映投资方案的内涵。企业财务管理者帮助企业进行科学的项目投资决策，关键在于如何准确地选择决策方法，合理选择方法时必须利用投资决策评价指标作为决策标准。

1. 项目投资评价的主要指标及分类

（1）项目投资评价的主要指标。

项目投资决策评价指标是指用于衡量和比较投资项目可行性，以便据此进行投资方案决策的定量标准与尺度，由一系列综合反映投资效益、投入产出关系的量化指标构成。从财务评价角度，项目投资评价的指标主要有投资报酬率、静态投资回收期、动态投资回收期、净现值、净现值率、现值指数、内含报酬率等。

（2）项目投资决策评价指标的分类。

① 按是否考虑资金时间价值分类。评价指标按其是否考虑资金时间价值，可分为静态评价指标和动态评价指标两大类。静态评价指标是指在计算过程中不考虑资金时间价值因素的指标，又称非贴现评价指标，包括投资利润率和静态投资回收期等指标。与静态评价指标相反，动态评价指标在计算过程中充分考虑和利用资金时间价值，因此，又称贴现评价指标，包括动态投资回收期、净现值、净现值率、现值指数和内含报酬率等指标。

② 按指标性质不同分类。评价指标按其性质不同，可分为在一定范围内越大越好的正指标和越小越好的反指标两大类。投资利润率、净现值、净现值率、现值指数和内含报酬率属于正指标；静态投资回收期、动态投资回收期属于反指标。

③ 按指标重要性分类。评价指标按其在决策中所处的地位，可分为主要指标、次要指标和辅助指标。净现值、内含报酬率等为主要指标；静态投资回收期为次要指标；投资利润率为辅助指标。

④ 按指标数量特征分类。评价指标按其数量特征不同，可分为绝对量指标和相对量指标。前者包括以时间为计量单位的静态投资回收期、动态投资回收期指标和以价值为计量单位的净现值指标；后者包括净现值率、现值指数、内含报酬率，除现值指数以指数形式表现外，其余指标为百分比指标。

⑤ 按指标计算的难易程度分类。评价指标按其计算的难易程度，可分为简单指标和复杂指标。投资利润率、静态投资回收期、动态投资回收期、净现值、净现值率和现值指数为简单指标；内含报酬率为复杂指标。

2. 非贴现指标的计算与评价

非贴现指标也叫静态评价指标，是指不考虑资金时间价值的各种指标，主要有投资回收期（PP）和投资利润率（ROI）。

（1）投资回收期（PP）。投资回收期是指投资项目收回原始总投资所需要的时间，即以投资项目经营现金流量抵偿原始总投资所需要的全部时间，一般以年为单位。投资回收期有包括建设期的投资回收期（PP）和不建设期的投资回收期（PP'）。对于一个投资回收期项目来说，其回收越短越好。

① 投资回收期（PP）的计算。

在计算投资项目的投资回收期时，根据投资项目的现金流量的特点，其计算可以分为两种情形：

a. 如果投资项目生产经营期内每年的现金净流量相等时，则计算公式为：

$$投资回收期（PP'）＝原始投资总额/年现金净流量$$
$$投资回收期（PP）＝投资回收期（PP'）＋建设期$$

b. 如果投资项目生产经营期内每年的现金净流量不相等时，就需要运用各年年末的累计净现金流量的办法计算。首先逐年计算累计现金净流量，当累计现金净流量正好为零时，此年限即为投资回收期；当累计现金净流量无法直接找到零时，用插值法计算投资回收期。计算公式如下：

投资回收期(PP)＝最后一项累计现金净流量为负值所对应的年限＋(最后一项累计现金净流量为负值的绝对值/最后一项负值的下一年的净现金流量)

② 投资回收期的决策评价标准。

采用投资回收期法对投资项目进行评价分析时，需要事先确定企业所希望达到的报酬率，以便与项目的投资回收期进行比较，从而决定取舍：

对相互独立的备选方案进行决策时，如果方案的投资回收期小于或等于期望投资回收期，则该方案可行；反之，该方案不可行。

存在多个互斥选择的可行方案进行决策时，如果有两个或两个以上方案的投资回收期都小于或等于基准投资回收期，应选择投资回收期最短的方案为最佳方案。

【例 5-1】 蓝天公司原始投资总额为 100 000 元，年现金净流量如表 5-1 所示。

表 5-1　蓝天公司年现金净流量　　　　　单位：元

年　序	第 1 年	第 2 年	第 3 年	第 4 年	第 5 年
年现金净流量	35 000	35 000	35 000	35 000	35 000

该公司的投资回收期＝原始投资总额/年现金净流量＝100 000/35 000＝2.86(年)

③ 投资回收期的特点。

投资回收期是一个静态的绝对量反指标。其优点主要有：计算简便；容易为决策人所正确理解；可以大体上衡量项目的流动性和风险；在实务中应用较为广泛。其缺点是：忽视了时间价值，把不同时间的货币收支看成是等效的；没有考虑回收期以后的现金流量，也就是没有衡量盈利性；促使公司接受短期项目，放弃有战略意义的长期项目。因此，该类指标一般只适用于方案的初选，或者投资后各项目间经济效益的比较。

(2)投资利润率(ROI)。投资利润率又称投资报酬率，是指达产期正常年度利润或年均利润占投资总额的百分比。

① 投资利润率(ROI)计算。

$$投资利润率(ROI)＝年利润或年均利润/投资总额×100\%$$

注意：分母中"投资总额"包含资本化利息，而不是原始投资额。

【例 5-2】 蓝天公司有一工业项目原始投资 800 万元，建设期 2 年，建设期发生与构建固定资产有关的资本化利息 200 万元，项目运营期 5 年，项目投产后每年获得净利润分别为 100 万元、200 万元、250 万元、300 万元、250 万元。

该公司投资利润率＝[(100＋200＋250＋300＋250)÷5]/(800＋200)＝22%

② 投资利润率的评价标准。

采用投资利润率法对投资项目进行评价分析时，需要事先确定企业所希望达到的报酬率，以便与项目的平均报酬率进行比较，从而决定取舍：

对相互独立的备选方案进行决策时，如果投资利润率大于或等于期望报酬率，则该方案可行；反之，该方案不可行。

存在多个互斥选择的可行方案进行决策时，如果有两个或两个以上方案的投资利润率都大于或等于期望报酬率，则应选择投资利润率最大的投资方案。

③ 投资利润率的特点。

投资利润率是一个静态的相对量正指标。其优点主要有：投资利润率是一种衡量盈利性的简单方法，使用的概念易于理解；使用财务报告的数据，容易取得；考虑了整个项目寿命期的全部利润；揭示了采纳一个项目后财务报表将如何变化，使经理人员知道业绩的预期，也便于项目的日后评估。其缺点是：没有考虑货币的时间价值，对时间跨度大的投资方案，不能反映投资方案的风险程度，所以有时会做出错误的决策。投资利润率在应用时一般只作为辅助指标。

3. 贴现指标的计算与评价

贴现指标又称为动态的评价指标，在计算时必须充分考虑和利用资金的时间价值，主要包括净现值、净现值率、获利指数、内部报酬率法。

(1)净现值(NPV)。净现值是指在项目计算期内，按行业基准收益率或其他设定折现率计算的各年净现金流量现值的代数和。

① 净现值的计算。

$$净现值(NPV)=\sum_{k=0}^{n}\frac{I_K}{(1+i)^k}-\sum_{k=0}^{n}\frac{O_K}{(1+i)^k}$$

$$=经营期各年现金净流量的现值-原始投资额的现值$$

公式中：n——项目投资期限；I_K——第 K 年的现金流入量；O_K——第 K 年的现金流出量；i——设定的折现率资本成本。

② 折现率的确定。

以投资项目的资金成本率为折现率；以投资的机会成本率为折现率；以行业基准收益率为折现率；以社会平均资金收益率为折现率。

如果折现率过低，会使效益差的项目入选；如果折现率过高，会使效益好的项目落选。

【例 5-3】 蓝天公司拟建一项固定资产，需投资 100 万元，按直线法计提折旧，使用寿命 10 年，期末无残值。该项工程于当年投产，预计投产后每年可获税后利润 10 万元。假定该项目的行业基准折现率 10%。

计算蓝天公司该项目的净现值如下：

$NCF_0=-100$ 万元

年折旧额$=100/10=10$(万元)

$NCF_1=10+100/10=20$(万元)

$NPV=-100+20\times(P/A，10\%，10)=22.89$(万元)

③ 净现值的评价标准。

对相互独立投资方案进行决策时，如果净现值大于或等于零，则方案可行；反之，该方案不可行。

对互相排斥投资方案进行决策时，如果有两个或两个以上方案的净现值大于或等于零，应采用净现值最大的方案。

决策过程中，企业还经常会考虑资本有无限量情况：在资本无限量的情况下，在多个非相关项目选择中，应选择净现值为正的所有投资项目。在资本有限量、多个非相关项目选择中，应以净现值为基础，结合获利指数指标来进行项目投资组合的决策。

④ 净现值的特点。

净现值是一个贴现的绝对值正指标。其优点有：综合考虑了资金时间价值，能较合理地反映投资项目的真正经济价值；考虑了项目计算期的全部现金净流量，体现了流动性与收益性的统一；考虑投资风险性，因为贴现率的大小与风险大小有关。该指标的缺点是：无法直接反映投资项目的实际投资收益率水平；当各项目投资额不同时，难以确定最优的投资项目。

(2)净现值率(NPVR)。净现值率是投资项目的净现值占原始投资额现值的比率，也理解为单位原始投资的现值所创造的净现值。

① 净现值率计算。

$$净现值率=投资项目净现值/原始投资现值×100\%$$

② 净现值率的评价标准。

对相互独立方案进行决策时，净现值率大于或等于零，则方案可行；反之，方案不可行。

对相互排斥方案进行决策时，如果有两个或两个以上方案的净现值率都大于或等于零，应选择净现值率最大的方案。

③ 净现值率的特点。

净现值率是一个相对数。其优点是考虑了资金时间价值，可以从动态的角度反映项目投资的资金投入与净产出之间的关系，可用于不同投资规模的方案比较。其缺点是与净现值指标相似，无法直接反映投资项目的实际收益率。

(3)获利指数(PI)。获利指数又称现值指数，是指投产后按行业基准折现率或设定折现率折算的各年净现金流量的现值合计与原始投资的现值合计之比。

① 获利指数计算。

$$获利指数=\sum 经营期各年现金净流量现值/投资现值$$

获利指数(PI)与净现值率(NPVR)有如下关系：

$$获利指数(PI)=净现值率(NPVR)+1$$

② 获利指数的评价标准。

对于相互独立方案决策时，如果获利指数(PI)大于或等于1，则方案可行；反之，方案不可行。

对相互排斥的方案，如果有两个或两个以上方案的获利指数均大于或等于1，应选择获利指数最大的方案。

注意：在投资额不同的方案进行比较时，净现值法和获利指数法可能会得出相反的结论。如果是两个互斥方案进行比较，在净现值法和获利指数法出现结论相反时，一般应选择净现值大的项目。

③ 获利指数的特点。

获利指数的优点是考虑了货币的时间价值，能够真实地反映投资项目的盈亏程度，有利于在原始投资额不同的投资项目之间进行排序。其缺点是无法直接反映投资项目的实际收益率，计算起来比净现值率复杂，计算口径也不一致。因此，在实务中通常不要求直接计算获利指数，如需考虑这个指标，可在净现值率的基础上推算出来。

(4)内含报酬率(IRR)。内含报酬率也称内部报酬率,是指项目投资实际可望达到的收益率。实质上,它是使未来净现金流量的总现值正好等于投资总额现值的折现率。或者说,内含报酬率是使投资项目的净现值等于零时的折现率。

① 内含报酬率的计算。

a. 如果经营期内各年现金净流量(NCF)相等,则:

经营期每年相等的现金净流量(NCF)×年金现值系数$(P/A, IRR, t)$-投资总额=0

具体计算的程序如下:第一,计算年金现值系数,年金现值系数=投资总额/经营期每年相等的现金净流量;第二,根据计算出来的年金现值系数与已知的年限 n,通过年金现值系数表查得贴现率,即内含报酬率。如不能在年金现值系数表中直接查得相应贴现率时,在系数表上找到同期略大及略小于该系数的两个临界点及所对应的两个折现率;第三,用插值法计算出该投资方案的内含报酬率。

【例5-4】 蓝天公司有一投资项目在建设起点一次性投资254 580元,当年完工并投产,投产后每年可获净现金流量50 000元,运营期为15年。

蓝天公司该项目的内含报酬率计算如下:

$NCF_0 = -254\ 580$ 元

$NCF_{1-15} = 50\ 000$ 元

$-254\ 580 + 50\ 000 \times (P/A, IRR, 15) = 0$

查15年的年金现值系数表,得:

$IRR = 18\%$

b. 如果经营期内各年现金净流量(NCF)不相等,则必须采用逐次测试的方法,计算能使净现值等于零的贴现率,即为内含报酬率。其计算程序如下:

首先,估计一个折现率(通常用资金成本),用它来计算方案的净现值。如果净现值>0,说明方案内含报酬率高于设定的贴现率,应当提高贴现率后进一步再试;如果净现值<0,说明方案内含报酬率低于设定的贴现率,应当降低贴现率后进一步再试。经过反复测试,直至找到使净现值符号发生相反变化(由正到负或由负到正)的折现率为止。

其次,根据上述与 $NPV=0$ 最接近的两个邻近折现率,如果假设 $NPV_1 > 0$,对应的贴现率为 i_1;$NPV_1 < 0$,对应的贴现率为 i_2。使用插值法计算出方案的实际内含报酬率,其计算公式为:

$$IRR = \frac{NPV_1}{NPV_1 - NPV_2}(i_2 - i_1)$$

【例5-5】 蓝天公司有个投资项目的净现金流量为:$NCF_0 = -1\ 000$ 万元,$NCF_1 = 0$ 万元,$NCF_{2\sim8} = 360$ 万元,$NCF_{9\sim10} = 250$ 万元,$NCF_{11} = 350$ 万元。

蓝天公司该项目的内含报酬率计算如下:

$NPV = -1\ 000 + 360 \times (P/A, IRR, 7) \times (P/F, IRR, 1) + 250 \times (P/F, IRR, 9)$
$+ 250 \times (P/F, IRR, 10) + 350 \times (P/F, IRR, 11) = 0$

根据逐步测试法的要求,经过5次测试,得到以下数据(计算过程略),如表5-2所示。

表 5-2　逐步测试法

测试次数	IRR	NPV
1	10%	918.3839
2	30%	−192.7991
3	20%	217.3128
4	24%	39.3177
5	26%	−30.1907
利用内插法		
24%		39.3177
IRR		0
26%		−30.1907

利用插值法公式：$IRR=24\%+\dfrac{0-(-30.190\,7)}{39.317\,7-(-30.190\,7)}\times(26\%-24\%)$

得：$IRR\approx25.13\%$

注意：若使用 10% 和 30% 的相关数值用插值法计算，得出的 $IRR=13.47\%$（所以，一定要使用与 0 最近的相邻数插值法计算才准确）。

② 内含报酬率的评价标准。

对相互独立的方案进行决策时，如果内含报酬率大于或等于资金成本率或期望报酬率，则方案可行；反之，方案不可行。

对相互排斥的方案进行决策时，如果有两个或两个以上方案的内含报酬率都大于或等于资金成本率或期望报酬率，应选择内含报酬率最大的方案。

③ 内含报酬率的特点。

内含报酬率的优点是考虑了资金时间价值，反映了投资项目的真实报酬率，而且不受贴现率高低的影响，比较客观，概念也易于理解。其缺点是计算过程比较复杂，特别是每年净现金流量不相等时，一般要经过多次测算才能算出，有时可能会出现多个 IRR，难以进行决策。

4. 贴现现金流量指标之间的关系

项目投资是现代企业管理中的重要组成部分，企业财务管理者帮助企业做出科学的项目投资决策，关键在于如何准确地选择决策方法，合理选择方法时必须利用投资决策评价指标作为决策标准。

净现值（NPV）、净现值率（$NPVR$）、获利指数（PI）和内部收益率（IRR）指标之间存在同方变动关系。即：

(1) 当 $NPV>0$ 时，$NPVR>0$，$PI>1$，$IRR>r_c$。

(2) 当 $NPV=0$ 时，$NPVR=0$，$PI=1$，$IRR=r_c$。

(3) 当 $NPV<0$ 时，$NPVR<0$，$PI<1$，$IRR<r_c$。

二、投资项目现金流量

在进行项目投资决策时，首要环节就是估计投资项目的预计现金流量。

1. 现金流量的含义

现金流量，简称现金流。在项目投资决策中，现金流量是指投资项目在其计算期内各项现金流入量与现金流出量的统称。它可以动态反映该投资项目的投入和产出的相对关系，通过现金流入和现金流出对比的结果揭示着不同投资方案的获利能力，直接影响着投资者的决策行为。它是评价投资方案是否可行时必须事先计算的一个基础性数据。

这里的现金是广义的现金概念，不仅包括各种货币资金，还包括项目需要投入的企业所拥有的非货币资源的变现价值（重置成本）。如果一个项目要用到企业现有的厂房、设备和材料等，则相关的现金流量是指它们的变现价值，而不是其账面成本。

2. 现金流量的构成

投资项目的现金流量主要指现金流入量、现金流出量和净现金流量。在分析评价投资项目的经济效益时，现金流量所表示的现金流入和现金流出数，是指实际收到和支付的现金数，而不是会计上营业收入和营业支出所表示的预期收入和支出。

(1)现金流入量。一个投资项目的现金流入量，是指该项目引起的企业现金收入的增加额。一般情况下，一个投资项目会引起下列现金流入量：

① 营业现金净流量。如果投资者的投资项目扩大了企业的生产能力，会使企业的营业收入增加，而企业新增加的营业收入扣除有关的付现成本增量后的余额，就是该项目引起的一项现金流入。其公计算式为：

$$营业现金收入＝营业收入－付现成本$$

其中，如果在按总价法核算现金折扣和销售折扣的情况下，营业收入应当不包括折扣和折让的净额，一般纳税企业在确定营业收入时，应当按不含增值税的净价计算。除此之外，作为经营期现金流入项目，应按照当期现销收入额与回收以前应收账款的合计数确定，但为了简化计算过程，一般假定正常经营年度内每期发生的赊销额与回收的应收账款大体相等，从而省略赊销额和应收账款的计算。

② 回收固定资产余值。回收固定资产余值主要是指投资项目所形成的固定资产在终结点报废清理或中途变价转让处理时所回收的价值。

一般假设主要固定资产的折旧年限等于生产经营期，因此，对于建设项目而言，只要按主要固定资产的原值乘以其法定的净残值率即可估算出终结点的回收固定资产余值。对于更新改造项目，往往需要估算两次：第一次估算在建设起点发生的回收余值，可以根据提前变卖的旧设备的可变现净值（应扣除相关的税金）来确认；第二次用仿照建设项目的办法来估算在终结点发生的回收余值（即新设备的净残值）。

③ 回收流动资金。回收流动资金是指新建项目在项目计算期完全终止时（终结点）因不再发生新的替代投资而回收的原垫付的全部流动资金投资额。回收的固定资产余值和回收的流动资金额统称为回收额。

估算回收的流动资金时，可以假定在经营期内不发生提前回收的流动资金，则在终结点一次回收的流动资金应等于各年垫支的流动资产投资额的合计数。

④ 其他现金流入量。其他现金流入量是指以上三项指标以外的现金流入项目。

(2)现金流出量。现金流出量是指投资项目实施后在项目计算期内所引起的企业现金流出的增加额，简称现金流出。一般情况下，一个投资项目会引起下列现金流出量：

① 建设投资(含更新投资)。建设投资主要是指企业在建设期内按一定生产经营规模和建设内容进行的购置和维护修理生产线所发生的固定资产、无形资产和递延资产等项目的投资。其中，固定资产投资又称固定资产原始投资，固定资产投资和固定资产原始价值之间的数量关系为：

$$固定资产原值＝固定资产投资＋资本化利息$$

公式中，资本化利息是指投资项目建设期发生的全部借款利息，计算时可根据建设期长期借款本金、建设期和借款利息率按复利的方法来进行计算。

建设投资是建设期发生的主要现金流出量。

② 垫支的流动资金。垫支的流动资金是指投资项目建成投产后为开展正常经营活动而投放在流动资产(存货、应收账款等)上的营运资金。

建设投资与垫支的流动资金合称为项目的原始总投资。

③ 经营成本(付现成本)。经营成本是指在经营期内为满足正常生产经营需要用现金支付的成本费用，又称为付现的营运成本或简称付现成本。它是生产经营期内最主要的现金流出量。经营成本的节约也就是本期现金流入的增加，但是在实际工作中一般把它以负值作为现金流出量项目。其计算公式如下：

$$经营成本＝变动成本＋付现的固定资产＝总成本－折旧额(及摊销额)$$

④ 各项税款。各项税款主要是指项目投产后依法缴纳的、单独列示的各项税款，包括营业税和所得税等。在进行新建项目投资决策时，一般只计算所得税，更新改造项目还需要估算因变卖固定资产发生的营业税。需要注意的是，如果从国家投资主体的角度出发，就不能将企业所得税作为现金流出量，只有从企业和法人投资主体的角度才将所得税列作现金流出。若在确定现金流入量时，已将增值税销项税额与进项税额之差列入"其他现金流入量"项目，则本项目内容中就要包括应交增值税，否则就不包括。

⑤ 其他现金流出。其他现金流出是指不包括在以上内容中的现金流出项目，估算时可根据具体情况进行分析。

(3)现金净流量。现金净流量又称净现金流量，是指一定时期现金流入量和现金流出量之间的差额，它是计算投资项目决策评价指标的重要依据。其计算公式为：

$$一定时期的净现金流量＝一定时期的现金流入量－一定时期的现金流出量$$

公式中，一定时期是指一年，有时是指投资项目持续的整个计算期。当现金流入量大于现金流出量时，净现金流量为正值；反之，净现金流量为负值。

净现金流量具有以下两个特征：无论是在经营期还是在建设期，都存在净现金流量；由于投资项目计算期不同阶段上的现金流入和现金流出发生的可能性不同，使得各阶段上的净现金流量在数值上表现出不同的特点，即建设期内的净现金流量一般小于或等于零，经营期内的净现金流量则多大于零。

3. 现金流量的假设

由于项目投资现金流量的确定是一项很复杂的工作，为了便于确定现金流量的具体内容，简化现金流量的计算过程，特作以下假设：

(1)投资项目的类型假设。假设投资项目只包括简单(个别)固定资产投资项目、完整工业投资项目(又叫新建项目)和固定资产的更新改造项目三种类型。

(2)财务可行性分析假设。假设该项目已经具备国民经济可行性和技术可行性。

(3)全投资假设。假设在确定投资项目的现金流量时，全部投资金额均为自有资金，即投资者投入资金。即使实际存在借入资金也将其作为自有资金对待(借入不作为流入，归还本金利息不作为流出)。

(4)建设期投入全部资金假设。即项目的原始总投资不论是一次性投入还是分批次投入，均假设它们是在建设期内投入的。

(5)经营期与固定资产折旧年限一致假设。即假设项目主要固定资产的折旧年限或使用年限与其经营期相同。

(6)时点指标假设。假设投资额均发生在建设期有关年度的年初；假设流动资金投(垫)资均发生在建设期末；经营期内有关收入、成本、折旧、摊销、利润、税金等项目的确认均发生在年末；项目最终报废或清理均发生在终结点(更新改造项目除外)。

(7)确定性假设。即假设与项目现金流量估算有关的价格、产销量、成本水平、所得税税率等因素均为已知常数。

4. 现金净流量的计算

现金净流量是指项目计算期内由每年现金流入量与同年现金流出量之间的差额所形成的序列指标。

由于一个项目从准备投资到项目结束，经历了项目建设期、生产经营期及项目终止期三个阶段，故各期现金净流量的简化计算如下：

(1)项目建设期现金净流量的计算公式。

若完整工业投资性项目的全部原始投资均在建设期内投入，则建设期现金净流量可按以下公式计算：

$$项目建设期内某年的现金净流量＝－该年发生的原始投资额$$

(2)项目经营期现金净流量的计算公式。

若长期投资项目在经营期内不追加投资，则其在经营期内的现金净流量可按以下公式计算：

营业期内某年的现金净流量
＝该年税后利润＋该年折旧＋该年摊销额＋该年利息费用
＝(营业收入－营业成本)×(1－所得税税率)＋该年折旧＋该年摊销＋该年利息费用
$$＝\left[营业收入－\left(付现成本＋该年折旧和摊销额\right)\right]×(1－所得税税率)＋该年折旧＋该年摊销＋该年利息费用$$

(3)项目终结时的净现金流量的计算公式。

项目终结时的净现金流量等于终结点那一年的经营净现金流量与该年回收额之和。其计算公式如下：

$$经营期某年现金净流量＝该年税后利润＋该年折旧＋该年摊销额＋该年利息费用＋该年回收额$$

5. 现金流量计算应注意的问题

现金流量计算遵循的最基本原则是只有增量现金流量才是与项目相关的现金流量。所谓增量现金流量是指接受或拒绝某个投资方案后，企业总现金流量因此发生的变动。只有那些由于采纳某个项目引起的现金支出增加额，才是该项目的现金流出；只有那些由于采纳某个项目引起的现金流入增加额，才是该项目的现金流入。

为正确计算投资方案的增量现金流量，需判断哪些支出会引起企业总现金流量的变动，哪些不会引起变动。在进行这些判断时，要注意以下问题：

(1)区分相关成本和非相关成本。

相关成本是指与特定决策有关的、在分析评价时必须加以考虑的成本，如差额成本、未来成本、重置成本、机会成本等。与此相反，与特定决策无关的、在分析评价时不必加以考虑的成本是非相关成本，如沉没成本、历史成本、账面成本等。比如，蓝天公司目前拟新建一条生产线，以前曾请一家公司做过可行性分析，支付咨询费3万元。在进行投资分析时，该笔支出与公司目前拟建项目的总现金流量无关。因为它已经发生，不管公司是否采纳新建生产线的方案，它都已经无法收回。

如果将非相关成本纳入投资方案的总成本，则一个有利方案可能因此变得不利，一个较好的方案可能变为较差的方案从而造成决策错误。

(2)不要忽视机会成本。

在投资方案的选择中，如果选择某个投资方案，必须放弃投资于其他项目的机会。其他投资机会可能取得的收益是实行本方案的一种代价，被称为这项投资方案的机会成本。

比如，蓝天公司新建生产线的投资方案，需要使用公司拥有的一块土地。在进行投资分析时，虽然公司不必动用资金去购置土地，但该公司若不利用这块土地来兴建生产线，可将这块土地移作他用，并取得一定的收入。由于在这块土地上兴建生产线才放弃了这笔收入，而这笔收入代表兴建生产线使用土地的机会成本。假设这块土地出售可净得15万元，它就是兴建生产线的一项机会成本。值得注意的是，不管该公司当初是以5万元还是20万元购进这块土地，都应以现行市价作为这块土地的机会成本。

机会成本不是我们通常意义上的"成本"，它不是一种支出或费用，而是失去的收益。这种收益不是实际发生的，而是潜在的。机会成本总是针对具体方案，离开被放弃的方案就无从计量确定。

(3)要考虑投资方案对其他项目的影响。

当我们采纳一个新的项目后，该项目可能对企业的其他项目造成有利或不利的影响。如新建流水线生产的产品上市后，原有其他产品的销量可能减少，而整个企业的销售额可能不增加甚至减少。因此，企业在进行投资分析时，不应将新建流水线的销售收入作为增量收入来处理，而应扣除其他项目因此减少的销售收入。当然，也可能发生相反的情况，新产品上市后将促进其他部门的销售增长。这要看新项目和原有部门是竞争关系还是互补关系。

(4)要考虑投资方案对净营运资金的影响。

所谓净营运资金的需要，是指增加的流动资产与增加的流动负债之间的差额。在一般情况下，当企业开办一个新业务并使销售扩大后，对于存货和应收账款等流动资产的需求也会增加，企业必须筹措新的资金以满足这种额外需求；另一方面，企业扩充的结果，应付账款与应付费用等经营性流动负债也会同时增加，从而降低企业流动资金的实际需要。

当投资方案的寿命周期快要结束时，企业将与项目有关的存货出售，应收账款变为现金，应付账款和应付费用也随之偿付，净营运资金恢复到原有水平。通常，在进行投资分析时，假定开始投资时筹措的净营运资金在项目结束时收回。

(5)现金流量估算应由企业内众多部门共同参与。

由于项目投资涉及面广、影响深远，所以需要由企业内部的众多人员和部门参与估算投资现金流量。如一般由销售部门负责对产品售价和销量的预测，他们依据所掌握的市场情况、经济形势、消费趋势、广告效果、产品价格弹性以及竞争对手的情况等资料进行预测与估算；项目工程师和技术及产品开发部门负责估计厂房建设、设备购置、产品研制等资本支出的预测；投资方案的营运成本多由采购部门、生产部门、劳资部门和会计部门负责估计。财务部门要为各部门的预测、估计建立共同的基本假设条件，如物价水平、折现率、可供资源的限制条件等。

任务二　投资项目评价的基本方法实训

【能力目标】

通过投资项目评价的基本方法实训，使学生掌握企业项目投资和项目现金流量的概念和内容、项目现金流量的估算、投资项目决策指标的含义及计算方法，并能够运用相关指标对投资项目做出判断和决策。

【任务描述】

1. 估算项目计算期。
2. 估算固定资产折旧额。
3. 计算静态投资回收期。
4. 计算投资项目的净现值。
5. 计算投资利润率。
6. 计算投资项目的净现值率。
7. 计算投资项目的内含报酬率。

【实训资料】

蓝天公司拟建一项固定资产，需投资 55 万元，按直线法计提折旧，预计使用寿命 10年，预计净残值 5 万元。该项工程建设期为 1 年，投资额分别于年初投入 30 万元，年末投入 25 万元。预计项目投产后每年净利润 5 万元，假定贴现率为 10%，必要投资收益率为 8%。

【实训要求】

(1)估算项目计算期。

(2)估算固定资产折旧额。

(3)计算投资项目的净现值，并准确评价项目可行性。

(4)计算投资项目的净现值率，并准确评价项目可行性。

(5)计算获利指数，并准确评价项目可行性。

(6)计算投资利润率，并准确评价项目可行性。

(7)计算投资项目内含报酬率，并准确评价项目可行性。

(8)对蓝天公司该项固定资产投资项目，利用净现值、净现值率、获利指数和内含报酬率评价指标对其方案的财务可行性进行总结性评价。

【实训结果】

(1)建设期为 1 年，运营期为 10 年，项目计算期＝1＋10＝11(年)

(2)固定资产折旧＝(55－5)/10＝5(万元)

(3)$NCF_0＝－30$ 万元

$NCF_1＝－25$ 万元

$NCF_{2\sim10}＝5＋5＝10$(万元)

$NCF_{11}＝10＋5＝15$(万元)

$NPV＝10\times[(P/A,10\%,10)－(P/A,10\%,1)]＋15\times(P/F,10\%,11)－[30＋25\times(P/F,10\%,1)]$

$＝10\times(6.1446－0.9091)＋15\times0.3505－(30＋25\times0.9091)$

$＝4.885$(万元)

在单项方案决策时，若净现值大于或等于零，则方案可行。在多个备选方案的互斥决策中，如果各方案的净现值率大于或等于零，则净现值最大的方案越好。

(4)项目净现值＝4.885 万元

项目的原始投资现值＝$30＋25\times(P/F,10\%,1)＝30＋25\times0.9091＝52.7275$(万元)

项目净现值率＝$4.885/52.7275\approx0.09$

在单项方案决策时，若净现值率大于或等于零，则方案可行。在多个备选方案的互斥决策中，如果各方案的净现值率大于或等于零，则净现值率越大的方案越好。

(5)项目的原始投资现值＝52.7275 万元

获利指数＝$(4.885＋52.7275)/52.7275\approx1.09$

在单项方案决策时，若获利指数大于 1，则方案可行。在多个备选方案的互斥决策中，如果各方案的获利指数均大于 1，则获利指数越大的方案越好。

(6)项目投资利润率＝$50\,000/550\,000\times100\%＝9.09\%$

在单项方案决策时，若投资利润率高于必要投资收益率，则方案可行。在多个备选方案的互斥决策中，如果各方案的投资利润率均高于必要投资收益率，则投资利润率越高的方案越好。

（7）由于该方案各年的现金流入量不相等，应通过"逐步测试法"来确定内含报酬率。先按16%估计的贴现率进行测试，其结果净现值为2 855.8元，是正数；于是把贴现率提高到18%进行测试，净现值为1 090.6元，仍为正数；再把贴现率提高到20%进行测试，净现值为−526.5元，是负数，说明该项目内含报酬率在18%～20%之间。最后用插值法近似计算内含报酬率：

$$内含报酬率 = 18\% + \frac{1\,090.6 - 0}{1\,090.6 - (-526.5)} \times (20\% - 18\%) = 19.35\%$$

在单项方案决策时，若内含报酬率大于或等于资金成本率或必要报酬率，则方案可行。在多个备选方案的互斥决策中，如果各方案的投资利润率均大于或等于资金成本率或必要报酬率，则内含报酬率超出资金成本率或必要报酬率越多的方案越好。

（8）对蓝天公司的该项固定资产投资项目，如果净现值、净现值率、获利指数和内含报酬率评价指标同时满足以下条件：当净现值（NPV）$\geqslant 0$，净现值率（$NPVR$）$\geqslant 0$，获利指数（PI）$\geqslant 1$，内含报酬率（IRR）$\geqslant$ 资金成本或期望报酬率（i），则项目具有财务可行性；否则，项目不具备财务可行性。

投资回收期与投资利润率可作为辅助指标评价投资项目。但需注意，当辅助指标与主要指标（净现值等）的评价结论发生矛盾时，应当以主要指标的结论为准。

【基本知识训练题】

一、单项选择题

1. 下列表述中，正确的是（　　）。
   A. 净现值法可以用于比较项目寿命不相同的两个互斥项目的优劣
   B. 使用净现值法评估项目的可行性与使用内含报酬率法的结果是一致的
   C. 使用净现值法进行投资决策可能会计算出多个净现值
   D. 内含报酬率不受设定折现率的影响

2. 当折现率为12%时，某项目的净现值为−100元，则说明该项目的内含报酬率（　　）。
   A. 高于12%　　　B. 低于12%　　　C. 等于12%　　　D. 无法判断

3. 下列关于评价投资项目的动态投资回收期法的说法中，不正确的是（　　）。
   A. 它考虑了资金时间价值　　　B. 它计算简便，并且容易为决策人所理解
   C. 它能测度项目的流动性　　　D. 它考虑了回收期以后的现金流量

4. 某投资项目，折现率为8%时净现值为300元，折现率为12%时净现值为−600元，则该投资项目的内含报酬率为（　　）。
   A. 8.52%　　　B. 9%　　　C. 9.33%　　　D. 11.21%

5. 已知某投资项目的建设期为1年，建设期的固定资产投资为800万元，增加的营运资本为300万元，经营期前4年每年的现金净流量为230万元，经营期第5年和第6年的现金净流量分别为150万元和200万元。则该项目包括建设期的静态投资回收期为（　　）年。

A. 6.15　　　　　　B. 5.32　　　　　　C. 5.15　　　　　　D. 5

6. 企业拟投资一个工业项目，预计第一年和第二年的流动资产分别为 1 000 万元和 2 500 万元，两年相关的流动负债分别为 500 万元和 1 500 万元，则第二年新增的营运资本投资额应为（　　）万元。

A. 2 500　　　　　B. 1 500　　　　　C. 1 000　　　　　D. 500

7. 在长期投资决策中，一般属于经营期现金流出项目的是（　　）。

A. 固定资产投资　　B. 开办费　　　　C. 经营成本　　　　D. 无形资产投资

8. 项目投资决策中，完整的项目计算期是指（　　）。

A. 建设期　　　　　　　　　　　B. 生产经营期

C. 建设期＋达产期　　　　　　　D. 建设期＋生产经营期

9. 计算一个投资项目的回收期，应该考虑的因素是（　　）。

A. 贴现率　　　　　B. 使用寿命　　　C. 年现金净流入量　　D. 资金成本

10. 下列关于净现值表述不正确的是（　　）。

A. 净现值大于零时，说明该投资方案可行

B. 净现值为零时的贴现率即内含报酬率

C. 净现值是特定方案未来现金流入现值与未来现金流出现值之间的差额

D. 净现值大于零时，现值指数小于 1

二、多项选择题

1. 下列各项中，会对投资项目净现值指标产生影响的因素有（　　）。

A. 原始投资　　　　B. 现金流量　　　C. 项目期限　　　　D. 设定折现率

2. 下列关于投资项目评估方法的表述中，正确的有（　　）。

A. 净现值是指项目未来现金流入的现值与未来现金流出的现值的比率

B. 若现值指数大于零，方案一定可行

C. 当内含报酬率高于投资人要求的必要收益率或企业的资本成本率时，该方案可行

D. 内含报酬率法不能直接评价两个投资规模不同的互斥项目的优劣

3. 下列属于贴现法的有（　　）。

A. 净现值法　　　B. 净现值率法　　　C. 现值指数法　　　D. 内含报酬率法

4. 下列关于现值指数和内含报酬率的说法，正确的有（　　）。

A. 现值指数是相对数，反映投资的效率

B. 现值指数的大小受事先给定的折现率的影响，而内含报酬率的大小不受事先给定的折现率的影响

C. 内含报酬率是项目本身的投资报酬率

D. 内含报酬率大于企业的资本成本率时，方案可行

5. 下列现金流量中，属于运营期现金流出量的有（　　）。

A. 营业收入　　　　B. 付现成本　　　C. 所得税　　　　　D. 维持运营投资

6. 终结点上的回收额包括（　　）。

A. 流动资金　　　　B. 固定资产余值　　C. 营业收入　　　　D. 固定资产折旧

7. 单纯固定资产投资项目建设期年初或年末净现金流量有可能（　　）。

A. 大于 0　　　　　　B. 小于 0　　　　　　C. 等于 0　　　　　　D. 三种情况均有可能

8. 净现值法的优点有(　　　)。

A. 考虑了货币时间价值　　　　　　　　B. 考虑了项目计算期全部现金净流量

C. 考虑了投资的风险性　　　　　　　　D. 能够反映项目的实际收益率

9. 项目投资与其他形式的投资相比,具有以下特点(　　　)。

A. 投资金额大　　　　B. 影响时间长　　　　C. 投资风险大　　　　D. 变现能力差

10. 投资利润率是项目投产期间的(　　　)与项目投资额之比。

A. 年均净利润　　　　B. 净利润总额　　　　C. 净现值　　　　　D. 现金净流量

三、判断题

1. 现金净流量是指现金一定期间现金流入量和现金流出量的差额。　　　　　　　　(　　　)

2. 投资利润率和静态投资回收期这两个静态指标的优点是计算简便,容易掌握,且考虑了现金流量。　　　　　　　　　　　　　　　　　　　　　　　　　　　　　　　(　　　)

3. 只有净现值大于零的项目才具有财务可行性。　　　　　　　　　　　　　　　(　　　)

4. 净现值大于 0 的项目,其现值指数必定大于 1。　　　　　　　　　　　　　　(　　　)

5. 建设期发生的原有固定资产变现收入属于经营期现金流入量的一部分。　　　　(　　　)

6. 在评价某一项目是否具有财务可行性时,运用净现值法和运用内含报酬率法会得到相反的结论。　　　　　　　　　　　　　　　　　　　　　　　　　　　　　　　(　　　)

7. 某方案按 10% 的贴现率计算的净现值大于零,则该方案的内含收益率大于 10%。(　　　)

8. 无形资产的摊销属于非付现成本。　　　　　　　　　　　　　　　　　　　　(　　　)

9. 对于单纯固定资产投资项目而言,原始投资等于固定资产投资。　　　　　　　(　　　)

10. 在不考虑所得税因素的情况下,同一投资方案分别采用加速折旧法、直线法计提折旧,不会影响各年的现金净流量。　　　　　　　　　　　　　　　　　　　　　(　　　)

【实际技能训练题】

(一)训练投资项目评价的基本方法

蓝天公司研制成功新产品 A ,现在需要决定是否大规模投产,有关资料如下:

(1)公司的销售部门预计,如果每台定价 5 万元,销售量每年可以达到 8 000 台;如果价格保持不变,销售量会逐年上升 5%。生产部门预计,变动制造成本每台 3 万元,每年保持不变;不含折旧费的固定制造成本每年 8 000 万元,每年增加 1%。新业务将在 2015 年 1 月 1 日开始,假设经营现金流发生在每年年底。

(2)为生产该产品,需要添置一台生产设备,预计其购置成本为 6 000 万元。该设备可以在 2014 年底以前安装完毕,并在 2014 年底支付设备购置款。该设备按税法规定折旧年限为 6 年,净残值率为 10%;经济寿命为 5 年,5 年后即 2019 年底该项设备的市场价值预计为 1 000 万元。如果决定投产该产品,公司将连续 5 年投产,预计不会出现提前中止的情况。

(3)生产该产品所需的厂房可以用 10 000 万元购买,在 2014 年底付款并交付使用。该厂房按税法规定折旧年限为 20 年,净残值率 10%。预计 5 年后该厂房的市场价值为 9 000 万元。

（4）生产该产品需要的经营营运资本随销售额而变化，预计为销售额的 10%。假设这些经营营运资本在年初投入，项目结束时收回。

（5）公司的所得税税率为 25%。

（6）该项目的成功概率很大，风险水平与企业平均风险相同，可以使用公司的加权平均资本成本 10% 作为折现率。新项目的销售额与公司当前的销售额相比只占较小份额，并且公司每年有若干新项目投入生产，因此万一该项目失败不会危及整个公司的生存。

要求：

（1）计算该项目的初始投资总额，包括与项目有关的固定资产购置支出以及经营营运资本增加额。

（2）分别计算厂房和设备的年折旧额以及第 5 年末的账面价值（提示：折旧按年提取，投入使用当年提取全年折旧）。

（3）分别计算第 5 年末处置厂房和设备引起的税后现金净流量。

（4）计算各年项目现金净流量以及项目的净现值和静态投资回收期（计算时折现系数保留小数点后 4 位，计算过程和计算结果填列在下表中）。

计算过程和结果　　　　　　　　　　　　　　　单位：万元

年　　度	0	1	2	3	4	5
项目现金净流量						
项目净现值						
静态投资回收期(年)						

(二)训练现金流量的测算

蓝天公司准备购入一设备以扩充生产能力，现有甲、乙两个方案可供选择：

（1）甲方案需投资 10 万元，使用寿命为 5 年，采用直线法计提折旧，5 年后设备无残值。5 年中每年销售收入为 6 万元，每年的付现成本为 2 万元。

（2）乙方案需投资 12 万元，采用直线法计提折旧，使用寿命也是 5 年，5 年后有残值收入 2 万元。5 年中每年的销售收入为 8 万元，付现成本第一年 3 万元，以后逐年将增加修理费用 4 000 元。另需垫支流动资金 3 万元，假设所得税税率为 25%。

要求：计算两个方案的现金流量。

项目六

营运资本投资

【内容提示】

本项目对企业现金、有价证券、应收账款和存货的决策和控制方法进行了论述，从能力目标、任务描述、实训资料、实训要求等方面进行营运资本投资的实训。

通过本项目学习，要求掌握现金、有价证券、应收账款和存货的决策和控制方法的相关内容。

任务一　营运资本投资基本知识

由于竞争加剧和环境动荡，营运资本管理对于企业盈利能力以及生存能力的影响越来越大。财务经理的大部分时间被用于营运资本管理，而非长期决策。营运资本管理比较复杂，涉及企业的所有部门，尤其需要采购、生产、销售和信息处理等部门的配合与努力。

一、现金和有价证券

流动资产投资需求主要来自持有现金、有价证券、存货和应收账款，有时还包括预付账款的需求。

现金是可以立即投入流动的交换媒介。它的首要特点是普遍的可接受性，即可以有效地立即用来购买商品、货物、劳务或偿还债务。因此，现金是企业中流动性最强的资产。属于现金项目的内容，包括企业的库存现金、各种形式的银行存款和银行本票、银行汇票。

有价证券是企业现金的一种转换形式。有价证券变现能力强，可以随时兑换成现金。企业有多余现金时，常将现金兑换成有价证券；现金流出量大于流入量需要补充现金时，再出让有价证券换回现金。在这种情况下，有价证券就成了现金的替代品。获取收益是持有有价证券的原因。这里讨论有价证券是将其视为现金的替代品，是"现金"的一部分。

1. 现金管理的目标

企业置存现金的原因，主要为了满足交易性需要、预防性需要和投机性需要。

（1）交易性需要是指满足日常业务的现金支付需要。企业经常得到收入，也经常发生支出，两者不可能同步同量。收入多于支出，形成现金置存；收入少于支出，需要借入现金。企业必须维持适当的现金余额，才能使业务活动正常地进行下去。

（2）预防性需要是指置存现金以防发生意外的支付。企业有时会出现意想不到的开支，现金流量的不确定性越大，预防性现金的数额也就应越大；反之，企业现金流量的可预测性强，预防性现金数额则越小。此外，预防性现金数额还与企业的借款能力有关，如果企业能够很容易地随时借到短期资金，也可以减少预防性现金的数额；否则，应扩大预防性现金额。

（3）投机性需要是指置存现金用于不寻常的购买机会，比如遇有廉价原材料或其他资产供应的机会，可用手头现金大量购入；再如在适当时机购入价格有利的股票和其他有价证券等。当然，除了金融和投资公司外，其他企业一般专为投机性需要而特殊置存现金的不多，遇到不寻常的购买机会，也常设法临时筹集资金。但拥有相当数额的现金，确实为突然的大批采购提供了方便。

企业缺乏必要的现金，将不能应付业务开支，使企业蒙受损失。企业由此而造成的损失，称之为短缺现金成本。但是，如果企业置存过量的现金，又会因这些资金不能投入周转无法取得盈利而遭受另一些损失。此外，在市场正常的情况下，一般来说，流动性强的资产，其收益性较低，这意味着企业应尽可能少地置存现金，即使不将其投入本企业的经营周转，也应尽可能多地投资于能产生高收益的其他资产，避免资金闲置或用于低收益资产而带来的损失。这样，企业便面临现金不足和现金过量两方面的威胁。企业现金管理的目标，就是要在资产的流动性和盈利能力之间做出抉择，以获取最大的长期利润。

2. 现金收支管理

现金管理的目的在于提高现金使用效率，为达到这一目的，应当注意做好以下工作：

（1）力争现金流量同步。如果企业能尽量使其现金流入与现金流出发生的时间趋于一致，就可以使其所持有的交易性现金余额降到最低水平。

（2）使用现金浮游量。从企业开出的支票，收票人收到支票并存入银行，至银行将款项划出企业账户，中间需要一段时间。现金在这段时间的占用称为现金浮游量。在这段时间里，尽管企业已开出了支票，却仍可动用在活期存款账户上的这笔资金。不过，在使用现金浮游量时，一定要控制好使用的时间，否则会发生银行存款的透支。

（3）加速收款。这主要指缩短应收账款的时间。发生应收账款会增加企业资金的占用，但它又是必要的，因为它可以扩大销售规模，增加销售收入。问题在于如何既利用应收账款吸引顾客，又缩短收款时间。这就要在两者之间找到适当的平衡点，并实施妥善的收账策略。

（4）推迟应付账款的支付。推迟应付账款的支付，是指企业在不影响自己信誉的前提下，尽可能地推迟应付款的支付期，充分运用供货方所提供的信用优惠。如遇企业急需现金，甚至可以放弃供货方的折扣优惠，在信用期的最后一天支付款项。当然，应权衡折扣优惠与急需现金之间的利弊得失而定。

3. 最佳现金持有量

现金管理除了做好日常收支，加速现金流转速度外，还需控制好现金持有规模，即确定适当的现金持有量。下面是几种确定最佳现金持有量的方法：

（1）成本分析模式。成本分析模式是通过分析持有现金的成本，寻找持有成本最低的现金持有量。

企业持有的现金，将会有三种成本：

① 机会成本。现金作为企业的一项资金占用，是有代价的，这种代价就是它的机会成本。现金资产的流动性极佳，但盈利性极差。持有现金则不能将其投入生产经营活动，失去因此而获得的收益。企业为了经营业务，有必要持有一定的现金，以应付意外的现金需要。但现金拥有量过多，机会成本代价大幅度上升，就不合算了。

② 管理成本。企业拥有现金，会发生管理费用，如管理人员工资、安全措施费等。这些费用是现金的管理成本。管理成本是一种固定成本，与现金持有量之间无明显的比例关系。

③ 短缺成本。现金的短缺成本，是因缺乏必要的现金不能应付业务开支所需，而使企业蒙受损失或为此付出的代价。现金的短缺成本随现金持有量的增加而下降，随现金持有量的减少而上升。

成本分析模式是根据现金有关成本，分析预测其总成本最低时现金持有量的一种方法。其计算公式为：

$$最佳现金持有量 = 最小值（管理成本 + 机会成本 + 短缺成本）$$

公式中，管理成本属于固定成本，机会成本是正相关成本，短缺成本是负相关成本。因此，成本分析模式是要找到机会成本、管理成本和短缺成本所组成的总成本曲线中最低点所对应的现金持有量，把它作为最佳现金持有量。

【例 6-1】 某企业有四种现金持有方案，它们各自的持有量、管理成本、短缺成本如表 6-1 所示。假设现金的机会成本率为 12%。要求确定现金最佳持有量。

表 6-1　现金持有方案　　　　　　　　　　　　单位：元

方案	甲	乙	丙	丁
现金资产数额	100 000	200 000	300 000	400 000
预计短缺成本	50 000	30 000	10 000	0
管理成本	60 000	60 000	60 000	60 000
资本成本	12%	12%	12%	12%

这四种方案的总成本计算结果如表 6-2 所示。

表 6-2　现金持有成本　　　　　　　　　　　　单位：元

方案	短缺成本	管理成本	投资成本	总成本
甲	50 000	60 000	12 000	122 000
乙	30 000	60 000	24 000	114 000
丙	10 000	60 000	36 000	106 000
丁	0	60 000	48 000	108 000

将以上各方案的总成本加以比较可知，丙方案的总成本最低，该企业的最佳现金持有量为 300 000 元。

(2)存货模式。如果企业平时只持有较少的现金，在有现金需要时（如手头的现金用尽），通过出售有价证券换回现金（或从银行借入现金），便能既满足现金的需要，避免短缺成本，又能减少机会成本。因此，适当的现金与有价证券之间的转换，是企业提高资金使用效率的有效途径。这与企业奉行的营运资金政策有关。采用宽松的投资政策，保留较多的现金则转换次数少。如果经常进行大量的有价证券与现金的转换，则会加大转换交易成本。因此，如何确定有价证券与现金的每次转换量，是一个需要研究的问题。这可以应用现金持有量的存货模式解决。

企业每次以有价证券换回现金是要付出代价的（如支付经纪费用），这被称为现金的交易成本。现金的交易成本与现金转换次数、每次的转换量有关。假定现金每次的交易成本是固定的，在企业一定时期现金使用量确定的前提下，每次以有价证券转换回现金的金额越大，企业平时持有的现金量便越高，转换的次数便越少，现金的交易成本就越低；反之，每次转换回现金的金额越低，企业平时持有的现金量便越低，转换的次数会越多，现金的交易成本就越高，即现金交易成本与持有量成反比。

现金的机会成本和交易成本是两条随现金持有量呈不同方向发展的曲线，两条曲线交叉点对应的现金持有量，即是总成本最低的现金持有量。

① 一定期间内的现金需求量，用 T 表示。

② 每次出售有价证券以补充现金所需的交易成本，用 F 表示；一定时期内出售有价证券的总交易成本为：

$$交易成本 = (T/C) \times F$$

③ 持有现金的机会成本率，用 K 表示；一定时期内持有现金的总机会成本表示为：

$$机会成本 = (C/2) \times K$$

则： $$总成本 = 机会成本 + 交易成本 = (C/2) \times K + (T/C) \times F$$

最佳现金持有量 C 是机会成本线与交易成本线交叉点所对应的现金持有量，因此 C 应当满足：机会成本＝交易成本，即 $(C^*/2) \times K = (T/C^*) \times F$，整理可知：

$$C^* = \sqrt{(2T \cdot F)/K}$$

【例 6-2】 某企业每月现金需求总量为 320 000 元，每次现金转换的成本为 1 000 元，持有现金的再投资报酬率约为 10%，则该企业的最佳现金持有量计算如下：

$$C^* = \sqrt{(2 \times 32\,000 \times 1\,000)/10\%} = 252\,982（元）$$

该企业最佳现金持有量为 252 982 元，持有超过 252 982 元则会降低现金的投资收益率，低于 252 982 元则会加大企业正常现金支付的风险。

(3)随机模式。随机模式是在现金需求量难以预知的情况下进行现金持有量控制的方法。对企业来讲，现金需求量往往波动大且难以预知，但企业可以根据历史经验和现实需要，测算出一个现金持有量的控制范围，即制定出现金持有量的上限和下限，将现金量控制在上下限之内。当现金量达到控制上限时，用现金购入有价证券，使现金持有量下降；当现金量降到控制下限时，则抛售有价证券换回现金，使现金持有量回升。若现金量在控制的上下限之内，便不必进行现金与有价证券的转换，保持它们各自的现有存量。

该模型有两条控制线和一条回归线。最低控制 L 取决于模型之外的因素，其数额是由现金管理部经理在综合考虑短缺现金的风险程度、企业借款能力、企业日常周转所需资金、银行要求的补偿性余额等因素的基础上确定的。回归线 R 可按以下公式计算：

$$R=\sqrt[3]{\left(\frac{3b\times\delta^2}{4i}\right)}+L$$

公式中：b——证券转换为现金或现金转换为证券的成本；δ——公司每日现金流变动的标准差；i——以日为基础计算的现金机会成本。

最高控制线的确定可用以下公式计算：

$$H=3R-2L$$

【例6-3】 某公司现金部经理确定 L 值为 10 000 元，估计公司现金流量标准差 δ 为 1 000 元，持有现金的年机会成本为 14%，换算为 i 值是 0.000 39(14%/360)，转换成本 b 为 150 元。则确定随机模型的回归线和最高控制线如下：

$$R=\sqrt[3]{\left(\frac{3\times150\times1\ 000^2}{4\times0.000\ 39}\right)}+10\ 000=16\ 607（元）$$

$$H=3\times16\ 607-2\times10\ 000=29\ 821（元）$$

该公司目标现金余额为 16 607 元。若现金持有额达到 29 821 元，则买进 13 214 元的证券；若现金持有额降至 10 000 元，则卖出 6 607 元的证券。

二、应收账款管理

1. 应收账款管理的目标

这里所说的应收账款是指因对外销售产品、材料、供应劳务及其他原因，应向购货单位、接受劳务的单位及其他单位收取的款项，包括应收销售款、其他应收款、应收票据等。发生应收账款的原因，主要有以下两种：

(1)商业竞争。

这是发生应收账款的主要原因。市场经济的竞争机制迫使企业以各种手段扩大销售。除了依靠产品质量、价格、售后服务、广告等外，赊销也是扩大销售的手段之一。相同条件下，赊销产品的销售量将大于现金销售产品的销售量。出于扩大销售的竞争需要，企业不得不以赊销或其他优惠方式招揽顾客，由此引起的应收账款是一种商业信用。

(2)销售和收款的时间差。

商品成交的时间和收到货款的时间经常不一致，这也导致了应收账款。就一般批发和大型生产企业来讲，发货的时间和收到货款的时间往往不同，因为货款结算需要时间。结算手段越落后，结算所需时间越长，销售企业只能承认这种现实并承担由此引起的资金垫支。由于销售和收款的时间差而造成的应收账款，不属于商业信用，也不是应收账款的主要内容，因此我们只讨论属于商业信用的应收账款的管理。

应收账款是企业的一项资金投放，是为了扩大销售和盈利而进行的投资，而投资肯定要发生成本，这就需要在应收账款信用政策所增加的盈利和这种政策的成本之间做出权衡。只有当应收账款所增加的盈利超过所增加的成本时，才应当实施应收账款赊销。

2. 信用政策的确定

应收账款赊销的效果好坏，依赖于企业的信用政策。信用政策包括信用期间、信用标准和现金折扣政策。

（1）信用期间。

信用期间是企业允许顾客从购货到付款之间的时间，或者说是企业给予顾客的付款期间。例如，某企业允许顾客在购货后的 50 天内付款，则信用期为 50 天。信用期过短，不足以吸引顾客，会使销售额下降；信用期过长，对销售额增加固然有利，但所得的收益有时会被增长的费用抵消，甚至造成利润减少。因此，企业必须研究确定恰当的信用期。

信用期的确定，主要是分析改变现行信用期对收入和成本的影响。延长信用期会使销售收入增加，与此同时，应收账款、收账费用和坏账损失等也会增加。决策时可列表计算各种信用期下收入成本费用的净增加额，然后采用净增加额最大的信用期。这种信用期分析的方法是比较简略的，可以满足一般制定信用政策的需要。如有必要，可以进行更精确的分析，如进一步考虑销货增加引起存货增加而多占用的资金，以及在信用期内提前付款给予现金折扣造成收入和成本的变化等。

【例 6-4】　某公司目前提供的信用条件是"$n/30$"。当前销售收入为 60 000 万元，平均收款期为 45 天，坏账损失率为 5%，变动成本率为 80%，生产能力有剩余。为刺激销售，该公司可以给出"$n/60$"的信用条件，在新的信用条件下，预计销售额会增加 25%，平均收账期为 75 天，应收账款平均的坏账损失率为 6%，该公司对应收账款的投资所要求的报酬率为 15%。对该公司是否应延长信用期进行分析。

分析如下：

（1）计算增加销售所增加的扣除信用成本前的利润。由于生产能力有剩余，所以，扩大销售增加的贡献毛益就是增加的利润。因此：

扩大销售所增加的利润＝60 000×25%×（1－80%）＝1 500×（1－80%）＝300（万元）

（2）准确地说，应收账款占用的资金应当按照成本价或变动成本计算，因此：

应收账款机会成本增加额＝[1 500÷360×75＋6 000÷360×（75－45）]×80%×15%＝98（万元）

（3）增加的坏账成本＝6 000×（6%－5%）＋6 000×25%×6%＝150（万元）

（4）扣除信用成本后收益的净增加额＝300－98＝52（万元）

所以，该企业应延长信用期限。

（2）信用标准。

信用标准，是指顾客获得企业的交易信用所应具备的条件。如果顾客达不到信用标准，便不能享受企业的信用或只能享受较低的信用优惠。企业在设定某一顾客的信用标准时，往往要先评估它赖账的可能性。按照国际惯例可以通过"五C"系统来进行。所谓"五C"系统，是评估顾客信用品质的五个方面，即：品质（Character）、能力（Capacity）、资本（Capital）、抵押（Collateral）和条件（Conditions）。

①品质。品质是指顾客的信誉，即履行偿债义务的主观可能性。企业必须设法了解顾客过去的付款记录，看其是否有按期如数付款的一贯做法，及与其他供货企业的关系是否良好。这一点经常被视为评价顾客信誉的首要因素。

②能力。能力指顾客的偿债能力，可以通过分析顾客的流动比率、速动比率等财务指标获得。

③资本。资本指顾客的财务实力和财务状况，表明顾客可能偿还债务的背景。

④ 抵押。抵押指顾客拒付款项或无力支付款项时能被用作抵押的资产。这对于不知底细或信誉状况有争议的顾客尤为重要。如果这些顾客提供足够的抵押，就可以考虑向他们提供相应的信用。

⑤ 条件。条件指可能影响顾客付款能力的经济环境。比如，万一出现经济不景气，会对顾客的付款产生什么影响，顾客会如何做等，这需要了解顾客在过去困难时期的付款历史。

(3)现金折扣政策。

现金折扣是企业对顾客在商品价格上所做的扣减。向顾客提供这种价格上的优惠，主要目的在于吸引顾客为享受优惠而提前付款，缩短企业的平均收款期。另外，现金折扣也能招揽一些视折扣为减价出售的顾客前来购货，借此扩大销售量。折扣的表示常采用如：5/10、3/20、n/30。其含义为：5/10 表示 10 天内付款，可享受 5% 的价格优惠，即只需支付原价的 95%；3/20 表示如在 20 天内付款，则只需支付原价的 97%；n/30 表示付款的最后期限为 30 天，此时付款无优惠。企业采用现金折扣政策，要与信用期间结合起来考虑。不论是信用期间还是现金折扣，都可能给企业带来收益，但也会增加成本。现金折扣能使企业缩短收现期、增加销售数量，但同时也使企业的销售价格下降，因此，应当综合考虑折扣所能带来的收益与成本孰高孰低，权衡利弊，抉择决断。

【例 6-5】 某企业当前的信用标准为 10%，平均付款期为 45 天，当前的销售收入为 1 000 000 元（赊销），销售利润率为 20%，平均的坏账损失率为 6%，应收账款的机会成本率为 15%。该企业拟改变信用标准，现有 A、B 两个方案：

(1)A 方案拟将信用标准提高到 8%，预计销售将减少 100 000 元，减少的销售的平均收款期为 90 天，其余销售的收款期将降为 40 天，减少的销售的平均坏账损失率为 8.7%，其余销售的坏账损失率降低到 5.7%。

(2)B 方案拟将信用标准降低到 15%，预计销售将增加 200 000 元，增加的销售的平均收款期为 75 天，其余销售的收款期不变，增加的销售的平均坏账损失率为 12%，其余销售的坏账损失率不变。

评价两方案如下：

(1)A 方案的分析。

由于销售减少使扣除信用成本前的利润减少=(−100 000)×20%=−20 000(元)

减少的机会成本=−10 000÷360×90×15%=−3 750(元)

或：[−10 000÷360×45+900 000÷360×(40−45)]×15%=−3 750(元)

减少的坏账成本=(−100 000)×8.7%=−8 700(元)

或：(−100 000)×6%+900 000×(5.7%−6%)=−8 700(元)

扣除信用成本后收益净增减额=(−20 000)−(−3 750)−(−8 700)=−7 550(元)

(2)B 方案的分析。

由于销售增加使扣除信用成本前的利润增加=200 000×20%=40 000(元)

增加的机会成本=200 000÷360×75×15%=6 250(元)

增加的坏账成本=200 000×12%=24 000(元)

扣除信用成本后收益净增额=40 000−6 250−24 000=9 750(元)

上述分析说明，如果采纳 A 方案，将减少利润 7 750 元，因而是不可行的；如果采纳 B 方案，将增加利润 9 750 元，所以应采纳 B 方案。

3. 应收账款的收账

应收账款发生后，企业应采取各种措施，尽量争取按期收回款项，否则会因拖欠时间过长而发生坏账，使企业蒙受损失。这些措施包括对应收账款回收情况的监督、对坏账损失的事先准备和制定适当的收账政策。

(1)应收账款回收情况的监督。

实施对应收账款回收情况的监督，可以通过编制账龄分析表进行。账龄分析表是一张能显示应收账款在外天数(账龄)长短的报告，由应收账款账龄、账户数量、金额和所占百分比等项目构成。利用账龄分析表，企业可以了解到以下情况：①有多少欠款尚在信用期内。这部分款项未到偿付期，欠款是正常的，但到期后能否收回还待定，故及时的监督仍是必要的。②有多少欠款超过了信用期，超过时间长短的款项各占多少，有多少欠款会因拖欠时间太久而可能成为坏账。

(2)收账政策的制定。

企业对各种不同过期账款的催收方式，包括准备为此付出的代价，就是它的收账政策。比如，对过期较短的顾客，不过多地打扰，以免将来失去这一顾客；对过期稍长的顾客，可以措辞婉转地写信催款；对过期较长的顾客，频繁地以信件催款并电话催询；对过期很长的顾客，催款的措辞严厉，必要时提请有关部门仲裁或提请诉讼等。催收账款要发生费用，某些催款方式的费用还会很高(如诉讼费)。一般说来，收账的花费越大，收账措施越有力，可收回账款应越多，坏账损失也就越少。因此制定收账政策，要在收账费用和所能减少的坏账损失之间做出权衡。制定有效、得当的收账政策很大程度上依靠有关人员的经验，从财务管理的角度讲，也有一些数量化的方法可供参照。收账政策的优劣应以应收账款总成本最小化为标准，可以通过比较各收账方案成本的大小对其加以选择。

三、存货管理

1. 存货管理的目标

存货是指企业在生产经营过程中为销售或耗用而储存的物资，包括商品、产成品、半成品、在产品以及各种材料模型、燃料、包装物、低值易耗品等。

如果工业企业能在生产投料时随时购入所需原材料，或者商业企业能在销售时购入所需商品，就不需要存货。但事实上，企业总有储备存货的需要，并因此占用或多或少的资金。这种存货的需要出于以下原因：

(1)保证生产或销售的经营需要。实际上，企业很少能做到随时购入生产或销售所需的各种物资，即使是市场供应量充足的物资也是如此。一旦生产或销售所需物资短缺，生产经营将被迫停顿，造成损失。为了避免或减少出现停工待料、停业待货等事故，企业需要储备存货。

(2)出自价格的考虑。零购物资的价格往往较高，而整批购买在价格上有优惠。但是，过多的存货要占用较多资金，并且会增加包括仓储费、保险费、维护费、管理人员工资在内的各项开支。因此，进行存货管理的目标就是尽力在各种成本与效益之间做出权衡，达到两者的最佳结合。

2. 储备存货的有关成本

(1)取得成本。取得成本指为取得某种存货而支出的成本，又分为订货成本和购置成本。

① 订货成本是指从发出订单到收到存货整个过程中所付出的成本，如订单处理成本(包括办公成本和文书成本)、运输费、保险费以及装卸费等。订货成本有一部分与订货次数无关，称为订货的固定成本，用 F_1 表示；另一部分与订货次数有关，称为订货的变动成本，每次订货的变动成本用 K 表示。订货次数等于存货年需求量 D 与每次进货量 Q 之商。订货成本的公式为：

$$订货成本 = F_1 + D/Q \times K$$

② 购置成本是指存货本身的价值，用数量与单价的乘积来确定。年需要量用 D 表示，单价用 U 表示，于是购置成本就是 DU。

订货成本加上购置成本就等于存货的取得成本。其公式可表达为：

$$取得成本 = 订货成本 + 购置成本 = 订货固定成本 + 订货变动成本 + 购置成本$$
$$TC_a = F_1 + D/Q \times K + DU$$

(2)储存成本。储存成本指为保持存货而发生的成本，包括存货占用资金所应计的利息、仓库费用、保险费用、存货破损和变质损失等，通常用 TC_c 来表示。

储存成本也分为固定成本和变动成本。固定成本与存货数量的多少无关，如仓库折旧、仓库职工的固定工资等，常用 F_2 表示。变动成本与存货的数量有关，如存货资金的应计利息、存货的破损和变质损失、存货的保险费用等，单位储存变动成本用 K_c 来表示。用公式表达的储存成本为：

$$储存成本 = 储存固定成本 + 储存变动成本$$
$$TC_s = F_2 + K_c \times (Q/2)$$

(3)缺货成本。缺货成本是指由于存货供应的中断而造成的损失，包括材料供应中断造成的停工损失、产成品库存缺货造成的拖欠发货损失和丧失销售机会的损失。

如果以 TC 来表示储备存货的总成本，缺货成本用 C_s 表示，则其计算公式为：

$$TC = TC_a + TC_c + TC_s$$
$$= F_1 + (D/Q)K + DU + F_2 + (Q/2)K_c + TC_s$$

企业存货最优化，是使上式中 TC 值最小。

3. 存货决策

存货的决策涉及四项内容：决定进货项目、选择供应单位、决定进货时间和决定进货批量。决定进货项目和选择供应单位是销售部门、采购部门和生产部门的职责；财务部门的职责是决定进货时间和进货批量(分别用 T 和 Q 表示)。

按照存货管理的目的，需要通过合理的进货批量和进货时间，使存货的总成本最低，这个批量叫作经济订货量或经济批量。有了经济订货量，可以很容易地找出最适宜的进货时间。

与存货总成本有关的变量（即影响总成本的因素）很多，为了解决比较复杂的问题，有必要简化或舍弃一些变量，先研究解决简单的问题，然后再扩展到复杂的问题。这需要设立一些假设，在此基础上建立经济订货量的基本模型。

(1)经济订货量基本模型。经济订货量基本模型需要设立的假设条件有：

① 企业能够及时补充存货，即需要订货时便可立即取得存货。

② 能集中到货，而不是陆续入库。

③ 不允许缺货，既无缺货成本，TC_s 为零。

④ 需求量稳定且能预测，即 D 为已知常量。

⑤ 存货单价不变，即 U 为已知常量。

⑥ 企业现金充足，不会因现金短缺而影响进货。

⑦ 所需存货市场供应充足，不会因买不到需要的存货而影响其他。

设立了上述假设后，存货总成本的公式可以简化为：

$$TC = F_1 + (D/Q)K + DU + F_2 + K_c \times (Q/2)$$

当 F_1、K、D、U、F_2、K_c 为常数量时，TC 取决于 Q。为求出 TC 极小值，对其进行求导演算，可得出下列公式：

$$Q^* = \sqrt{\frac{2KD}{K_c}}$$

这一公式称为经济订货量基本模型，求出的每次订货批量，可使 TC 达到最小值。

与批量有关的存货总成本公式如下：

$$TC(Q^*) = \sqrt{2KDK_c}$$

(2)经济订货量的基本模型是在前述各假设条件下建立的，但现实生活中能够满足这些假设条件的情况十分罕见。这使模型更接近于实际情况，具有较高的可用性，需逐一放宽假设，同时改进模型。

① 订货提前期。一般情况下，企业的存货不能做到随时补充，因此不能等存货用光再去订货，而需要在没有用完时提前订货。在提前订货的情况下，企业再次发出订货单时，尚有存货的库存量，称为再订货点，用 R 来表示。它的数量等于交货时间(L)和每日平均需用时(d)的乘积，其计算公式如下：

$$R = L \times d$$

② 存货陆续供应和使用。在建立基本模型时，是假设存货一次全部入库，当存货增加时存量变化为一条垂直的直线。事实上，各批存货可能陆续入库，使存量陆续增加。尤其是产成品入库和在产品转移，几乎总是陆续供应和陆续耗用的。

③ 保险储备。之前讨论是假定存货的供需稳定且确定，即每日需求量不变，交货时间也固定不变。实际上，每日需求量可能变化，交货时间也可能变化。按照某一订货批量（如经济订货批量）和再订货点发出订单后，如果需求量增大或送货时间延迟，就会发生供货中断。为防止由此造成的损失，就需要置存保险储备。这些存货在正常情况下不动用，只有当存货过量使用或送货延迟时才动用。

任务二 营运资本投资实训

【能力目标】

通过营运资本投资的实训，使学生掌握经济批量模型公式中订货成本、储存成本、订货批量及储备存货的相关内容。

【任务描述】

1. 运用经济批量模型。
2. 计算订货成本、储存成本。
3. 运用资金成本。
4. 选择合适的营运资本投资方式。

【实训资料】

某公司是一家亚洲地区的玻璃套装门分销商，套装门在香港生产然后运至上海。管理当局预计年度需求量为 10 000 套。套装门的购进单价为 395 元（包括运费，单位是人民币，下同）。与定购和储存这些套装门相关资料如下：

（1）去年的订单共 22 份，总成本 13 400 元，其中固定成本 10 760 元，预计未来成本性态不变。

（2）虽然对于香港源产地商品进入大陆已经免除关税，但是对于每一张订单都要经双方海关的检查，其费用为 280 元。

（3）套装门从生产商运抵上海后，接受部门要进行检查。为此雇佣一名检验人员，每月支付工资 3 000 元，每个订单的抽检工作需要 8 小时，发生的变动费用每小时 2.5 元。

（4）公司租借仓库来存储套装门，固定成本为每年 2 500 元，变成成本为每套门 4 元。

（5）在储存过程中会出现破损，估计破损成本平均每套门 28.5 元。

（6）占用资金利息等其他储存成本每套门 20 元。

（7）从发出订单到货物运到公司所在地需要 6 个工作日。

（8）为防止供货中断，该公司设置了 100 套的保险储备。

（9）该公司每年经营 50 周，每周营业 6 天。

【实训要求】

（1）计算经济批量模型公式中"订货成本"。
（2）计算经济批量模型公式中"储存成本"。
（3）计算经济订货批量。
（4）计算每年与批量相关的存货总成本。
（5）计算再订货点。

(6)计算每年与储备存货相关的总成本。

　【实训结果】

(1)订货成本＝(13 400－10 760)/22＋280＋8×2.5＝420(元)

(2)储存成本＝(4＋28.5＋20)＝52.50(元)

(3)经济订货批量 $Q=\sqrt{\dfrac{2\times10\ 000\times420}{52.5}}=400$(套)

(4)每年存货总成本 $TC(Q^*)=\sqrt{2\times10\ 000\times420\times52.5}=21\ 000$(元)

(5)再订货点 $R=6\times10\ 000/(50\times6)+100=300$(套)

(6)每年与储备存货相关的总成本＝395×10 000＋(420×10 000/400＋10 760＋3 000×12)＋(52.50×400/2＋52.50×100＋2 500)＝4 025 510(元)

或：＝395×10 000＋21 000＋10 760＋3 000×12＋52.50×100＋2 500＝4 025 510(元)

【基本知识训练题】

一、单项选择题

1. 下列关于营运资本的说法中，不正确的是(　　)。

　　A. 营运资本＝流动资产－流动负债

　　B. 经营营运资本＝经营性流动资产－自发性负债

　　C. 在不影响公司正常盈利的情况下，提高营运资本投资可以增加企业价值

　　D. 在不影响公司正常盈利的情况下，节约流动资产投资可以增加企业价值

2. 流动资产周转天数的决定因素不包括(　　)。

　　A. 行业和技术特征　　　　　　　　B. 企业所处的外部经济环境

　　C. 企业所处的内部经济环境　　　　D. 管理流动资产周转的效率

3. 下列关于流动资产投资政策的说法中，不正确的是(　　)。

　　A. 流动资产最优的投资规模，取决于持有成本和短缺成本总计的最小化

　　B. 流动资产投资管理的核心问题是如何应对投资需求的不确定性

　　C. 在宽松的流动资产投资政策下，公司的短缺成本较少

　　D. 紧缩的流动资产投资政策，表现为较低的流动资产/收入比率，公司承担的风险较低

4. 企业置存现金的原因不包括(　　)。

　　A. 交易性需要　　　B. 预防性需要　　　C. 投机性需要　　　D. 盈利性需要

5. 运用随机模式和成本分析模式计算最佳现金持有量，均会涉及现金的(　　)。

　　A. 机会成本　　　B. 管理成本　　　C. 短缺成本　　　D. 交易成本

6. 某公司持有有价证券的年利率为6％，公司的最低现金持有量为4 000元，现金回归线为10 000元。如果公司现有现金22 000元，根据现金持有量的随机模型，此时应投资于有价证券的金额是(　　)元。

　　A. 0　　　B. 14 000　　　C. 12 000　　　D. 10 000

7. 以下不属于企业应收账款信用政策构成内容的是(　　)。

　　A. 信用期间　　　B. 信用标准　　　C. 现金折扣政策　　　D. 收账方法

8. 在使用存货模式进行最佳现金持有量的决策时，假设持有现金的机会成本率为10%，与最佳现金持有量相对应的交易成本为2 500元，则企业的最佳现金持有量为（　　）元。

    A. 50 000　　　　　B. 25 000　　　　　C. 100 000　　　　　D. 无法计算

9. 企业拟将信用期由目前的45天放宽为60天，预计赊销额将由1 200万元变为1 440万元，变动成本率为60%，等风险投资的最低报酬率为10%。则放宽信用期后应收账款"应计利息"的增加额为（　　）万元（一年按360天计算）。

    A. 15　　　　　　　B. 9　　　　　　　C. 5.4　　　　　　D. 14.4

10. 评估客户赖账的可能性时，可以通过"5C"系统来完成，下列说法不正确的是（　　）。

    A. 品质经常被视为评价顾客信用的首要因素

    B. 能力指顾客的财务实力和财务状况

    C. 条件指可能影响顾客付款能力的经济环境

    D. 资本指顾客的财务实力和财务状况

二、多项选择题

1. 下列各项中，会导致流动资产周转天数增加的有（　　）。

    A. 增加现金周转天数　　　　　　　　B. 增加存货周转天数

    C. 增加应付账款周转天数　　　　　　D. 增加应收账款周转天数

2. 现金收支管理的目的在于提高现金使用效率，为达到这一目的，应当注意做好的工作包括（　　）。

    A. 力争现金流量同步　　　　　　　　B. 推迟应付账款的支付

    C. 使用现金浮游量　　　　　　　　　D. 加速收款

3. 某企业现金收支状况比较稳定，预计全年（按360天计算）需要现金400万元，现金与有价证券的转换成本为每次400元，有价证券的年利率为8%。下列说法正确的有（　　）。

    A. 最佳现金持有量为200 000元

    B. 最低现金管理相关总成本为16 000元

    C. 最佳现金持有量下，持有现金的机会成本＝转换成本＝8 000元

    D. 有价证券交易间隔期为18天

4. 已知按照随机模式确定的最佳现金持有量为20万元，现金存量的下限为10万元，目前的现金存量为35万元，有价证券的年利息率为3.6%，预计每日现金余额变化的方差为4万元。则下列说法正确的是（　　）。

    A. 目前需要减少15万元，以达到最佳现金持有量

    B. 现金存量的上限为40万元

    C. 每次有价证券的固定转换成本为333.33元

    D. 目前不需要减少现金存量

5. 下列关于确定最佳现金持有量的随机模式，说法不正确的有（　　）。

    A. 只要是现金持有量偏离了最佳现金持有量，就应该进行现金与有价证券的转换

    B. 确定最佳现金持有量时，需要考虑管理人员的风险承受倾向

    C. 确定最佳现金持有量时，需要考虑预期每日现金余额变化的标准差

D. 确定最佳现金持有量时，不需要考虑有价证券的利息率

6. 研究保险储备的目的，就是要找出合理的保险储备量，使缺货或供应中断损失和储备成本之和最小。这需要考虑(　　)。

　　A. 单位缺货成本　　　　　　　　　　B. 单位储存变动成本

　　C. 交货期　　　　　　　　　　　　　D. 存货年需求量

7. 假设某企业预测的年赊销额为 2 000 万元，信用期为 40 天，有 80% 的客户在第 40 天付款，其余客户的付款时间平均为 65 天，变动成本率为 60%，资金成本率为 8%，一年按 360 天计算，则(　　)。

　　A. 维持赊销业务所需要的资金为 150 万元　　B. 平均收账天数为 45 天

　　C. 应收账款平均余额为 250 万元　　　　　　D. 应收账款应计利息为 20 万元

8. 延长信用期限对企业的影响可能有(　　)。

　　A. 销售额增加　　　B. 增加应收账款　　　C. 坏账损失增加　　　D. 收账费用增加

9. 与储备存货有关的成本包括(　　)。

　　A. 缺货成本　　　B. 信用成本　　　C. 取得成本　　　D. 储存成本

10. 存货经济批量基本模型的假设包括(　　)。

　　A. 可以陆续入库　　　　　　　　　　B. 存货单价不变

　　C. 不允许缺货　　　　　　　　　　　D. 所需存货市场供应充足

三、判断题

1. 流动资产投资日常管理的主要内容不包括现金管理。　　　　　　　　　　(　　)

2. 确定最佳现金持有量的成本分析模式、存货模式和随机模式都考虑了机会成本。(　　)

3. 不同国家的类似企业，其流动资产周转天数基本相同。　　　　　　　　　(　　)

4. 经济订货量与再订货点无关。　　　　　　　　　　　　　　　　　　　(　　)

5. 存货破损和变质损失不属于存货储存成本。　　　　　　　　　　　　　(　　)

【实际技能训练题】

　　三星公司是电脑经销商，预计明年电脑的需求量为 3 600 台，平均购进单价为 1 500 元，平均每日供货量 100 台，每日销售量为 10 台(一年按 360 天计算)，单位缺货成本为 100 元。与订货和储存有关的成本资料预计如下：

　　(1)采购部门全年办公费为 100 000 元，平均每次差旅费为 800 元，每次装卸费为 200 元。

　　(2)仓库职工的工资每月 2 000 元，仓库年折旧 40 000 元，银行存款利息率为 4%，平均每台电脑的破损损失为 80 元，每台电脑的保险费用为 60 元。

　　(3)从发出订单到第一批货物运到需要的时间有五种可能，分别是 8 天(概率 10%)、9 天(概率 20%)、10 天(概率 40%)、11 天(概率 20%)和 12 天(概率 10%)。

　　要求：

　　(1)计算经济订货批量、送货期和订货次数。

　　(2)确定合理的保险储备量和再订货点。

　　(3)计算明年与批量相关的存货总成本。

　　(4)计算明年与储备存货相关的总成本。

项目七

股 利 分 配

 【内容提示】

本项目对企业股利分配的基本知识、股利分配程序和支付方式、股利分配政策等进行了论述，以蓝天公司为例从能力目标、任务描述、实训资料、实训要求等方面进行股利分配政策决策的实训。

通过本项目学习，要求掌握利润的构成内容、利润分配的项目、股利分配的程序和支付方式、股利分配政策类型、股票股利、股票分割和股票回购的含义及作用等相关内容。

任务一　股利分配基本知识

企业通过经营活动赚取收益，并将其在相关各方之间进行收益分配，这关系着国家、企业及所有者各方面的利益，是一项政策性较强的财务活动。收益分配即利润分配。

一、利润分配概述

利润分配是指企业按照国家有关法律、法规以及企业章程的规定，将实现的利润在国家、所有者以及企业之间进行分配的活动。由于税法的强制性，财务管理中所讲的利润分配主要是指企业净利润的分配，分配的实质就是确定分配给投资者的报酬和企业留存收益的比例。

1. 利润分配的基本原则

利润分配是企业将实现的经营成果按照法律规定和企业权力机构的决议，向投资者进行分配的过程。利润分配主要应遵循以下基本原则：

(1)遵守国家法律，履行企业的社会责任。

(2)处理好分配与积累的关系，增强企业的后劲。

(3)兼顾各方利益，提高各方面的积极性。

(4)坚持以丰补歉，保持稳定的分红比例。

(5)实行"三公"原则，一视同仁地对待所有者。

2. 利润分配的项目

(1)企业亏损弥补。

按照我国现行财务和税务制度的规定，企业年度亏损可由下一年度的税前利润弥补，下一年度的税前利润不足以弥补的，继续用以后年度的税前利润弥补，但连续弥补期最长不超过五年。五年弥补期是从亏损年度后的第一年算起的，连续五年内无论盈亏，都作为实际弥补年限计算。对于五年内的某个或某几个年度又发生亏损的，应分别从各亏损年度后的第一年起连续五年弥补各自的亏损。

连续五年尚未弥补完亏损的企业，应从第六年起依法缴纳所得税，同时税前利润未能弥补的亏损，只能由企业税后利润弥补。税后弥补亏损的资金一是企业的未分配利润，即用向股东分红的资金弥补亏损，在累计亏损未得到弥补前，企业是不能也不应当分配股利的；税后利润弥补亏损的另一资金是公积金，即当企业的亏损数额较大，用未分配利润尚不足以弥补时，经企业股东会议决定，可以用提存的盈余公积金弥补亏损。企业未清算前，注册资本和资本公积是不能用于弥补亏损的。

（2）盈余公积金。

盈余公积金是企业从税后利润中提取的积累资金，从性质上属于企业所有者的权益。盈余公积金包括法定盈余公积金和任意盈余公积金两种。根据《中华人民共和国公司法》的规定，法定盈余公积的提取比例为当年净利润（弥补亏损后）的10%。若企业累积的法定盈余公积金已达到注册资本的50%时可不再提取。

法定盈余公积金的用途主要有个两个方面：弥补企业亏损；转增资本。盈余公积金经股东会议特别决议以后，也可用于转增资本，但转增资本后，法定盈余公积金的余额不得低于转增前公司注册资本的25%。提取法定公积金的主要目的是为了增加企业内部积累，以利于企业扩大再生产。

企业从税后利润中提取法定盈余公积金之后，根据企业章程或者股东会议决议，还可以从税后利润中提取任意盈余公积金。法定盈余公积金和任意盈余公积金是企业从税后利润中提取的积累资金，是企业抵御风险、补充资本的重要资金来源。

（3）向股东（投资者）分配股利（利润）。

企业向投资者分配利润，又称分配红利，是利润分配的主要阶段。企业弥补亏损和提取公积金后所余税后利润，可以向股东（投资者）分配股利（利润）。其中有限责任公司股东按照实缴的出资比例分取红利，全体股东约定不按照出资比例分取红利的除外；股份有限公司按照股东持有的股份比例分配，但股份有限公司章程规定不按持股比例分配的除外。

在通常情况下，企业当年如无利润不能进行利润的分配，但企业在亏损弥补后仍可以动用一部分公积金分配红利。分配红利的数量应根据企业的盈利状况确定，一般由企业董事会提出方案，股东会议表决通过。股份有限公司发行在外的股票一般包括优先股和普通股，优先股与普通股在分配股利的顺序上是不一样的，优先股先于普通股分配取得固定股利率的股利。

3. 利润分配的一般程序

除法律、行政法规另有规定外，利润分配按照以下顺序进行：

（1）弥补以前年度亏损。企业在提取法定盈余公积之前，应当用当年利润弥补亏损。企业发生的年度经营亏损，依照税法的规定弥补。税法规定年限内的税前利润不足弥补的，用以后年度的税后利润弥补，或者经投资者审议后用盈余公积弥补。

（2）提取法定盈余公积金。提取法定盈余公积的目的是为了增加企业内部积累，以利于企业扩大再生产。

（3）提取任意公积金。任意公积金提取比例由投资者决议。提取任意公积金目的是为了满足企业经营管理的需要，控制向投资者分配利润的水平，以及调整各年度利润分配的波动。

（4）向投资者（股东）分配利润（股利）。企业弥补亏损和提取盈余公积后所余利润，加上以前年度的未分配利润，即为可供投资者（股东）分配的利润（股利）。企业以前年度未分配的利润，并入本年度利润，在充分考虑现金流量状况后，向投资者分配。属于各级人民政府及其部门、机构出资的企业，应当将应付国有利润上缴财政。

国有企业可以将任意公积金与法定公积金合并提取。股份有限公司依法回购后暂未转让或者注销的股份，不得参与利润分配；以回购股份对经营者及其他职工实施股权激励的，在拟订利润分配方案时，应当预留回购股份所需利润。

二、股利分配程序和支付方式

股利分配程序是指公司制企业根据适用法律、法规或规定，对企业一定期间实现的净利润进行分派必须经过的先后步骤。

1. 股利分配程序

（1）股利决策程序。股利决策程序具体包括：由公司董事会根据公司的盈利水平和股利政策，制定股利分配方案；提交股东大会审议，通过后方能生效。只有经过了上述决策程序，公司才可对外发布股利分配公告，具体实施分配方案。

（2）股利分配公告。股利分配公告一般在股权登记日前三个工作日发布。如果公司股东较少，股票交易又不活跃，公告日可以与股利支付日放在同一天进行。公告包括利润分配方案、股利分配对象（为股权登记日当日登记在册的全体股东）、股利发放办法等内容。

（3）分配程序。以深圳证券交易所（简称深交所）的规定为例：对于流通股份，其现金股利由上市公司于股权登记日前划入深交所账户，再由深交所在登记日后第三个工作日划入各托管证券经营机构账户，托管证券金融机构于登记日后第五个工作日划入股东资金账户，红利则于股权登记日后第三个工作日直接计入股东的证券账户，并自即日起开始上市交易。

（4）股利支付重要日期。股利支付过程中的重要日期包括股利宣告日、股权登记日、除息日和股利支付日。

【例7-1】 蓝天公司2015年3月3日公布公告："本公司董事会在2015年3月3日的会议上决定，2014年度发放每股为2元的股利。本公司将于2015年3月18日将上述股利支付给已在2014年3月17日登记为本公司股东的人士。"

例中，2015年3月3日为该公司的股利宣告日；2014年3月17日为其股权登记日；2014年3月18日为除息日；2015年3月18日则为其股利支付日。

2. 股利支付方式

一般常用的股利支付方式有现金股利、实物股利、负债股利及股票股利等形式。

（1）现金股利。现金股利是公司在分配股利时常用的方式，也是投资者最容易接受的方式。现金股利即是以现金支付的股利，这种方式能满足大多数投资者希望得到一定数量的现金作为投资收益的愿望。

由于支付现金股利会减少公司现金，影响资产变现能力，所以公司在发放现金股利的同时，应采取措施吸引投资者将其获得的股利再投资到企业中去。通常的做法是说服股东将分得的现金股利购买公司新股，用于公司再投资等。

现金股利按发放的稳定性和规律性，可分为三种形式：

① 正常股利，是指公司根据自身经营状况和盈利能力，有把握在未来一定时期按时、按量支付的股利。这部分股利也称股息。

② 额外股利。由于某种原因公司不愿意对某些股利定期支付作出保证，或者没有能力作出保证，因而称为额外股利，又称分红，表示与股息的区别。额外股利的发放与否、发放多少完全与公司当期的收益状况和投资决策密切相关。

正常股利与额外股利都是对股东权益和税后利润的分配。

③ 清算股利，是指公司清算资产时，将偿付债权人之后的剩余部分在股东之间进行的分配。清算股利不是来源于公司的现金和留存收益，而是来源于公司资产的减少。

（2）实物股利。实物股利是指公司以除现金以外的资产（如公司实物资产、实物产品、公司债券、公司股票等）支付的股利。

实物股利一般适用于支付额外股利。由于这种形式不会增加公司的现金流出，所以当公司资产变现能力较弱时，是可取的一种股利支付方式。但是这种支付方式有很明显的缺点：一是不为广大股东所乐意接受，因为股东持有股票的目的是为了获取现金收入，而不是为了分得实物；二是以实物支付股利会严重影响公司形象，社会普遍认为公司财务状况不好、变现能力下降、资金流转不畅，对公司发展失去信心，由此导致股票市场市价的大跌，因此，这种支付方式非到不得已的情况下不宜采用。

（3）负债股利。负债股利是企业以负债形式发放股利，这种发放形式通常是公司以应付票据或公司债券抵付股利。由于票据和债券都是带息的，所以会导致公司支付利息的压力增大，但可以缓解企业资金不足的矛盾。这种股利发放方式只是公司的一种权宜之计，往往不受股东欢迎。

财产股利和负债股利实际上都是现金股利的替代方式，目前这两种股利方式在我国公司实务中极少使用。

（4）股票股利。股票股利是指公司利用增发新股票的形式支付给股东的股利，我国实务中通常也称其为"红股"。公司通常是按现有股东持有股份的比例来分配每个股东应得到新股的数量，其实质是增发股票，具体包括两种情况：一是公司以新发行的股票分配给股东；二是当企业注册资本尚未足额时，以其未被认购的股票作为股利分配给股东。在具体操作上，可以在增发新股时，预先扣除当年应分配的股利，再配售给老股东；也可以在发行新股时增资配股，即股东在不用支付现金及资产的情况下就能得到公司新发行的股票。

股票股利对公司来说，并不产生现金流出，也不会导致公司的财产减少，而只是将公司的留存收益转化为股本。股票股利会增加流通在外的股票数量，同时降低股票的每股价值。它不会改变公司股东权益总额，但会改变股东权益的构成。

三、股利分配政策

股利分配政策是指企业管理层对与股利有关的事项所采取的方针政策。这里的股利政策为狭义的股利政策,即股利支付率政策。股利政策也是内部筹资决策。股利的发放既关系到公司股东的经济利益,又关系到公司的未来发展。因此,股利分配在公司制企业经营理财决策中始终占有重要地位。

1. 股利分配政策的类型

股利分配政策受多种因素的影响,并且不同的股利分配政策也会对公司的股票价格产生不同的影响。因此,对于股份公司来说,制定一个正确的、合理的股利分配政策非常重要。常用的股利分配政策主要有以下类型:

(1)剩余股利政策。剩余股利政策是将股利的分配与公司的资本结构有机地联系起来,即根据公司的最佳资本结构测算出公司投资所需要的权益资本数额,先从盈余中扣除,然后将剩余的盈余作为股利对所有者进行分配。

采用剩余股利政策时,应遵循四个步骤:①设定目标资本结构;②确定目标资本结构下投资所需的股东权益数额;③最大限度地使用保留盈余来满足投资方案所需的权益资本数额;④投资方案所需权益资本已经满足后若有剩余盈余,再将其作为股利发放给股东。

剩余股利政策的优点在于:可以取得或保持合理的资本结构;可以满足公司增长但外部融资难度较大时对资金的需求;在负债比率较高、利息负担及财务风险较大的情况下,满足投资规模扩大对资金需求增加的需要;减少外部融资的交易成本。

剩余股利政策的缺点在于:股利支付额受到投资机会和盈利水平的制约,造成股利的多少与企业盈利水平高低脱节,难以满足追求稳定收益股东的要求,因股利发放的波动性而造成公司经营状况不稳定的感觉;因股利发放率过低而影响股票价格的上升,导致公司价值被低估。

【例7-2】 蓝天公司2014年的税后净利润为1 000万元,2015年年初公司讨论决定股利分配的数额。目前的资本结构为债务资本40%,权益资本60%。该资本结构也是其下一年度的目标资本结构(即最佳资本结构)。假设该公司2015年有一个很好的投资项目,需要投资800万元。试确定蓝天公司采用剩余股利政策下2014年度可分配的股利。

分析:根据公司目标资本结构的要求,需要筹集720万元(1 200×60%)的权益资金和480万元(1 200×40%)的债务资金来满足投资的需要。这样,公司将净利润的720万元作为留存利润,然后,再通过举债筹集480万元资金,共1 200万元用于该新项目的投资;税后利润1 000万元减去留存利润720万元,余下的280万元的净利润可用于分配股利。

从例题可以看出,蓝天公司通过剩余股利政策保持了企业的最佳资本结构,此时,公司的综合资金成本是最低的。但是另一方面,剩余股利政策使得公司的股利支付忽高忽低,给投资者造成公司发展不稳定的感觉。

剩余股利政策不利于投资者安排收入与支出,也不利于公司树立良好的形象,一般适用于公司初创阶段。

(2)固定或稳定增长的股利政策。固定或稳定增长的股利政策是一种稳定的股利政策,是指公司付给股东现金股利不随公司税后利润的多少而调整,即公司定期支付固定的股利额。只有在确信公司未来的盈利增长不会发生逆转时，才会宣布实施固定或稳定增长的股利政策。在固定或稳定增长的股利政策下，首先应确定的是股利分配额，该分配一般不随资金需求的波动而波动。

固定或稳定增长股利政策的优点在于：由于股利政策本身的信息价值，它能将公司未来的获利能力、财务状况以及管理层对公司经营的信心等信息传递出去，可以传递给股票市场和投资者一个公司经营状况稳定、管理层对未来充满信心的信号，这有利于公司在资本市场上树立良好形象、增强投资者信心，进而有利于稳定公司股价；有利于吸引那些打算进行长期投资的股东，这部分股东希望其投资的获利能够成为其稳定的收入来源，以便安排各种经常性的消费和其他支出。

固定或稳定增长股利政策的缺点在于：股利分配只升不降，股利支付与公司盈利相脱离。即不论公司盈利多少，均要按固定水平乃至固定增长率派发股利，在公司出现经营状况不好或短暂的困难时期，必将侵蚀公司的留存收益，影响公司的后续发展，甚至侵蚀公司现有的资本，给公司的财务运作带来很大压力，最终影响公司正常的生产经营活动。

因此，采用固定或稳定增长的股利政策，要求公司对未来的盈利和支付能力能做出较准确的判断。一般来说，公司确定的固定股利额不应太高，要留有余地，以免陷入无力支付的被动局面。固定或稳定增长的股利政策一般适于经营比较稳定或处于成长期的企业，且很难被长期采用。

（3）固定股利支付率政策。固定股利支付率政策是一种变动的股利政策，企业每年都从净利润中按固定的股利支付率发放股利，即公司将每年净收益的某一固定百分比作为股利分派给股东，这一百分比通常称为股利支付率。股利支付率一经确定，一般不得随意变更，体现了风险投资与风险收益的对等关系，公平对待每一位股东，同时，当企业盈利逐年增多时，投资者可以得到更多的股利，公司也能得到更多的留存收益。

【例 7-3】 蓝天公司 2014 年税后利润 1 000 万元，确定的固定股利支付率为 40％。2015 年拟投资 2 000 万元建立一条新生产流水线，为此该公司权益资金筹资总额、留存收益和对外权益资金筹资额计算如下：

权益资金筹资总额＝2 000×（1－50％）＝1 000（万元）

留存收益＝1 000×（1－40％）＝600（万元）

对外权益资金筹资额＝1 000－600＝400（万元）

固定股利支付率政策的优点在于：与公司盈余紧密地配合，体现了多盈多分、少盈少分、无盈不分的股利分配原则。由于公司的获利能力在年度间经常变动的，因此，每年的股利也应当随着公司收益的变动而变动，并保持分配与留存收益间的一定比例关系。采用固定股利支付政策，公司每年按固定的比例从税后利润中支付现金股利，从企业支付能力的角度看，这是一种稳定的股利政策。

固定股利支付率政策的缺点在于：传递的信息容易成为公司的不利因素。大多数公司每年的收益很难保持稳定不变，将导致公司每年股利分配额的频繁变化，而股利通常被认为是公司未来前途的信号传递，容易给投资者带来公司经营状况不稳定、投资风险较大的不良印象，容易使公司面临较大的财务压力；在固定股利支付政策下，公司丧失了利用股利政策的财务方法，缺乏财务弹性；合适的固定股利支付率的确定难度大。

固定股利支付率政策比较适用于那些处于稳定发展且财务状况较稳定的公司。

(4)低正常股利加额外股利政策。低正常股利加额外股利政策是一种介于稳定股利政策与变动股利政策之间的折中的股利政策，是指公司一般每年都支付一固定的、数额较低的股利，在盈余多的年份，再根据实际情况向股东支付额外股利。但额外股利并不固定，不意味着公司永久性地提高了规定的股利支付率，这具有较大的灵活性，可以使投资者接受正常的较低股利。

低正常股利加额外股利政策的优点在于：赋予公司一定的灵活性，使公司在股利发放上留有余地和具有较大财务弹性；每年可以根据公司的具体情况，选择不同的股利发放水平，以完善公司的资本结构，进而实现公司的财务目标，有助于稳定股价、增强投资者信心。由于公司每年固定派发的股利维持在一个较低的水平上，在公司盈利较少或需用较多的留存收益进行投资时，公司仍能够按照既定承诺的股利水平派发股利，使投资者保持一个固有的收益保障，这有助于维持公司股票的现有价格，而当公司盈利状况较好且有剩余现金时，就可以在正常股利的基础上再派发额外股利。而额外股利信息的传递则有助于公司股票的股价上扬，增强投资者信心。

低正常股利加额外股利政策的缺点在于：由于每年公司的盈利波动使得额外股利不断变化，容易给投资者以公司收益不稳定的感觉，当公司在较长时期持续发放额外股利后，可能会被股东误认为是"正常股利"，而一旦取消了这部分额外股利，传递出去的信号会使股东认为这是公司财务状况恶化的表现，进而引起公司股价下跌的不良后果。因此，对那些盈利水平随着经济周期波动较大的公司或行业，这种股利政策是一种不错的选择。

可以看出，低正常股利加额外股利政策既吸收了固定股利政策对股东投资收益的保障优点，同时又摒弃其对公司所造成的财务压力方面的不足，所以在资本市场上颇受投资者和公司的欢迎。

企业股利分配实务中常用的几种分配策略中，固定股利政策和低正常股利加额外股利政策是企业普遍采用的。企业在进行股利分配时，应充分考虑各种政策的优缺点和企业的实际情况，选择合适的股利分配政策。

2. 影响股利分配的因素

(1)内部因素。

① 盈利状况。盈利状况是制约股利分配的首要因素。公司必须要以其盈利水平及未来的发展趋势为出发点，研究派发股利的形式、股利的多少、派发的时间等。另外，公司盈余的稳定性也是考虑分发股利高低的主要因素，一般来说，盈余比较稳定的公司，其股利可以高些；盈余状况不够稳定的公司则可采用低股利政策，以使公司将更多的盈余转为再投资，逐渐提高公司盈利水平，并降低财务风险。

② 变现能力。变现能力即公司资产的流动性。公司在制定股利分配政策时应充分预测公司在一定时期现金收入和支出情况，并考虑现金不足时的筹资方向和筹资数额，以保证企业生产经营活动的正常进行。

③ 融资能力。对于经营好、利润高、举债融资能力比较强的公司，在股利支付方式、支付数额的选择上会有较大的余地，但对于实力较弱、风险较大、资金短缺且融资能力比较弱的公司来说，应考虑以更多的留存收益增加其资本数额，为企业发展准备更多的资

金,同时降低公司的财务风险。

④ 债务需要。对于需要较多资金偿还债务的公司,既可以通过举借新债、发行新股来还债,也可以直接用经营积累偿还债务。如果公司筹资成本较高或受其他条件限制,公司减少股利支付数额,用更多的经营积累还债是比较合适的。

(2)外部因素。

① 法律限制。国家为了保护股东权益和债权人权益,《中华人民共和国公司法》《中华人民共和国证券法》等有关法律文件对公司的股利分配经常有如下限制:资本完整性上的限制,如企业在弥补亏损、提取法定盈余公积金之前不得分配股利;公司不能用资本(包括股本和资本公积金)发放股利;公司无力偿还到期债务,或者因为支付股利而会失去偿债能力时,则不能分配股利;由于股东接受分发的股利而缴纳的所得税高于其进行股票交易的所得税,公司可以通过积累利润使股价上涨来帮助股东避税,因此许多国家规定公司不得超额积累利润。一旦公司的保留收益超过法律认可的水平,将被加征额外税款。我国尚未对此做出限制。

② 合同限制。公司在进行债务融资时,常常要在债券与贷款合同上载有限制股利分配的有关条款,目的是保证企业偿还到期债务的能力。另外,公司若发行优先股,合同中也要求在未清偿优先股股利之前不能派发普通股股利。这些合同条款在某种程度上限制了公司的股利政策,在制定公司股利发放政策时应认真考虑。

③ 投资机会。有良好投资机会的公司,由于需要较多的资金,此时从公司的长远利益考虑,往往采取低股利政策,将大部分盈余资金用于投资;而缺乏良好投资计划的公司,倾向于采取高股利政策,以避免大量的资金积压或闲置。因此,处于成长中的公司往往采取低股利政策,陷于经营收缩的公司多采用高股利政策。

④ 股东意见。公司股利政策虽由董事会制定,但董事会必须向股东大会负责,所以,董事会在制定股利政策时,必须考虑股东的意见。

⑤ 通货膨胀。在通货膨胀率较高的情况下,会导致公司购买力下降,公司将拿不出更多的资金用于固定资产的更新和改造,这将直接影响到公司的生存和发展。因此,在通货膨胀情况下,公司会采取较低的股利分配政策,以便用更多的留存收益来补充资金的不足,提高公司的购买力水平。

四、股票股利、股票分割和股票回购

1. 股票股利

(1)股票股利的含义。

股票股利是指应分给股东的股利以额外增发股票的形式来发放。以股票作为股利,一般都是按在册股东持有股份的一定比例来发放的,对于不满一股的股利仍采用现金发放。股票股利的最大的优点就是节约现金支出,因而常被现金短缺的企业多采用。

发放股票股利时,在企业账面上,只需在减少未分配利润项目金额的同时,增加股本和资本公积等项目金额,并通过中央清算登记系统增加股东持股数量。显然,发放股票股利是一种增资行为,需经股东大会同意,并按法定程序办理增资手续。但发放股票股利与其他增资行为不同的是,股票股利并不直接增加股东的财富,不会导致企业资产的流出或负债的增加，同时也不增加企业的财产和股东财富，企业的财产价值和股东的股权结构也不会改变，改变的只是股东权益内部各项目的金额。

【例7-4】 蓝天公司在2014年度利润分配及资本公积转增股本实施公告中披露的分配方案信息如下：每10股送3股，派发现金红利0.6元（含税），转增5股。即每股送0.3股，派发现金红利0.06元（含税，送股和现金红利均按10%代扣代缴个人所得税，扣税后每股实际派发现金0.054元），转增0.5股。

股权登记日：2015年3月17日（该日收盘价为24.45元）；除权（除息）日：2015年3月18日（该日开盘价为13.81元）；新增可流通股份上市流通日：2015年3月19日；现金红利到账日：2015年3月23日。

该公司股利政策分析如下：

（1）发放股票股利和转增股本都属于所有者权益内部调整，都会使流通股份增加，使股东具有相同的股份增持效果，但都不增加股东持有股份的价值，二者区别在于：转增股本是将资本公积转为股本；股票股利来自于未分配利润，股东需要缴纳所得税。

（2）利润分配方案引起的所有者权益项目的变化。

① 分配前的所有者权益情况，如表7-1所示。

表7-1 蓝天公司所有者权益情况表（分配利润前）　　　　单位：万元

项　目	金　额
股本（面额1元，已发行普通股60 000万股）	60 000
资本公积	60 000
盈余公积	16 000
未分配利润	120 000
所有者权益合计	256 000

股利分配引起的所有者权益变化为：

a. 派发现金股利3 600万元（0.06×60 000），使公司的现金和未分配利润同时减少3 600万元；

b. 每股派发0.3股股票股利，按照面值从未分配利润转入股本，即未分配利润减少18 000万元（60 000×0.3×1），同时股本增加18 000万元。

注意：西方国家发放股票股利通常是以发放前的股票市价为基础，将股票股利按市价从留存收益中转出，按照股票股利的面值增加股本，按股票股利的市价与面值之差增加资本公积。

c. 资本公积转增资本，减少资本公积30 000万元（60 000×0.5×1），同时股本增加30 000万元。

② 分配后的所有者权益情况，如表7-2所示。

表7-2 蓝天公司所有者权益情况表(分配利润后) 单位:万元

项 目	金 额
股本(面额1元,已发行普通股60 000万股)	108 000(60 000+18 000+30 000)
资本公积	30 000(60 000-30 000)
盈余公积	16 000
未分配利润	98 400(120 000-3 600-18 000)
所有者权益合计	252 400

可见,分配利润后,所有者权益减少3 600万元(256 000-252 400),即为发放的现金股利金额,股票股利和资本公积转增股本不会引起所有者权益总额变动,只是改变其结构。

(3)由于股票股利和转增都会增加股本数量,但每位股东持股比例不变,结果导致每股价值被稀释,从而使股票交易价格下降。

除权(除息)日,上市公司发放现金股利与股票股利股票的除权参考价

$$=\frac{股权登记日收盘价-每股现金股利}{1+送股率+转增率}=\frac{24.45-0.06}{1+30\%+50\%}=13.55(元)$$

该公司股票在除权(除息)日的开盘价为13.81元,相对于股权登记日股价24.45元有较大幅度下降,有利于使股价保持在合理范围内。

(2)股票股利的意义。

尽管股票股利既不直接增加股东的财富,也不增加企业的价值,但对股东和企业都有很大意义。

对股东的意义主要有:如果企业在发放股票股利后同时发放现金股利,股东会因为持有股数的增加而得到更多的现金;有时企业发行股票股利后,股价并不成同比例下降,这样就增加了股东的财富;股票股利通常为成长中的企业所采用,投资者可能会认为,企业的盈余将会有大幅度增长,并能抵消增发股票所带来的消极影响,从而使股价稳定不变或略有上升;在股东需要现金时,可以将分得的股票股利出售,合理避税。

对企业的意义主要有:企业采用股票股利或股票股利与现金股利相互配合的政策,既能使股东满意,又能使企业留存一定现金,能达到节约现金的目的,便于进行再投资,有利于企业长期发展;在盈余和现金股利不变的情况下,发放股票股利可以降低每股价值,从而吸收更多的投资者。

(3)股利支付程序。

企业通常在年度末计算出当期盈利之后,才决定向股东发放股利。但是,在资本市场中,股票可以自由交换,公司的股东也经常变换,企业必须事先确定与股利支付相关的时间界限。

一般说来,股利支付需要遵循以下四个程序:

① 股利宣告日。股利一般是按每年度或每半年进行分配。一般来说,分配股利由股东大会决议通过并由董事会将股利支付情况予以公告的日期。公告中将宣布每股应支付的股利、股权登记日、除息日以及股利支付日。

② 股权登记日。股权登记日是指有权领取本期股利的股东资格登记截止日期。凡是在此指定日期收盘之前取得公司股票，成为公司在册股东的投资者都可以作为股东享受公司分派的股利。在这一天之后取得股票的股东则无权领取本次分派的股利。

③ 除息日。除息日是指领取股利的权利与股票分离的日期。在除息日之前购买的股票才能领取本次股利，而在除息日当天或是以后购买的股票，则不能领取本次股利。由于失去了"付息"的权利，除息日的股票价格会下跌。除息日的确定是由证券市场交割方式决定的。在我国，由于采用次日交割方式，则除息日与登记日差一个工作日。

④ 股利发放日。股利发放日是指按照公布的分红方案向股权登记日在册的股东实际支付股利的日期。

股利支付需要遵循以上四个程序。一般情况下，先由董事会提出分配预案，然后提交股东大会决议通过才能进行分配。股东大会决议通过分配预案后，要向股东宣布发放股利的方案，并确定股权登记日、除息日和股利发放日。

2. 股票分割

(1)股票分割的含义。

股票分割，又称股票拆细、拆股，即将一张面值较大的股票拆成若干张面值较小的股票。如果上市公司认为自己公司的股票市场价格太高，不利于其良好的流动性，有必要将其降低。如将其一分为二，即在外流通股数翻番，每股收益与每股净资产减半，以推动股价下调。股票分割不属于股利支付方式。

股票分割对公司的资本结构不会产生影响，一般只是发行在外的股票总数增加，资产负债表中股东权益各项目的余额不变，股东权益的总额也保持不变。因此，股票分割与股票股利非常相似，都是在不增加股东权益的情况下增加了股票的数量。所不同的是，股票股利虽不会引起股东权益总额的改变，但会引起股东权益构成项目的金额变化，而股票分割，股东权益总额及其构成项目的金额都不会发生变化，变化的只是股票的面值。

【例 7-5】 蓝天公司在 2014 年末资产负债表上的股东权益账户情况如表 7-3 所示。

表 7-3 股东权益情况表　　　　　　　　　　　　　单位：万元

项　　目	金　　额
普通股(面值 10 元，发行在外 1 000 万股)	10 000
资本公积	10 000
盈余公积	5 000
未分配利润	8 000
股东权益合计	33 000

(1)假设股票市价为 20 元，该公司宣布发放 10% 的股票股利，即现有股东每持有 10 股即可获赠 1 股普通股。发放股票股利后，股东权益有何变化？每股净资产是多少？

(2)假设该公司按照 1：2 的比例进行股票分割。股票分割后，股东权益有何变化？每股净资产是多少？

根据上述资料，分析计算如下：

(1)发放股票股利后股东权益情况如表7-4所示。

表7-4　发放股票股利后股东权益情况表　　　　单位：万元

项　目	金　额
普通股(面值10元，发行在外1 100万股)	11 000
资本公积	11 000
盈余公积	5 000
未分配利润	6 000
股东权益合计	33 000

每股净资产为：33 000÷(1 000＋100)＝30(元/股)

(2)股票分割后股东权益情况如表7-5所示。

表7-5　股票分割后股东权益情况表　　　　单位：万元

项　目	金　额
普通股(面值5元，发行在外2 000万股)	10 000
资本公积	10 000
盈余公积	5 000
未分配利润	8 000
股东权益合计	33 000

每股净资产为：33 000÷(1 000×2)＝16.5(元/股)

(2)股票分割的作用。

① 降低股票价格，推动股价的上升。股票分割可以促进股票的流通和交易，通过流通性的提高和股东数量的增加进而推动股价的上升，增加股东的财富，同时会在一定程度上加大对企业股票恶意收购的难度。

② 向市场和投资者传递"公司发展前景良好"的信息。在投资者看来，股票分割是成长中公司的行为，因而，可以向投资者传递企业发展前景良好的信号，有助于提高投资者对企业的信心，树立公司在资本市场上的良好形象。

③ 可以为企业发行新股做准备。公司股票价格太高，会使许多潜在的投资者力不从心而不敢轻易对公司股票进行投资。在新股发行之前，利用股票分割降低股票价格，可以促进新股的发行。

④ 有助于企业并购政策的实施，增加对被并购方的吸引力。通过股票分割的办法改变被并购企业股东的心理差异，更有利于企业并购方案的实施。

⑤ 有助于股东获取更多的现金股利。只要股票分割后每股现金股利的下降幅度小于股票分割幅度，股东就能多分得现金股利。

(3)股票股利和股票分割的比较，如表7-6所示。

表 7-6 股票股利和股票分割的比较

比　较	股票股利	股票分割
相同点	(1)股数增加； (2)若盈利总额和市盈率不变，则每股收益和每股市价下降； (3)股东持股比例不变； (4)资产、负债、股东权益总额不变； (5)公司价值不变	
不同点	每股面值不变	每股面值变小
	股东权益结构变化	股东权益结构不变
	股价低涨时采用	股价暴涨时采用
	属于股利支付方式	不属于股利支付方式

3. 股票回购——现金股利的替代品

股票回购，是指上市公司出资将其发行的流通在外的普通股以一定的价格购买回来予以注销或作为库存股的一种资本运作方式。但应注意，公司持有的其他公司的股票、本公司未发行的股票以及本公司发行后回到公司手中但已注销的股票，不能视为库存股。公司以多余现金购回股东所持股份，使流通在外的股份减少，每股股利增加，从而使股价上升，股东能因此获取资本利得，这相当于公司支付给股东现金股利，因此，可以将股票回购看作一种现金股利的替代方式。

《中华人民共和国公司法》规定，公司不得随意收购本公司股份。但是，有以下情形之一的除外：①减少公司注册资本；②与持有本公司股份的其他公司合并；③将股份奖励给本公司职工；④股东因对股东大会作出的公司合并、分立决议持异议，要求公司收购其股份的。

【例 7-6】 蓝天公司普通股的每股收益、每股市价情况如表 7-7 所示。

表 7-7 蓝天公司普通股的每股收益、每股市价情况

项　目	情　况
税后利润	4 000 000 元
流通股数	1 000 000 股
每股收益(4 000 000/1 000 000)	4 元
每股市价	40 元
市盈率(40/4)	10

分析如下：

(1)若公司从盈利中拿出 1 000 000 元发放现金股利，每股可得股利 1 元(1 000 000/1 000 000)，则每股市价将为 41 元(原市价 40 元＋预期股利 1 元)。

(2)若公司改为用 1 000 000 元以每股 41 元的价格回购股票，可购回 24 390 股(1 000 000/41)，则每股收益 $EPS=4\,000\,000/(1\,000\,000-24\,390)=4.1$(元)，若市盈率

仍为 10，则股票回购后每股市价为 41 元（4.1×10）。

可见，股票回购与支付现金股利之后的每股市价相同，即股票回购是现金股利的一种替代方式。

任务二　股利分配实训

【能力目标】

通过股利分配政策决策的实训，使学生掌握结合股利分配政策的理论，分析影响股利分配的因素，明确股利分配的程序，运用股利分配政策决策方法对公司股利发放形式做出决策的相关内容。

【任务描述】

1. 明晰股利宣告日、股权登记日、除息日、股利支付日。
2. 计算在剩余股利政策下公司应向投资者支付的股利。
3. 计算在固定或稳定增长股利政策下公司应向投资者支付的股利。
4. 计算在固定股利支付率政策下公司应向投资者支付的股利。
5. 计算在低正常股利加额外股利政策下公司应向投资者支付的股利。

【实训资料】

蓝天公司 2015 年 3 月 3 日公布公告："本公司董事会在 2015 年 3 月 3 日的会议上决定，本公司将于 2015 年 3 月 18 日将发放 2014 年度股利，上述股利支付给已在 2014 年 3 月 17 日登记为本公司股东的人士。"

蓝天公司 2014 年度提取盈余公积金后的净利润为 800 万元，2014 年支付股利 320 万元。2015 年度投资计划所需资金 700 万元，公司的目标资本结构为自有资金占 60%，借入资金占 40%。

【实训要求】

（1）指出股利支付几个重要日期：股利宣告日、股权登记日、除息日、股利支付日。

（2）若公司实行剩余股利政策，如果 2015 年净利润与 2014 年净利润相同，则该公司 2014 年应向投资者发放多少股利？

（3）若公司实行固定或稳定增长股利政策，如果 2015 年净利润比 2014 年净利润净增长 5%，则该公司 2014 年应向投资者发放多少股利？

（4）若公司实行固定股利支付率政策，公司每年按 40% 的比例分配股利，如果 2015 年净利润比 2014 年净利润净增长 5%，则该公司 2014 年应向投资者发放多少股利？

（5）若公司实行低正常股利加额外股利政策，规定当净利润增长 5% 时，增长后净利润的 1% 作为额外股利。如果 2015 年净利润增长 5%，则该公司 2015 年应向投资者发放多少股利？

 【实训结果】

（1）股利支付几个重要日期：2015 年 3 月 3 日为该公司的股利宣告日；2014 年 3 月 17 日为股权登记日；2014 年 3 月 18 日为除息日；2015 年 3 月 18 日则为股利支付日。

（2）在剩余股利政策下，如果 2015 年净利润与 2014 年净利润相同，则该公司 2015 年净利润为 1 120 万元，需要保留的留存收益为 420 万元（700×60%），剩余全部作为现金股利发放，即发放现金股利 700 万元。

（3）在固定或稳定增长股利政策下，如果 2015 年净利润比 2014 年净利润净增长 5%，则该公司 2014 年应向投资者发放的股利为 336 万元。

（4）若公司实行固定股利支付率政策，公司每年按 40% 的比例分配股利，如果 2015 年净利润比 2014 年净利润净增长 5%，则该公司 2014 年净利润为 1 176 万元，应向投资者发放的股利为 470.4 万元。

（5）若公司实行低正常股利加额外股利政策，规定当净利润增长 5% 时，增长后净利润的 1% 作为额外股利，如果 2015 年净利润增长 5%，则该公司 2015 年应向投资者发放的股利为 331.2 万元（320+1 120×1%）。

 【基本知识训练题】

一、单项选择题

1. 在以下股利政策中，有利于稳定股票价格，从而树立公司良好形象，但股利的支付与公司盈余相脱节的股利政策是（　　）。

    A. 剩余股利政策　　　　　　　　　　B. 固定或持续增长的股利政策

    C. 固定股利支付率政策　　　　　　　　D. 低正常股利加额外股利政策

2. 蓝天公司宣布发放 5% 的股票股利，同时按发放股票股利后的股数每股支付现金股利 2 元，拥有 1 000 股股票的李琥可得现金股利（　　）元。

    A. 100　　　　　　B. 2 000　　　　　　C. 2 100　　　　　　D. 160

3. 如果上市公司以其应付票据作为股利支付给股东，这种股利的方式是（　　）。

    A. 现金股利　　　　B. 股票股利　　　　C. 财产股利　　　　D. 负债股利

4. 利润分配政策直接影响公司的（　　）。

    A. 经营能力　　　　B. 偿债能力　　　　C. 筹资能力　　　　D. 市场价值

5. 经计算有本年盈利的，提取盈余公积金的基数为（　　）。

    A. 累积盈余　　　　　　　　　　　　B. 本年的税后利润

    C. 递减年初累计亏损后的本年净利润　　D. 加计年初未分配利润的本年净利润

6. 上市公司发放现金股利主要出于（　　）原因。

    A. 投资者偏好　　　　　　　　　　　B. 减少代理成本

    C. 传递公司的未来信息　　　　　　　D. 降低资金成本

7. 企业利润分配应遵循的原则不包括（　　）。

    A. 规范性原则　　　　　　　　　　　B. 公平性原则

C. 效率性原则   D. 平衡性原则

8. 下列各项的变动不会影响企业营业利润的是（   ）。

    A. 主营业务收入增加   B. 其他业务支出增加

    C. 投资收益减少   D. 财务费用增加

9. 影响股利政策的因素不包括（   ）。

    A. 法律因素   B. 债务契约因素

    C. 公司财务状况因素   D. 公司治理结构因素

10. （   ）之后的股票交易，其价格可能有所下降。

    A. 股利宣告日   B. 除息日

    C. 股权登记日   D. 股利支付日

二、多项选择题

1. 下列关于利润分配说法不正确的有（   ）。

    A. 只要本年净利润大于 0，就应该进行利润分配

    B. 只有可供分配利润大于 0 时才能进行利润分配，计提法定公积金的基数为可供分配利润

    C. 如果可供分配利润大于 0，则必须计提法定公积金

    D. "补亏"是按照账面数字进行的，与企业所得税法规定的亏损后再弥补无关

2. 下列各项中，会导致企业采取低股利政策的事项有（   ）。

    A. 物价持续上升   B. 金融市场利率走势下降

    C. 企业资产的流动性较弱   D. 企业盈余不稳定

3. 下列情形会使企业减少股利分配的有（   ）。

    A. 市场竞争加剧，企业收益的稳定性减弱

    B. 市场销售不畅，企业库存量持续增加

    C. 经济增长速度减慢，企业缺乏良好的投资机会

    D. 为保证企业的发展，需要扩大筹资规模

4. 下列关于股票股利、股票分割和股票回购的表述中，正确的有（   ）。

    A. 发放股票股利会导致股价下降，因此股票股利会使股票总市场价值下降

    B. 如果发放股票股利后股票的市盈率增加，则原股东所持股票的市场价值增加

    C. 发放股票股利和进行股票分割对企业的所有者权益各项目的影响是相同的

    D. 股票回购本质上是现金股利的一种替代选择，但是两者带给股东的净财富效应不同

5. 公司进行股票分割行为后产生的影响有（   ）。

    A. 每股市价下降   B. 发行在外的股数增加

    C. 股东权益总额不变   D. 股东权益各项目的结构不变

6. 采用固定或持续增长的股利政策对公司不利表现在（   ）。

    A. 稀释了股权

    B. 股利支付与公司盈余脱节，资金难以保证

    C. 易造成公司不稳定的印象

    D. 无法保持较低的资本成本

7. 股东往往要求限制股利的支付，这是出于（　　　）。

  A. 避税考虑   B. 稳定收入考虑

  C. 控制权考虑   D. 投资机会考虑

8. 股利支付方式包括（　　　）。

  A. 现金股利   B. 财产股利

  C. 负债股利   D. 股票股利

9. 制定利润分配分配政策时，应考虑的因素有（　　　）。

  A. 资产的流动性   B. 偿债能力

  C. 盈余的稳定性   D. 投资机会

10. 股票回购的方式包括（　　　）。

  A. 公开市场回购   B. 要约回购   C. 协议回购   D. 股转债

三、判断题

1. 所谓剩余股利政策，就是在公司有着良好的投资机会时，公司的盈余首先应满足投资方案的需要，在满足投资方案需要后，如果还有剩余，再进行股利分配。（　　　）

2. 蓝天公司目前的普通股 100 万股（每股面值 1 元，市价 25 元），资本公积 400 万元，未分配利润 500 万元。发放 10％的股票股利后，公司的未分配利润将减少 250 万元，股本加 250 万元。（　　　）

3. 一些高股利收入的股东出于避税考虑，往往要求限制股利的支付而保留较多盈余。（　　　）

4. 以公司所拥有的其他企业的股票作为股利支付给股东，属于股票股利支付方式。（　　　）

5. 发放股票股利或进行股票分割，会降低股票市盈率，相应减少投资者的投资风险，从而可以吸引更多的投资者。（　　　）

6. 低正常加额外股利政策和固定或稳定增长股利政策均有助于稳定股价、增强投资者的信心。（　　　）

7. 在通货膨胀时期，公司应采取偏紧的股利政策。（　　　）

8. 处于成长中的企业多采取多分少留的政策，而陷于经营收缩的企业多采取少分多留政策。（　　　）

9. 法律限制超额积累利润的主要原因是避免损害债权人利益。（　　　）

10. 上市公司发放现金股利主要出于三个原因：投资者偏好、减少代理成本和传递公司的未来信息。（　　　）

【实际技能训练题】

（一）训练利润分配、股票分割和股票回购测算

  蓝天公司本年实现税后净利润 5 100 万元，按照 10％的比例提取法定盈余公积金，按照 5％的比例提取任意盈余公积金，年初未分配利润为借方余额 100 万元，公司发行在外的普通股为 1 000 万股（每股面值 2 元），利润分配之前的股东权益为 8 000 万元，每股现

行市价为 30 元，每股净资产(股东权益/普通股股数)为 8 元。

要求：

(1)计算蓝天公司应提取的法定盈余公积金、任意盈余公积金数额。

(2)假设按照 1 股换 2 股的比例进行股票分割，股票分割前从本年净利润中发放的现金股利为 800 万元，计算股票分割之后的普通股股数、每股面值、股本和每股净资产。

(3)假设发放股票股利后盈利总额不变，"每股市价/每股收益"数值不变，欲通过发放股票股利将股价维持在 25 元/股，则股票股利发放率应为多少？

(4)假设股票股利发放率为 10％，股票股利按股票面值计算，并按新股数发放现金股利，且希望普通股每股市价达到 24 元。不改变每股市价和每股净资产的比例关系，计算每股现金股利应是多少？

(5)假设按照目前的市价回购 150 万股股票，公司尚未进行利润分配，不改变每股市价和每股净资产的比例关系，计算股票回购之后的每股市价。

(二)训练股利分配的测算

蓝天公司目前发行在外的普通股共 100 万股，总资产 200 万元。预计未来三年的税后利润和需要追加的资本性支出如下：

年　份	1	2	3
税后利润(万元)	200	250	200
资本支出(万元)	100	500	200

假设公司目前全部为自有资金，没有负债，公司希望未来达到资产负债率为 30％的目标资金结构。权益资金筹资时优先使用留存收益，其次是增发普通股。暂不考虑所得税的影响。

要求：

(1)确定各年增加资本支出以后的资产规模。

(2)确定各年需要追加的负债。

(3)计算各年需要保留的留存收益、需要追加的外部股权资金以及各年应分配的股利。

项目八

财务报表分析

【内容提示】

本项目主要介绍财务分析的目的与内容，财务分析的趋势分析法、比率分析法、因素分析法等，财务指标分析中的偿还能力分析、营运能力分析、盈利能力分析、发展能力分析，财务综合分析的基本方法。

任务一　财务报表分析基本知识

一、财务报表分析概述

1. 财务分析的概念及目的

财务分析是以财务报表及其他相关资料为主要依据，采用专门方法，系统分析和评价企业过去和现在的经营成果、财务状况及变动，目的是了解过去、评价现在、预测未来，帮助财务信息使用者改善决策。财务分析的最基本功能，是将大量的报表数据转换成对特定决策有用的信息，减少决策的不确定性。

财务分析的起点是财务报表，分析使用的数据大部分来源于公开发布的财务报表，因此，财务分析的前提是正确理解财务报表。

财务报表的使用者主要有投资者、债权人、经理人员、政府、供应商、雇员、中介机构等。不同财务信息的使用者出于不同利益的考虑，对企业进行财务分析的目的也不同。

尽管财务报表使用者进行财务分析的目的有所差异，但财务分析的一般目的可以概括为：评价过去的经营业绩；衡量现在的财务状况；预测未来的发展趋势。

2. 财务分析的内容

就企业总体来看，财务分析的内容可以归纳为以下四个方面：

(1)偿债能力分析。偿债能力是指企业对到期债务的偿还能力，它是以企业资产的拥有量及是否有足够的现金来作为偿还的保证。偿还能力越强，债权人的权益越有保证，企业可以通过举债筹集资金获取利益，以发挥财务杠杆效应；反之，偿债能力差，说明企业资金紧张，难以偿还到期债务，财务风险加大。

(2)营运能力分析。营运能力是指企业资金的营运效率，营运能力的大小决定着企业经营水平的高低。企业资金的多少可以表现为经营规模的大小，而资金能否有效运用、流转是否快速顺畅，则表现为企业经营理财水平的高低。营运能力的大小对企业的盈利能力的持续增长与偿还能力的不断提高有着决定性影响。

（3）盈利能力分析。盈利能力是企业获取利润、使资金增值的能力。它通常体现在为企业收益额的大小与水平的高低。盈利能力的大小是衡量企业经营好坏的重要标志。

（4）发展能力分析。发展能力是企业经营规模的不断扩大及企业资本积累的能力。较大的发展能力通常体现为营业收入、资本积累、财务成果等指标的增长。通过对企业的发展能力进行分析，可以发现问题，以便规划和调整企业的市场定位目标、策略，以提高企业的经营管理水平，增强市场竞争力。

以上财务分析内容中，偿债能力是企业财务目标实现的稳健保证，营运能力是财务目标实现的物质基础，盈利能力是偿债能力和营运能力共同作用的结果，对偿债能力和营运能力的增强起着推动作用，发展能力则是偿债能力、营运能力、盈利能力的综合体现。

3. 财务分析的方法

开展财务分析，需要运用一定的方法。财务分析的方法主要包括趋势分析法、比率分析法和因素分析法。

（1）趋势分析法。趋势分析法又称水平分析法，是对两期或连续数期财务报告中相同指标进行对比，确定其增减变动的方向、数额和幅度，揭示企业财务状况和经营成果变动趋势的一种方法。它可以分析引起变化的主要原因、变动的性质，并预测企业未来的发展前景。

趋势分析法的具体运用主要有以下三种方式：

① 重要财务指标的比较。重要财务指标的比较，是将不同时期财务报告中的相同指标或比率进行比较，直接观察其增减变动情况及变动幅度，考察其发展趋势，预测其发展前景。

对不同时期财务指标的比较，又有两种方法：

a. 定基动态比率。定基动态比率是以某一时期的数值为固定的基期数值而计算出来的动态比率。其计算公式为：

$$定基动态比率 = \frac{分析期数值}{固定基期数值}$$

b. 环比动态比率。环比动态比率是以每一分析期的前期数值（为基期数值）而计算出来的动态比率。其计算公式为：

$$环比动态比率 = \frac{分析期数值}{基期数值}$$

② 会计报表的比较。会计报表的比较是将连续数期的会计报表的金额并列起来，比较其相同指标的增减变动数额和幅度，据以判断企业财务状况和经营成果发展变化的一种方法。会计报表的比较，具体包括资产负债表比较、利润表比较、现金流量表比较等。比较时，既要计算出表中有关项目增减变动的绝对额，又要计算出其增减变动的百分比。

③ 会计报表项目构成的比较。这是在会计报表比较的基础上发展而来的。它是以会计报表中的某个总体指标作为100%，再计算出其各组成项目占该总体指标的百分比，从

而来比较各个项目百分比的增减变动，以此来判断有关财务活动的变化趋势。

这种方法比前两种方法更能准确地分析企业财务活动的发展趋势。它既可用于同一企业不同时期财务状况的纵向比较，又可用于不同企业之间的横向比较。同时，这种方法能消除不同时期（不同企业）之间业务规模差异的影响，有利于分析企业的耗费水平和盈利水平。

（2）比率分析法。比率分析法是把某些彼此存在关联的项目加以对比，计算出比率，据以确定经济活动变动程度的分析方法。比率是相对数，采用这种方法，能够把某些条件下的不可比指标变为可以比较的指标，以便进行分析。

比率指标主要有以下三类：

① 构成比率。构成比率又称结构比例，它是某项经济指标的各个组成部分与总体的比率，反映部分与总体的关系。其计算公式为：

$$构成比率 = \frac{某个组成部分数值}{总体数值}$$

利用构成比率，可以考察总体中某个部分的形成和安排是否合理，以便协调各项财务活动。

② 效率比率。效率比率是某项经济活动中所费与所得的比率，反映投入与产出的关系。利用效率比率指标，可以进行得失比较，考察经营成果，评价经济效益。例如，将利润项目与销售成本、销售收入、资本等项目加以对比，可计算出成本利润率、销售利润率及指标利润率等指标，可以从不同角度观察比较企业获利能力的高低及其增减变化情况。

③ 相关比率。相关比率是以某个项目和其有关但又不同的项目加以对比所得的比率，反映有关经济活动的相互关系。利用相关比率指标，可以考察有联系的相关业务安排的是否合理，以保障企业营运活动能够顺畅进行。例如，将流动资产与流动负债加以对比，计算出流动比率，据以判断企业的短期偿还能力。

比率分析法的优点是计算简便，计算结果容易判断，而且可以使某些指标在不同规模的企业之间进行比较，甚至也能在一定程度上超越行业间的差别进行比较。但采用这一方法时，对比率指标使用应注意对比项目的相关性、计算比率的子项和母项两个指标口径的一致性、衡量标准的科学性。

（3）因素分析法。因素分析法是对某项综合指标的影响因素——进行分析（分析某一因素时假定其他各个因素都无变化），依次确定出每一因素对综合指标的影响程度的一种分析方法。

因素分析法包括连环替代法和差额分析法两种：

① 连环替代法。连环替代法的计算程序为：列出财务指标与其影响因素的分析公式（因素分解式）；确定分析的对象——指标变动的差异；对影响这项指标的各因素进行分析，决定每一因素的排列顺序进行替代；逐项计算各个因素的影响程度，将各因素替代后获得的指标与该因素替代前的指标相比较，就是该因素变动对这项指标的影响程度；验证各因素影响程度计算的正确性。

【例 8-1】 长春电机厂 20××年某种产品的产量、单耗、材料单价资料如表 8-1 所示。

表 8-1　产品信息表

项　目	单　位	计　划　数	实　际　数
产品产量	件	100	110
单位产品材料消耗量	千克	8	7
材料单价	元	5	6
材料费用总额	元	4 000	4 620

根据表 8-1 所示资料，运用连环替代法，可以计算分析出各因素变化对原材料消耗额的影响程度。

因素分解式：原材料消耗额＝产品产量×单位产品原材料消耗量×原材料单价

第一步，计算原材料计划消耗额。

原材料计划消耗额＝100×8×5＝4 000（元）

确定分析对象：为什么原材料消耗额实际比计划多消耗 620 元？

第二步，逐项替代。

先用实际产品产量替代计划产量，假定单耗和材料单价不变，则：

原材料消耗额＝110×8×5＝4 400（元）

再用实际单耗替代计划单耗，假定材料单价不变，则：

原材料消耗额＝110×7×5＝3 850（元）

再次用材料实际单价替代计划单价，则：

原材料消耗额＝110×7×6＝4 620（元）

第三步，分析各因素的变动对原材料消耗额的影响程度。

产品产量的增加对原材料消耗额的影响额＝4 400－4 000＝400（元）

单位产品原材料消耗量的节约对原材料消耗额的影响额＝3 850－4 400＝－550（元）

原材料单价的提高对原材料消耗额的影响＝4 620－3 850＝770（元）

第四步，验证三个因素共同影响。

使销售额增加＝400＋（－550）＋770＝620（元）

同分析对象相吻合。

② 差额分析法。差额分析法是利用各个因素的实际数与计划预算目标值之间的差额，来计算各个因素对综合指标变动的影响程度。

【例 8-2】　仍以例 8-1 资料为例，采用差额分析法确定各因素变动对材料费用的影响。

由于产量增加对材料费用的影响＝（110－100）×8×5＝400（元）

由于材料消耗节约对材料费用的影响＝110×（7－8）×5＝－550（元）

由于价格提高对材料费用的影响＝110×7×（6－5）＝770（元）

在采用因素分析法时，应注意以下问题：a. 确定过程经济指标的因素，必须是客观上存在的因素关系，要能够反映形成该项指标差异的内在构成原因，否则就失去了其存在的价值；b. 替代因素时，必须按照原因的依存关系，排列成一定的顺序并依次替代，否则就会得出不同的结果；c. 连环替代法在计算每一个因素变化的影响时，都必须是在前一次计算的基础上进行，并采取连环比较的方法确定因素变化的影响结果，否则就会得出错误结果；d. 连环替代法的前提条件有一定的假定性，在采用该方法进行分析时，财务人员应力求使这种假定合乎逻辑，否则会妨碍分析的有效性。

二、财务比率分析

总结和评价企业财务状况与经营成果的分析指标包括偿债能力指标、营运能力指标、盈利能力指标和发展能力指标。

1. 偿债能力分析

偿债能力是指企业偿还到期债务（包括本息）的能力。偿债能力分析包括短期偿债能力分析和长期偿债能力分析。

(1)短期偿债能力分析。短期偿债能力是指企业流动资产对流动负债及时足额偿还的保证程度，是衡量企业当前财务能力，特别是流动资产能力的重要标志。

企业短期偿债能力的衡量指标主要有流动比率、速动比率和现金流动负债率三项。

① 流动比率。流动比率是流动资产与流动负债的比率，它表明企业每一元流动负债有多少流动资产作为偿还的保证，反映企业用可在短期内转变为现金的流动资产偿还到期流动负债的能力。其计算公式为：

$$流动比率 = \frac{流动资产}{流动负债}$$

一般情况下，流动比率越高，反映企业短期偿债能力越强，债权人的权益越有保证。按照西方企业的长期经验，一般认为 2∶1 的比例比较适宜。它表明企业财务状况稳定可靠，除了满足日常生产经营的流动资金需要外，还有足够的财力偿付到期短期债务。如果该比例过低，则表示企业可能捉襟见肘，难以如期偿还债务。但是，流动比率也不可过高，过高则表明企业流动资产占用较多，会影响资金的使用效率和企业的筹资成本，进而影响获利能力。究竟应保持多高水平的流动比率，主要视企业对待风险与收益的态度予以确定。

② 速动比率。速动比率是企业速动资产与流动负债的比率。所谓速动资产，是指流动资产减去变现能力较差且不稳定的存货、待摊费用、待处理流动资产损失等后的余额。由于剔除了存货等变现能力较弱且不稳定的资产，因此，速动比率较之流动比率能够更加准确、可靠地评价企业资产的流动性及其偿还短期负债的能力。其计算公式为：

$$速动比率 = \frac{速动资产}{流动负债}$$

西方企业传统经验认为，速动比率为 1 是安全标准。因为如果速动比率小于 1，会使企业面临很大的偿债风险；如果速动比率大于 1，尽管债务偿还的安全性很高，但却会因企业现金及应收账款资金占用过多而大大增加企业的机会成本。

在分析时需注意的是：尽管速动比率较之流动比率更能反映流动负偿债还的安全性和稳定性，但并不能认为速动比率较低的企业，其流动负债到期绝对不能偿还。实际上，如果企业存货流转顺畅，变现能力较强，即使速动比率较低，只要流动比率高，企业仍然有望偿还到期的债务本息。

③ 现金流动负债比率。现金流动负债比率是企业一定时期的经营现金净流量同流动

负债的比率，它可以从现金流量角度来反映企业当期偿还短期负债的能力。其计算公式为：

$$现金流动负债比率 = \frac{年经营现金净流量}{年末流动负债} \times 100\%$$

公式中，年经营净流量指一定时期内，由企业经营活动所产生的现金及其等价值的流入量与流出量的差额。

该指标是从现金流入和流出的动态角度对企业实际偿债能力进行考察。由于有利润的年份不一定有足够的现金来偿还债务，所以利用以收付实现制为基础的现金流动负债比率指标，能充分体现企业经营活动所产生的现金净流量可以在多大程度上保证当期流动负债的偿还，直观地反映出企业偿还流动负债的实际能力。用该指标评价企业偿债能力更为谨慎。该指标较大，表明企业经营活动产生的现金净流量较多，能够保障企业按时偿还到期债务。但该指标也不是越大越好，太大则表示企业流动资金利用不充分，收益能力不强。

(2)长期偿债能力分析。长期偿债能力是企业偿还长期债务的能力。

其分析指标主要有资产负债率、产权比率、已获利息倍数、长期资产适合率等。

① 资产负债率。资产负债率又称负债比率，是企业负债总额对资产总额的比率。它表明企业资产总额中，债权人提供资金所占的比重，以及企业资产对债权人权益的保障程度。其计算公式为：

$$资产负债率 = \frac{负债总额}{资产总额}$$

这一比率越小，表明企业的长期偿债能力越强。如果此项比率较大，从企业所有者的角度来说，利用较少量的自有资金投资形成较多的生产经营用资产，不仅扩大了生产经营规模，而且在经营状况良好的情况下，还可以利用财务杠杆作用得到较多的投资利润。但如这一比率过大，则表明企业的债务负担重，企业资金实力不强，不仅对债权人不利，而且企业有濒临倒闭的危险。

② 产权比率。产权比率是指负债总额与所有者权益的比率，是企业财务结构稳健与否的重要标志，也称资本负债率。它反映企业所有者权益对债权人权益的保障程度。其计算公式为：

$$产权比率 = \frac{负债总额}{所有者权益}$$

该指标越低，表明企业的长期偿债能力越强，债权人权益的保障程度越高，承担的风险越小，但企业不能充分地发挥负债的财务杠杆效应。所以，企业在评价产权比率适度与否时，应从提高获得能力与增强偿债能力两个方面综合进行，即在保障债务偿还安全的前提下，尽可能地提高产权比率。

产权比率与资产负债率对评价偿债能力的作用基本相同，主要区别是：资产负债率侧重于分析债务偿付安全性的物质保障程度，产权比率则侧重于揭示财务结构的稳健程度以及自有资金对偿还风险的承受能力。

③ 已获利息倍数。已获利息倍数是指企业息税前利润与利息支出的比率，它可以反映获利能力对债务偿付的保证程度。其计算公式为：

$$已获利息倍数 = \frac{息税前利润}{利息支出}$$

息税前利润是指包括利息支出和所得税前的正常业务经营利润，不包括非正常项目。为了更加准确地反映利息的保障程度，利息支出应包括企业在生产经营过程中实际支出的借款利息、债券利息等。

该指标不仅反映了企业获利能力的大小，而且反映了获利能力对偿还到期债务的保障程度，它既是企业举债经营的前提依据，也是衡量企业长期偿债能力大小的重要标志。由此可以得出这样的启示：若要维持正常偿债能力，从长期看，已获利息倍数至少应当大于1，且比值越高，企业长期偿还能力也就越强。如果已获利息倍数过小，企业将面临亏损、偿债的安全性与稳定性下降的风险。究竟企业已获利息倍数应是利息的多少倍才算偿付能力强，这要根据往年经验结合行业特点来判断。

④ 长期资产适合率。长期资产适合率是企业所有者权益与长期负债之和同固定资产与长期投资之和的比率，它可以从企业资源配置结构方面反映企业的偿还能力。其计算公式为：

$$长期资产适合率 = \frac{所有者权益 + 长期负债}{固定资产 + 长期投资} \times 100\%$$

长期资产适合率从企业长期资产与长期资本的平衡性与协调性的角度出发，反映了企业财务结构的稳定程度和财务风险的大小。该指标在充分反映企业偿债能力的同时，也反映了企业资金使用的合理性，分析企业是否存在盲目投资、长期资产挤占流动资金或者负债使用不充分等问题，有利于加强企业的内部管理和外部监督。从维护企业财务结构稳定性和长期安全性角度出发，该指标数值较高比较好，但过高也会带来融资成本增加的问题，理论上认为该指标≥100%较好。因此，该指标究竟多高合适，应根据企业的具体情况参照行业平均水平确定。

2. 营运能力分析

营运能力是企业人力资源及各种资产的运行效率。营运能力的大小对企业获利能力的持续增长与偿债能力的不断提高起决定性作用。营运能力的分析包括人力资源营运能力分析和各种资产营运能力分析。

(1)人力资源营运能力分析。人力资源营运能力分析通常采用劳动效率(或劳动生产率)指标来进行，其计算公式为：

$$劳动效率(劳动生产率) = \frac{主营收入净额或净产值}{平均职工人数}$$

对企业劳动效率进行考核评价主要是采用比较的方法。例如，将实际劳动效率与本企业计划水平、历史先进水平或同行业平均先进水平等指标进行对比，进而确定其差异程度，分析造成差异的原因，以选择适宜的对策，进一步发掘提高人力资源劳动效率的潜能。

(2)资产营运能力分析。资产营运能力是指企业的总资产及其各个组成要素的营运能力。营运能力的大小取决于资产的周转速度。周转速度越快，资产的使用效率越高，则资产营运能力越强；反之，营运能力就越差。

资产营运能力的分析可以从以下方面进行：

① 应收账款周转率。它是一定时期内商品或产品主营业务收入净额与平均应收账款余额的比值，是反映应收账款周转速度的指标。其计算公式为：

$$应收账款周转率（次）＝\frac{主营业务收入净额}{平均应收账款余额}$$

其中：

$$主营业务收入净额＝主营业务收入－销售折扣与折让$$

$$平均应收账款余额＝（应收账款年初数＋应收账款年末数）÷2$$

$$应收账款周转天数＝\frac{平均应收账款余额×360}{主营业务收入净额}$$

应收账款周转率反映了企业应收账款变现速度的快慢及管理效率的高低，周转率高表明收账迅速、账龄较短，资产流动性和短期偿债能力强，可以减少收账费用和坏账损失，从而相对增加企业流动资产的投资收益。同时，借助应收账款周转期与企业信用期限的比较，还可以评价购买单位的信用程度，以及企业原订的信用条件是否适当。

利用上述公式计算应收账款周转率时，需要注意：a. 公式中的应收账款包括会计核算中的"应收账款"和"应收票据"等全部赊销账款在内，且其余额应为扣除坏账准备后的净额；b. 如果应收账款余额的波动性较大，应尽可能使用更详尽的计算资料，如按每月的应收账款余额来计算其平均占用额；c. 分子、分母的数据应注意时间的对应性。

② 存货周转率。它是一定时期内企业主营业务成本与存货平均资金占用额的比率，是反映企业流动资产流动性的一个指标，也是衡量企业生产经营各环节中存货营运效率的一个综合性指标。其计算公式为：

$$存货周转率（次数）＝\frac{主营业务成本}{平均存货}$$

$$平均存货＝（存货年初数＋存货年末数）÷2$$

$$存货周转天数＝\frac{平均存货×360}{主营业务成本}$$

存货周转速度的快慢，不仅仅反映出企业采购、储存、生产、销售各环节管理工作状况的好坏，而且对企业的偿债能力及获利能力产生决定性影响。一般来讲，存货周转率越高越好，存货周转率越高，表明其变现的速度越快、周转额越大、资金占用水平越低。因此，通过存货周转分析，有利于找出存货管理存在的问题，尽可能降低资金占用水平。一定要加强存货管理，以提高其变现能力和盈利能力。

③ 固定资产周转率。固定资产周转率是指企业年销售收入净额与固定资产平均净值的比率。它是反映企业固定资产的周转情况，从而衡量固定资产利用效率的一项指标。其计算公式为：

$$固定资产周转率＝\frac{主营业务收入净额}{固定资产平均净值}$$

固定资产周转率越高，表明企业固定资产利用充分，同时也表明企业固定资产投资得当、结构合理，能够充分发挥效率；反之，如果固定资产周转率不高，则表明固定资产使用效率不高，提供的生产成果不多，企业的营运能力不强。

运用固定资产周转率时，需要考虑固定资产因计提折旧的影响，其净值在不断地减少以及因更新重置其净值突然增加的影响。同时，由于折旧方法的不同，可能影响其可比性。因此在分析时，一定要剔除这些不可比因素。

④ 总资产周转率。总资产周转率是企业主营业务收入净额与资产总额的比率，它可以反映企业全部资产的利用效率。其计算公式为：

$$总资产周转率 = \frac{主营业务收入净额}{平均资产总额}$$

资产平均占用额应按分析期的不同分别加以确定，并应当与分子的主营业务收入净额在时间上保持一致。如果资金占用的波动性较大，企业应采用更详细的资料进行计算，如按照各月份的资金占用额计算。如果各期占用额比较稳定，波动不大，季、年的平均资金占用额也可以直接用"(期初+期末)÷2"的公式来计算。

总资产周转率高，表明企业全部资产的使用效率高；如果这个比率较低，说明使用效率较差，最终会影响企业的盈利能力。企业应采取各项措施来提高企业的资产利用程度，如提高销售收入或处理多余的资产等。

3. 盈利能力分析

企业是以盈利为目的的组织，其出发点和归宿是盈利。盈利能力是企业获取利润或资金增值的能力，分析企业的盈利能力是衡量企业是否有活力和发展前途的重要内容。

企业盈利能力的分析往往借助于计算分析销售利润率、成本费用利润率、资产利润率、自有资金利润率和资本保值增值率等指标来进行。对于股份公司而言，盈利能力分析除计算分析上述指标外，还需要计算分析每股收益、每股股利、市盈率等指标。

(1)销售利润率。销售利润率是企业利润与主营业务收入净额的比率。其计算公式为：

$$销售利润率 = \frac{利润}{主营业务收入净额}$$

由于企业的利润包括主营业务利润、营业利润、利润总额、净利润四种形式，其中利润总额和净利润包含着非销售利润因素，能够更直接地反映销售获利能力的指标是主营业务利润和营业利润，因此，销售利润率通常表现为主营业务利润率和营业利润率：

$$主营业务利润率 = \frac{主营业务利润}{主营业务收入净额}$$

$$营业利润率 = \frac{营业利润}{主营业务收入净额}$$

通过考察主营业务利润占整个利润总额比重的升降，可以发现企业经营理财状况的稳定性、面临的危险或可能出现的转机迹象。

(2)成本费用利润率。成本费用利润率是指利润与成本费用的比率。其计算公式为：

$$成本费用利润率 = \frac{利润}{成本费用}$$

同利润一样，成本也可以分为几个层次：主营业务成本、营业成本(主营业务成本+主营业务税金及附加+营业费用+管理费用+财务费用+其他业务成本)、税前成本(营业成本+营业外支出)、税后成本(税前成本+所得税)。通常使用主营业务成本和营业成本来计算主营业务成本利润率及营业成本利润率。其计算公式为：

$$主营业务成本利润率=\frac{主营业务利润}{主营业务成本}$$

$$营业成本利润率=\frac{营业利润}{营业成本}$$

（3）总资产净利率。总资产净利率是净利润与总资产的比率，它反映每1元总资产创造的净利润。其计算公式为：

$$总资产净利率=\frac{净利润}{总资产}\times100\%$$

总资产净利率是企业盈利能力的关键。虽然股东报酬由总资产净利率和财务杠杆共同决定，但提高财务杠杆会增加企业风险，往往不会增加企业的价值。因此，提高权益净利率的基本动力是总资产净利率。

（4）权益净利率。权益净利率是净利润与股东权益的比率，它反映每1元股东权益赚取的净利润，可以衡量企业的总体盈利能力。其计算公式为：

$$权益净利率=\frac{净利润}{股东权益}\times100\%$$

权益净利率的分母是股东的投入，分子是股东的所得。对于股权投资者而言有较好的综合性，概括了企业全部经营业绩和财务业绩。

（5）资本保值增值率。资本保值增值率是指企业本年末所有者权益扣除客观增减因素后同年初所有者权益的比率。资本保值增值率表示企业当年资本在企业自身努力下的实际增减变动情况，是评价企业财务效益状况的辅助指标。其计算公式为：

$$资本保值增值率=\frac{扣除客观因素后的年末所有者权益}{年初所有者权益}\times100\%$$

资本保值增值率是根据"资本保全"原则设计的指标，更加谨慎、稳健地反映了企业资本保全和增值状况。它充分体现了对所有者权益的保护，能够及时、有效地发现侵蚀所有者权益的现象。该指标越高，表明企业的资本保全状况越好，所有者权益增长越快，债权人的债务越有保障，企业发展后劲越强；该指标如为负值，表明企业资本受到侵蚀，没有实现资本保全，损害了所有者的权益，也妨碍了企业近一步发展壮大，应予以充分重视。

4. 发展能力分析

发展能力是企业在生存的基础上扩大规模、壮大实力的潜在能力。在分析企业发展能力时，主要考察以下指标：

（1）销售（营业）增长率。销售（营业）增长率是指企业本年销售（营业）收入增长额同上年销售（营业）收入总额的比率。这里，企业销售（营业）收入，是指企业的主营业务收入。销售（营业）增长率表示与上年相比，企业销售（营业）收入的增减变化情况，是评价企业成长状况和发展能力的重要指标。其计算公式为：

$$销售（营业）增长率=\frac{本年销售（营业）增长额}{上年销售（营业）总额}\times100\%$$

该指标是衡量企业经营状况和市场占有能力、预测企业经营业务拓展趋势的重要标志，也是企业扩张增量和存量资本的重要前提。该指标若大于零，表示企业本年的销售（营业）收入有所增长，指标值越高，表明增长速度越快，企业市场前景越好；若该指标小于零，则说明企业或产品不适销对路、质次价高，或是在售后服务等方面存在问题，产品销售不出去，市场份额萎缩。该指标在实际操作时，应结合企业历年的销售（营业）水平、企业市场占有情况、行业未来发展及其他影响企业发展的潜在因素进行前瞻性预测，或者结合企业前三年的销售（营业）收入增长率做出趋势性分析判断。

（2）总资产增长率。总资产增长率是企业本年总资产增长额同年初资产总额的比率，它可以衡量企业本期资产规模的增长情况，评价企业经营规模总量上的扩张程度。其计算公式为：

$$总资产增长率 = \frac{本年总资产增长额}{年初资产总额} \times 100\%$$

该指标是从企业资产总量扩张方面衡量企业的发展能力，表明企业规模增长水平对企业发展后劲的影响。该指标越高，表明企业一个经营周期内资产经营规模扩张的速度越快。但实际操作时，应注意资产扩张的质与量的关系，以及企业的后续发展能力，避免资产盲目扩张。

需要强调的是，上述四类指标不是相互独立的，它们相辅相成，有一定的内在联系，企业周转能力好，获利能力就较强，可以提高企业的偿债能力和发展能力。反之亦然。

任务二　财务报表分析实训

 【能力目标】

通过财务报表分析的实训，使学生掌握所有者权益总额和负债总额的运用，资本平均增长率、产权比率、息税前利润、总资产净利率、已获利息倍数、资产负债率等相关内容。

 【任务描述】

1. 计算资本平均增长率、产权比率、息税前利润、总资产净利率、已获利息倍数、资产负债率。

2. 计算杠杆系数。

3. 计算所有者权益总额和负债总额。

 【实训资料】

长春电机厂 2012 年初所有者权益总额为 1 500 万元，该年的资本保值增值率为 125%（该年度没有出现引起所有者权益变化的客观因素）。2015 年初负债总额为 4 000 万元，所有者权益是负债的 1.5 倍，2015 年的资本积累率为 150%，年末资产负债率为 0.25，负债的年均利率为 10%。全年固定成本总额为 975 万元，净利润为 1 005 万元，适用的企业所得税税率为 25%。

【实训要求】

计算以下指标：

(1)2012 年末的所有者权益总额。

(2)2015 年初的所有者权益总额。

(3)2015 年初的资产负债率。

(4)2015 年末的所有者权益总额和负债总额。

(5)2015 年末的产权比率。

(6)2015 年的所有者权益平均余额和负债平均余额。

(7)2015 年的息税前利润。

(8)2015 年总资产净利率。

(9)2015 年已获利息倍数。

(10)2016 年经营杠杆系数、财务杠杆系数和复合杠杆系数。

(11)2012 年末～2015 年末的三年资本平均增长率。

 【实训结果】

(1)2012 年末的所有者权益总额 $=125\% \times 1\,500=1\,875$(万元)

(2)2015 年初的所有者权益总额 $=1.5 \times 4\,000=6\,000$(万元)

(3)2015 年初的资产负债率 $=\dfrac{4\,000}{4\,000+1.5 \times 4\,000} \times 100\%=40\%$

(4)2015 年末的所有者权益 $=6\,000 \times 150\%+6\,000=15\,000$(万元)

设 2015 年末的负债总额为 x：$\dfrac{x}{x+15\,000} \times 100\%=25\%$，$x=5\,000$ 万元

(5)2015 年末的产权比率 $=\dfrac{5\,000}{15\,000}=\dfrac{1}{3}$

(6)2015 年的所有者权益平均余额 $=(6\,000+15\,000) \div 2=10\,500$(万元)

2015 年负债平均余额 $=(4\,000+5\,000) \div 2=4\,500$(万元)

(7)2015 年的息税前利润 $=1\,005 \div (1-25\%)+4\,500 \times 10\%=1\,790$(万元)

(8)2015 年的总资产净利率 $=\dfrac{1\,790}{10\,500+4\,500} \times 100\%=12\%$

(9)2015 年的已获利息倍数 $=\dfrac{1\,790}{4\,500}=0.40$

(10)2016 年 $DOL=\dfrac{S-VC}{EBIT}=\dfrac{1\,790+975}{1\,790}=1.54$

$DFL=\dfrac{1\,790}{1\,790-450}=1.34$

$DCL=DOL \times DFL=1.34 \times 1.54=2.06$

(11)三年资本平均增长率 $=(\sqrt[3]{\dfrac{15\,000}{1\,875}}-1) \times 100\%=100\%$

【基本知识训练题】

一、单项选择题

1. 如果流动负债小于流动资产，则期末以现金偿付一笔短期借款所导致的结果是（　　）。
   A. 营运资金减少　　　　　　　　　B. 营运资金增加
   C. 流动比率降低　　　　　　　　　D. 流动比率提高

2. 下列各项展开式中不等于每股收益的是（　　）。
   A. 总资产收益率×平均每股净资产
   B. 股东权益收益率×平均每股净资产
   C. 总资产收益率×权益乘数×平均每股净资产
   D. 主营业务收入净利率×总资产周转率×权益乘数×平均每股净资产

3. 某企业 2015 年主营业务收入净额为 36 000 万元，流动资产平均余额为 4 000 万元，固定资产平均余额为 8 000 万元。假定没有其他资产，该企业 2015 年的总资产周转率为（　　）。
   A. 3.0　　　　　　B. 3.4　　　　　　C. 2.9　　　　　　D. 3.2

4. 在杜邦财务分析体系中，综合性最强的财务比率是（　　）。
   A. 净资产收益率　　　　　　　　　B. 总资产净利率
   C. 总资产周转率　　　　　　　　　D. 营业净利率

5. 企业大量增加速动资产可能导致的结果是（　　）。
   A. 减少资金的机会成本　　　　　　B. 增加资金的机会成本
   C. 增加财务风险　　　　　　　　　D. 提高流动资产的收益率

6. 下列各项中，不会影响流动比率的业务是（　　）。
   A. 现金购买短期债券　　　　　　　B. 用现金购买固定资产
   C. 用存货进行对外长期投资　　　　D. 从银行取得长期借款

7. 下列各项中，可能导致企业资产负债率变化的经济业务是（　　）。
   A. 收回应收账款
   B. 用现金购买债券
   C. 接受所有者投资转入的固定资产
   D. 以固定资产对外投资（按账面价值作价）

8. 用于评价企业盈利能力的总资产净利率指标中的"报酬"是指（　　）。
   A. 息税前利润　　B. 营业利润　　　C. 利润总额　　　　D. 净利润

9. 其他条件不变的情况下，如果企业过度提高现金比率，可能导致的结果是（　　）。
   A. 财务风险加大　　　　　　　　　B. 获利能力提高
   C. 运营效率此提高　　　　　　　　D. 机会成本增加

10. 在其他条件不变的情况下，下列经济业务可能导致总资产报酬下降的是（　　）。
    A. 以银行存款支付一笔销售费用　　B. 以银行存款购入一台设备
    C. 将可转换债券转换为优先股　　　D. 以银行存款归还银行借款

二、多项选择题

1. 下列各项中，与净资产收益率密切相关的有（　　）。

    A. 主营业务净利率　　　　　　　　B. 总资产周转率

    C. 总资产增长率　　　　　　　　　D. 权益乘数

2. 在下列各项中，属于社会贡献率指标中"社会贡献总额"内容的有（　　）。

    A. 工作支出　　　　　　　　　　　B. 利息支出净额

    C. 其他社会福利支出　　　　　　　D. 应交或已交的各种税款

3. 下列各项中，可能直接影响企业净资产收益指标的措施有（　　）。

    A. 提高营业净利率　　　　　　　　B. 提高资产负债率

    C. 提高总资产周转率　　　　　　　D. 提高流动比率

三、判断题

1. 市盈率是评价上市公司盈利能力的指标，它反映投资者愿意对公司每股净利润支付的价格。　　　　　　　　　　　　　　　　　　　　　　　　　　　（　　）

2. 权益乘数的高低取决于企业的资金结构，资产负债越高，权益乘数越高，财务风险越大。　　　　　　　　　　　　　　　　　　　　　　　　　　　　　（　　）

 【实际技能训练题】

已知某公司 20×× 年会计报表的有关资料如下表所示。

简化会计报表　　　　　　　　　　　　　　　　　　　　　单位：万元

一、资产负债表项目	年初数	年末数
资　产	8 000	10 000
负　债	4 500	6 000
所有者权益	3 500	4 000
二、利润表项目	上年末	本年末
主营业务收入净额	（略）	20 000
净利润	（略）	500

要求：

（1）计算该公司的净资产收益率、总资产净利率（保留三位小数）、主营业务净利率、总资产周转率（保留三位小数）、权益乘数。

（凡计算指标涉及资产负债表项目数据的，均按平均数计算）

（2）用文字列出净资产收益率与上述其他各项指标之间的关系式，并用本题数据加以验证。

项目九

成本会计认知

 【内容提示】

本项目对成本的概念和经济作用、成本会计的内容和任务、成本会计工作的组织进行了论述，并对成本会计实训内容、实验目的、实验要求等做了概括说明。

通过本项目学习，要求掌握成本的经济内涵、理论成本与实际成本的区别、现代成本会计的内容和成本会计制度，了解成本在社会主义市场经济中具有的作用。

任务一 成本会计基本知识

一、成本的概念

成本是一个价值范畴，是商品经济发展到一定阶段的产物。在商品经济发展早期，人们为了维持再生产，虽然也考虑物化劳动的补偿，但是并不十分注重活劳动的补偿，缺乏明确的成本概念。随着商品经济的发展，到了资本主义社会，进入商品经济飞速发展的时代，商品产品成本的经济内涵趋于完善。马克思在科学地分析了资本主义经济条件下的商品价值的构成后指出：每一个商品 W 的价值，用公式表示是 $W=C+V+m$。如果从这个产品价值中减去剩余价值 m，在商品中剩下来的，只是一个在生产要素上耗费资本价值 $C+V$ 的等价物或补偿价值。商品价值的这个部分，即补偿所消耗的生产资料价格和所使用劳动力价格的部分，就是商品的成本价格。虽然社会主义市场经济与资本主义市场经济有着本质的区别，但二者都是商品经济，因此，商品价值、成本、利润等经济范畴，在社会主义市场经济中，仍然有其存在的客观必然性，只是它们所体现的社会经济关系与资本主义市场经济中的不同。

在社会主义市场经济中，商品的价值仍然取决于生产该种商品的社会必要劳动量，它由三个部分组成：一是生产中已消耗的生产资料的价值 C；二是劳动者为自己劳动所创造的价值 V；三是劳动者为社会所创造的价值 m。在商品价值构成三部分中，成本是前两部分之和，即 $C+V$。

如上所述，商品的成本价格即产品成本，是产品生产中消耗的物化劳动的价值和活劳动中必要劳动的价值。为了生产活动的持续进行，这部分耗费必须得到补偿，因此，从耗费角度看，成本是商品价值中的 $C+V$ 的部分；从补偿角度看，成本是补偿生产耗费的价值尺度，这就是成本的经济实质。

随着商品经济的发展，现代成本概念的外延不断扩大，它不仅包括传统的成本概念（即商品产品成本），而且还包括在传统成本概念基础上，为适应预测、决策等需要而发展起来的各种新的成本概念，如变动成本、固定成本、边际成本、机会成本等。另外，从应用成本管理的领域来看，不仅物质生产部门计算商品产品成本，其他部门也可以进行成本计算和管理，如科研部门可以计算课题项目成本，金融部门可以计算借入资金成本。我们在这里讨论的成本概念，仅限于物资生产部门的商品产品成本。

二、成本的经济作用

成本的经济实质决定了成本在经济管理中具有十分重要的作用：

（1）成本是补偿生产耗费的价值尺度。

企业的生产经营过程，也是生产的耗费过程。企业在生产经营过程中，一方面要向社会提供产品，以满足社会的一定需要，另一方面要以其产品的销售收入抵偿自己在生产经营过程中所发生的各种耗费。

（2）成本是综合反映企业工作质量的重要指标。

成本是一项综合的经济指标，企业经营管理各方面工作的业绩，都可以直接或间接地在成本上反映出来。例如，劳动生产率的高低、固定资产的利用程度、原材料的节约与浪费、费用开支的大小、产品质量的好坏、产品的设计与生产工艺的合理程度，都会直接或间接地影响到成本，因此，成本指标往往被作为评价企业业绩的重要依据。

（3）成本是企业进行决策的重要依据。

在市场经济条件下，企业只能依靠不断提高经济效益来增加自身的竞争能力。而要做到这一点，企业必须及时进行正确的生产经营决策。在生产经营决策中，需要考虑的因素很多，而成本往往是最重要的因素之一。

（4）成本是制定产品价格的重要因素。

在商品经济中，产品价格是产品价值的货币表现，因此产品价格的制定和调整应以产品价值为基础。但现阶段还不能直接计算产品的价值，而只能计算成本，通过成本间接、相对地反映产品的价值。因此，成本就成了制定产品价格的一项重要因素。

三、现代成本会计的内容

传统的成本会计是指成本核算，是运用会计核算的一般原理、原则和方法，全面系统地记录企业在生产产品过程中所发生的各种生产费用，并采用专门方法计算各种产品的总成本和单位成本。现代成本会计的内容应包括成本预测、成本决策、成本计划、成本控制、成本核算、成本分析与成本考核。

1. 成本预测

成本预测是在认真分析、研究企业内部和外在条件变化的基础上，根据有关历史成本资料，运用定量分析和定性分析的方法对未来的成本水平及其发展趋势作出科学的估计。事实上，企业在许多问题的决策前，往往要进行成本的预测，如筹资方式、投资方式的确定等。

2．成本决策

成本决策是根据成本预测及其他有关资料，对各种备选方案进行比较，选择最佳成本方案的过程。通过成本决策，可以确定成本目标、实施步骤和保证措施，从而为编制成本计划提供前提条件。做出优化的成本决策是提高企业经济效益的重要途径。

3．成本计划

成本计划是根据成本决策所确定的目标成本，规定在一定时期的成本管理上应达到的具体目标，如企业制定的生产费用预算、期间费用预算、商品产品总成本计划、商品产品单位成本计划、可比产品成本降低计划及完成计划的措施等。成本计划既是降低成本和费用的具体目标，也是进行成本控制、成本分析及成本考核的依据。成本计划的编制过程，也是进一步挖掘降低成本费用潜力的过程。

4．成本控制

成本控制是在生产经营费用的发生和产品成本的形成过程中，依据成本计划所规定的费用预算和成本标准，对企业生产经营进行积极、有效的限制和监督，使各项费用的发生和产品成本的形成限制在成本计划和成本标准的范围内。成本控制是由事前控制、事中控制和事后控制三个阶段构成。通过成本控制，可以防止浪费，及时揭示存在的问题，消除生产中的损失，实现成本目标。

5．成本核算

成本核算指对企业生产经营过程中发生的耗费，按照一定的对象归集和分配，计算出各成本计算对象的实际总成本和单位成本。成本核算是成本会计工作的核心。成本核算过程，既是费用的归集、分配过程，也是进行信息反馈和控制的过程。通过成本核算所提供的实际成本资料与计划成本等目标成本的比较，可以了解成本计划的完成情况，同时为编制下期成本计划、进行成本预测和决策提供资料。成本核算也是进行成本分析和考核的必要依据。

6．成本分析

成本分析是利用成本核算的资料，运用一系列技术方法，系统地研究影响成本变动的各种因素，评价各个因素变化对费用预算和产品成本计划完成情况的影响程度，以寻求降低成本的途径。通过成本分析，可以深入了解成本变动的规律，挖掘企业节约费用的潜力，并为新的经营决策提供依据。

7．成本考核

成本考核是根据成本计划和成本核算资料，在成本分析的基础上，定期对成本计划的执行结果进行评定。成本考核一般是以部门、单位或个人作为责任者的对象，以其可控成本为条件，以责任的归属来考核其成本指标完成情况，评价部门、单位或个人的工作业绩，做到成本核算与成本管理相结合，调动企业各个责任者完成预定目标的积极性，从而提高企业整体管理水平和经济效益。

上述成本会计的各项内容是相互联系的。成本预测是成本决策的前提，没有预测就无法进行决策，成本决策是成本预测的结果。成本计划是成本决策所确定成本目标的具体化。成本控制是对成本计划的实施进行监督，并保证决策目标的实现。成本核算是对决策目标和成本计划是否实现和完成进行的最后检验。根据成本核算提供的资料，通过成本分析可以检查实际与计划、目标的差距及产生差距的原因。成本考核依据成本计划、成本核算和成本分析的资料对责任者进行考核和评价，从而纠正偏差，改进工作，提高效率。

需要指出的是，在上述成本会计所包括的内容中，成本核算是基础。离开了成本核算，成本的预测、决策、计划、控制、分析和考核都无法进行，也就没有了成本会计。成本会计的其他内容，正是在成本核算的基础上，随着企业经营管理要求的提高和管理科学的发展，也随着成本会计与管理科学相结合，逐步发展形成的。成本核算是原始的或初级的成本会计，也是狭义的成本会计。包括其他内容的成本会计，是现代成本会计，是广义的成本会计，实际上也就是成本管理。

四、成本会计的职能

成本会计作为会计的一个重要分支，具有与财务会计同样的基本职能，即反映和监督两大职能。其中，反映生产经营过程中各种费用的支出及产品成本的形成，为经营管理提供成本信息的功能，是成本会计的首要职能。而按照预定的目标和计划，监督生产耗费的合理性、合法性，对成本形成过程进行控制、调节、指导和考核，则为监督职能的体现。成本会计的反映和监督两大职能是辩证统一、相辅相成的。没有正确、及时的反映，监督就失去了存在的基础，就无法在成本管理中发挥制约、控制、指导和考核等作用；而只有进行有效的监督，才能使成本会计为经营管理提供真实可靠的信息资料，使反映的职能得以充分的发挥。

五、成本会计机构

1. 成本会计机构的设置

成本会计机构是负责组织领导和直接从事成本会计工作的职能部门。成本会计机构是企业会计机构的一部分，并且是其重要的组成部分。企业在组织成本会计工作时，应该考虑自身规模的大小、生产经营业务的特点，应当在保证成本会计工作质量的前提下，按照节约成本会计工作时间和费用、提高成本会计工作效率的原则，设置成本会计机构。

2. 成本会计机构内部的组织分工

成本会计机构内部的组织分工，可以按照成本会计的职能来划分。成本会计的职能包括预测、决策、计划、控制、核算、分析和考核等，因此，在厂部成本会计机构内，可以设成本预测决策组、成本计划控制组、成本核算组和成本分析考核组。成本会计机构内部的组织分工，也可以按照成本会计的对象来划分。成本会计的对象包括产品成本和期间费用，因此，在厂部成本会计机构内，可以设置产品成本核算和分析组、期间费用核算和分析组等。

3. 成本会计工作的组织形式

成本会计工作的组织形式通常有集中和非集中两种。

(1)集中式是指成本的核算、预测、预算、控制、成本报表的编制和分析等成本会计工作，都由厂部成本会计机构集中进行。在这种方式下，分厂、车间一般不设置专门的成本会计机构，只配备专职或兼职的成本核算人员，负责有关原始凭证的填写、审核、整理和汇总，为厂部成本核算和分析提供资料。采用这种组织方式，不仅便于厂部集中使用电子计算机进行成本会计数据的计算和分析，还可以适当减少核算层次和核算人员，但不利于车间、班组掌握和控制成本，不利于调动各层次的积极性。因此，这种组织形式一般适用于成本会计工作较为简单的企业。

(2)非集中式又称分散式，是指各项成本会计工作由厂部、车间的成本会计机构共同来完成。厂部的成本会计机构负责对车间成本工作的指导，负责成本数据的最后汇总以及那些不便于分散到车间进行的成本管理工作；而成本计划的制定、成本的计算和控制、成本的分析等，一般由车间的成本员进行。采用这种组织方式，可以克服集中式的不足，但往往会相应增加成本会计工作的层次和工作人员。这种组织方式一般适用于成本会计工作较为复杂、各部门独立性较强的企业。

六、成本会计人员

成本会计人员，是指在成本会计机构中所配备的成本会计工作人员。配备适当数量、业务素质较高的成本会计人员，是做好成本会计工作的决定性因素。

成本核算是企业核算工作的核心，成本指标是企业一切工作质量的综合表现。为了保证成本会计信息质量，对成本会计人员的素质理应提出更高的要求，要求成本会计人员不仅要掌握相应的会计业务理论和业务技术，还必须具有良好的职业道德。成本会计人员应认真履行自己的职责，正确行使自己的职权，胜任自己的工作。

七、成本会计制度

成本会计制度是组织和从事成本会计工作必须遵守的规范，是会计制度的一个组成部分。成本会计机构和成本会计人员必须严格按照有关的法规和制度进行成本核算，以保证所提供的成本会计资料正确、真实、规范、及时、可靠。

与成本会计有关的法规和制度可以分为以下三个方面：

(1)《中华人民共和国会计法》。

《中华人民共和国会计法》是我国会计工作的基本法律，有关成本会计的一切法规、制度，都应按照它的要求制定。企业成本会计机构和人员，必须依照会计法办理会计事务。

(2)《企业会计准则》和《企业会计制度》。

《企业会计准则》和《企业会计制度》是由财政部制定并发布的企业进行会计工作的基本准则和规定。企业的成本核算必须要遵循《企业会计准则》的基本要求，同时还必须遵循《企业会计制度》的有关规定。

(3)企业制定的成本会计制度和成本核算办法。

各企业为了具体规范本企业的成本会计工作，还可以根据有关法规和制度，结合本企业生产经营的特点和管理的要求，具体制定本企业的成本会计制度和成本会计核算办法，它是企业进行成本会计工作的直接依据。

任务二 成本会计实训综述

 【实验目的】

在校园建立仿真会计实验室，把实验室变成学生实践基地，通过专业课老师下厂调研，有选择地将企业的有关成本资料搬进会计实验室。学生通过运用所学的专业知识，利用学校较好的实验条件，综合地、系统地进行各种成本方法的实验，使学生能在较短的时间内掌握更多的成本会计专业知识，理论联系实际，为毕业后尽快胜任成本会计核算工作奠定扎实的基础。

 【实验要求】

1. 实验操作中，应严格遵守成本开支范围进行成本核算。
2. 文字或数字的书写要清晰、工整。发生错误时应按错账更正法进行更正，不得刮、擦、挖、补，书写一律使用钢笔。
3. 文字表述要清楚，数字计算必须准确，每一实验要严格按照实验题的要求保留小数。
4. 在实验过程中，将原始凭证剪下，粘贴在相关的记账凭证后面。实验结束后，将每一实验所用的凭证、账簿按规范的方法装订，以便保存。

 【实验组织】

成本会计实验分为两个阶段进行：

第一阶段——基础操作实验。此阶段的实验目的一是学习掌握成本核算的基本方法，二是为综合实验奠定扎实基础。具体组织方式可以在老师的指导下，随成本会计课的讲授进度安排，在实验中体会成本会计课的知识内涵，强调每个学生独立完成。

第二阶段——综合实验。此阶段的实验目的是培养学生分析问题和解决问题的能力，做到理论联系实际。具体组织方式可根据实验室条件，选择分组或由个人独立完成两种形式，选择手工或电算化两种教学手段完成。

分组完成形式：每组3人左右为宜。首先，小组成员应对成本资料进行分析，编写出成本核算程序，然后在此基础上进行各项费用的归集和分配、成本的计算和分析、编制成本报表。在实验过程中，若有条件使用计算机，学生可利用教师给出的电子表格输入公式完成各种表格的计算。分组实验形式有利于相互讨论、集思广益，让学生在有限时间内高效率、高质量完成实验。

个人独立完成形式：实验过程均为一人完成，有利于学生系统地、全面地熟悉和掌握各种成本核算方法，在时间允许的条件下其实验效果较好。

【基市知识训练题】

一、单项选择题

1. 成本是产品价值中的（　　）部分。
   A. $C+V+m$ 　　　　 B. $C+V$ 　　　　 C. $V+m$ 　　　　 D. $C+m$

2. 构成产品成本的各项耗费，是指企业的（　　）。
   A. 生产经营费用 　　　　　　　　 B. 生产费用
   C. 生产费用和期间费用 　　　　　 D. 期间费用

3. 成本考核是根据（　　）和成本核算，在成本分析的基础上，定期地对成本计划的执行结果进行评定和考核。
   A. 成本计划 　　　 B. 成本预测 　　　 C. 成本决策 　　　 D. 成本分析

4. （　　）是成本决策所确定的成本目标的具体化。
   A. 成本预测 　　　 B. 成本计划 　　　 C. 成本控制 　　　 D. 成本考核

5. 集中核算方式和非集中核算方式是指（　　）的分工方式。
   A. 企业内部各级成本会计机构 　　　 B. 企业内部成本会计职能
   C. 企业内部成本会计对象 　　　　　 D. 企业内部成本会计任务

6. 成本的核算、预测、预算、控制、成本报表的编制和分析等成本会计工作，都由厂部成本会计机构进行的方式称为（　　）。
   A. 成本核算中心 　　　　　　　　 B. 成本责任中心
   C. 集中工作方式 　　　　　　　　 D. 分散工作方式

二、多项选择题

1. 与成本会计有关的法规和制度包括（　　）。
   A.《中华人民共和国会计法》 　　　 B.《企业会计准则》
   C.《企业会计制度》 　　　　　　　 D. 企业制定的成本会计制度

2. 成本会计工作的组织形式通常有（　　）形式。
   A. 集中式 　　　 B. 非集中式 　　　 C. 非独立式 　　　 D. 独立式

3. 现代成本会计的内容包括（　　）。
   A. 成本计划和成本预测 　　　　　 B. 成本决策和成本分析
   C. 成本考核和成本核算 　　　　　 D. 成本计算和成本分析

三、判断题

1. 成本是补偿生产耗费的价值尺度。　　　　　　　　　　　　　　　　（　　）
2. 成本开支的实际内容是由企业自行规定的，称为成本开支范围。　　　（　　）
3. 成本指标往往被作为业绩评价的重要依据。　　　　　　　　　　　　（　　）
4. 非集中式核算组织形式一般适用于成本会计工作较为简单的企业。　　（　　）
5. 成本会计机构是企业会计机构的组成部分。　　　　　　　　　　　　（　　）
6. 集中核算方式一般应用于成本会计工作较为复杂、各部门独立性较强的企业。（　　）

项目十

成本核算的要求和一般程序

【内容提示】

本项目主要介绍了成本、费用核算的要求和一般程序。通过本项目学习，要求掌握成本、费用核算的基本要求，了解确定财产物资的计价和价值结转方法，熟练运用成本、费用核算的一般程序和账户设置以及账务处理程序，掌握成本、费用分配的原则和方法。

任务一　成本核算要求和程序基本知识

一、工业企业成本核算的内容

工业企业是在社会再生产过程中从事工业产品生产的企业，其基本任务是生产工业产品并销售给商业企业、其他工业企业等购买单位或消费者个人，满足人民生活和各个方面消费的需要，并实现产品的价值，取得盈利。

产品生产和经营管理的过程，同时也是生产经营管理的耗费过程。工业企业在进行工业产品的生产和经营管理过程中，要发生各种各样的耗费。这些耗费用货币额表现，就是工业企业的生产经营管理费用。

工业企业的生产经营管理费用包括：（1）用于产品生产的费用，称为生产费用；（2）用于产品销售的费用，称为销售费用；（3）用于组织和管理生产经营活动的费用，称为管理费用；（4）用于筹集生产经营资金的费用，称为财务费用。

工业企业为生产一定种类、一定数量的产品所支出的各种生产费用之和，就是这些产品的生产成本，亦称产品的制造成本，简称产品成本。工业企业的销售费用、管理费用和财务费用，总称期间费用。因此，工业企业的生产经营管理费用，包括生产费用和经营管理费用。工业企业成本核算的内容即产品成本的核算和期间费用的核算。

二、成本核算的原则

为了正确的计算产品成本，为企业管理提供相关、及时、准确的信息资料，企业在进行成本核算时，必须遵循以下成本核算的基本原则：

1. 实际成本计价原则

成本核算按实际计价包括对生产所耗用的原材料、燃料和动力等费用，固定资产的折旧费用，以及完工产品成本均需按实际成本计价。

原材料、燃料和动力等费用按实际成本计价，是指原材料、燃料、动力要按其实际耗用量和实际单位成本计算，折旧要按固定资产原始价值和预计使用年限计算。同时，也允许原材料、燃料按计划成本计价，但是在计入产品成本时，需要将计划成本调整为实际成本。产品按实际成本计价，同样是指产品完工转出时，账面上已归集的属于该产品的实际成本也随之转出，不能多转或少转。

2. 成本分期原则

企业的生产经营活动是持续不断地进行的，为了计算一定时期所生产产品的成本，企业就必须将其生产经营活动划分为若干个相等的成本会计期间，分别计算各期产品的成本，如分月、分季、分年度。

成本核算的分期与产品的成本计算期不一定完全一致。不论是哪种类型的生产企业，成本核算中费用的归集和分配都必须按月进行。至于完工产品的成本计算，它与生产类型有关，可以是定期的，也可以是不定期的。

3. 合法性原则

合法性原则是指计入成本的各项费用，都必须符合国家法律、法令和制度等的规定，不符合规定的费用就不能计入成本，如购建固定资产而发生的各项资本性支出，违反法律规定的经营罚款和被没收的财物损失等。

4. 重要性原则

重要性原则是指对于成本有重大影响的事项，应作为重点，力求准确，而那些对于成本没有重大影响的事项，可以从简处理，不必过严要求。在进行成本核算时，所采用的成本计算步骤、费用分配方法、成本计算方法等，都是根据每一个企业的具体情况进行选择的。对于一些主要产品、主要费用，应采用比较复杂、详细的方法进行分配和计算，而对于一些次要的产品、费用，则可采用简化的方法，进行合并计算和分配。因此，按照重要性原则进行成本核算，既减轻了成本计算的工作量，也加快了成本核算的速度。

5. 一贯性原则

一贯性原则是指成本核算所采用的方法前后各期应当一致，不得随意变更，使各期的成本核算资料口径一致，提高成本资料的使用价值。例如，耗用材料的实际成本计价方法，折旧的计提方法等。

企业在进行成本计算时，一般应根据企业生产的特点和管理的要求，选择不同的成本计算方法进行成本计算。产品成本计算方法一经确定，没有特殊的情况，不应经常变动，以使计算出来的成本资料便于进行比较。

坚持一贯性原则，并不是说对成本核算中所采用的方法不能做必要的调整。如果为了提供更加准确、更加有用的信息，有必要变更成本核算方法时，是可以变更的。但是，必须在有关的报告中将由于方法变更对成本水平的影响充分揭示出来。

6. 权责发生制原则

权责发生制原则是以收入和支出是否在本期已经发生作为确认其是否应算作本期的收

入和支出的一种方法。权责发生制原则的基本内容是，凡是应计入本期的收入和支出，不论款项是否收到或已付出，都算作本期的收入或支出；凡是不应计入本期的收入和支出，即使款项已经收到或已付出，也不算作本期的收入或支出。

在成本会计中运用权责发生制原则，主要是指费用的问题，即应正确处理跨期费用的分摊和预提。在成本核算时，对于已经发生的支出，如果其受益期不仅包括本期而且还包括以后各期，就应按其受益期分摊，不能全部列入本期；对于虽未发生的费用，但却应由本期负担，则应先行预提计入本期费用中，待实际支出时不再列入费用。

三、成本核算要求和程序

为了充分发挥成本核算的作用，在成本核算工作中，应该贯彻实现以下各项要求：

1. 算管结合，算为管用

成本核算应根据国家有关的法规和制度，以及企业的成本计划和相应的消耗定额，对企业的各项费用进行审核和控制，确定是否开支；对于已经支出的，审核其是否应计入生产经营管理费用；已计入生产经营管理费用的，审核其是否应计入产品成本。为此，要对费用的发生情况以及费用脱离定额或计划的差异进行日常的核算和分析，并及时进行反馈。

首先，对于属于不合法、不合理、不利于提高经济效益的超支、浪费或损失要制止。如果当时已经无法制止的，要追究有关部门和人员的责任，采取措施以杜绝或防止以后再发生；属于因定额或计划不符合实际情况而发生的差异，要按规定程序修订定额或计划。

其次，要对已经开支的生产经营管理费用进行归集。经营管理费用应按期间进行归集，并计入当期损益；生产费用应按产品进行归集，计算各种产品成本，以便为产品成本的定期分析和考核，进一步挖掘降低成本的潜力提供数据。计算产品成本，应遵循能够满足企业生产经营管理需要的原则。

2. 正确划分各种费用界限

为了正确地核算生产费用和经营管理费用，正确地计算产品实际成本和企业损益，必须正确划分以下五个方面的费用界限：

(1)正确划分各种费用支出的界限。工业企业的经济活动是多方面的，除了生产经营活动以外，还有其他方面的经济活动，因而费用的用途也是多方面的，并非都应计入生产经营费用(生产费用和期间费用)。只有用于产品的生产和销售、用于组织和管理生产经营活动，以及用于筹集生产经营资金的各种费用，即收益性支出，才应计入生产经营费用。每一个工业企业都应正确地划分各种费用支出的界限，遵守国家关于成本、费用开支范围的规定，防止乱挤和少计生产经营费用的错误做法。

(2)正确划分生产费用与期间费用的界限。生产费用与期间费用具有不同的性质。为了正确地计算产品成本和期间费用，正确地计算企业各个月份的损益，必须正确地划分生产费用和期间费用的界限。正确地划分为生产费用和期间费用，也就是划分为成本和费用。用于产品生产的原材料费用、生产工人工资费用和制造费用等，应该计入生产费用，并据以计算产品成本；由于产品销售、由于组织和管理生产经营活动和筹集生产经营资金所发生的费用，应该计入期间费用，并归集为销售费用、管理费用和财务费用，直接计入当月损益，从当月利润中扣除。

（3）正确划分各个月份的费用界限。本月发生的成本、费用都应在本月入账，不应将其一部分延到下月入账；也不应未到月末就提前结账，将本月成本、费用的一部分作为下月成本、费用处理。更为重要的是：应该贯彻权责发生制原则，正确核算待摊费用和预提费用。本月支付但属于以后各月受益的成本、费用，应计作待摊费用，分摊计入以后各月的成本、费用；本月虽未支付但本月已经受益的成本、费用，应计作预提费用，预提计入本月的成本、费用。应该防止利用费用待摊和预提的办法人为地调节各个月份的生产费用和期间费用，人为地调节产品生产成本和各月损益的错误做法。

（4）正确划分各种产品的费用界限。应该计入本月产品成本的生产费用还应在各种产品之间进行划分。凡属于某种产品单独发生，能够直接计入该种产品成本的生产费用，应该直接计入该种产品的成本；凡属于几种产品共同发生，不能直接计入某种产品成本的生产费用，则应采用适当的分配方法，分配计入这几种产品的成本。应该特别注意盈利产品与亏损产品、可比产品与不可比产品之间的费用界限的划分，防止在盈利产品与亏损产品之间，以及可比产品与不可比产品之间任意增减生产费用，以盈补亏，掩盖超支，虚报产品成本，降低成绩的错误做法。

（5）正确划分完工产品与在产品的费用界限。月末计算产品成本时，如果某种产品都已完工，这种产品的各项生产费用之和，就是这种产品的完工产品成本；如果某种产品都未完工，这种产品的各项生产费用之和，就是这种产品的月末在产品成本；如果某种产品一部分已经完工，另一部分尚未完工，这种产品的各项生产费用，还应采用适当的分配方法在完工产品与月末在产品之间进行分配，分别计算完工产品成本和月末在产品成本。应该防止任意提高或降低月末在产品费用，人为调节完工产品成本的错误做法。

以上五个方面费用界限的划分，都应贯彻受益原则，即：何者受益何者负担费用，何时受益何时负担费用；负担费用多少应与受益程度大小成正比。这五个方面费用界限的划分过程，也是产品成本的计算过程。

四、费用要素和成本项目

为了科学地进行成本管理和成本核算，必须对工业企业的各种费用进行合理的分类。工业企业费用要素和产品生产成本项目，就是对工业企业各种费用的两种最基本的分类。

1. 费用要素

产品的生产经营过程，也是劳动对象、劳动手段和活劳动的耗费过程。因此，工业企业发生的各种费用按其经济内容（或性质）划分，主要有劳动对象方面费用、劳动手段方面费用和活劳动方面费用三大类。前两方面为物化劳动耗费，即物质消耗；后一方面为活劳动耗费，即非物质消耗。这三类可以称为工业企业费用的三大要素。

为了具体地反映工业企业各种费用的构成和水平，还应在此基础上，将工业企业费用进一步划分为以下九个费用要素：

（1）外购材料。它是指企业耗用的一切从外部购进的原料及主要材料、半成品、辅助材料、包装物、修理用备件和低值易耗品等。

（2）外购燃料。它是指企业耗用的一切从外部购进的各种燃料，包括固体、液体、气体燃料。从理论上说，外购燃料应该包括在外购材料中，但由于燃料是重要能源，需要单独考核，因而单独列作一个要素进行计划和核算。

（3）外购动力。它是指企业耗用的从外部购进的各种动力。

（4）职工薪酬。它是指企业的职工工资和发生的职工福利费。

（5）折旧费。它是指企业按照规定计算的固定资产折旧费用。

（6）利息费用。它是指企业的短期借款利息费用减去利息收入后的净额。

（7）税金。它是指企业应交纳的各种税金，包括房产税、车船税、印花税、城镇土地使用税等。

（8）其他费用。它是指不属于以上各要素的费用，如邮电费、差旅费、租赁费、外部加工费等。在这一要素中，物质消耗与非物质消耗很难严格划分。在需要划分时，可以按照国家统计部门的规定进行划分。

按照上列费用要素反映的费用，称为要素费用。

2. 成本项目

工业企业的各种费用按其经济用途分类，首先应分为计入产品成本的生产费用和不计入产品成本的期间费用。计入产品成本的生产费用在生产过程中的用途也各不相同，有的直接用于产品生产，有的间接用于产品生产。为了具体地反映计入产品成本的生产费用的各种用途，还应进一步划分为若干个项目，即产品生产成本项目，简称产品成本项目或成本项目。

根据生产特点和管理要求，工业企业将计入产品成本的生产费用按其经济用途进行划分，一般可以设立以下三个成本项目：

（1）直接材料。它是指直接用于产品生产、构成产品实体的原料、主要材料以及有助于产品形成的辅助材料。

（2）直接人工。它是指直接参加产品生产的工人工资以及职工福利费。

（3）制造费用。它是指直接用于产品生产，但不便于直接计入产品成本，因而没有专设成本项目的费用（如机器设备折旧费用），以及间接用于产品生产的各项费用（如机物料消耗、车间厂房折旧费用等）。

为了使成本项目更好地适应工业企业的生产特点和管理要求，工业企业或主管企业的上级机构可以对上述成本项目进行适当的调整。

五、成本核算的一般程序

工业企业成本核算包括总分类核算和明细分类核算两个方面，下面重要介绍成本总分类核算的程序。

1. 要素费用的分配

根据生产过程中发生的各种要素费用，尤其是根据其具体的发生地点和用途，编制各种要素费用分配表，据以编制记账凭证，计入各有关的成本、费用账户中。

2. 分配长期待摊费用和预提相应的费用

对于归集于"长期待摊费用"账户中的各项费用，其中属于本期负担的部分应通过编制

"待摊费用分配表"和"长期待摊费用分配表"的方式计入各有关的成本费用账户中；对于应由本期负担但尚未发生的费用，则应通过编制预提各项费用分配表的方式计入有关的成本费用账户中。

3. 分配辅助生产车间的制造费用

若辅助生产车间生产多种产品或提供多种劳务，月末时，应将辅助生产车间归集于"制造费用明细账"中的费用，采用一定的方法，在辅助生产车间各种产品或劳务中进行分配。

4. 分配辅助生产费用

由于辅助生产车间是为基本生产车间和行政管理等部门提供产品或劳务的，所以，辅助生产车间所发生的费用，应根据其提供的劳务数量、发生的费用和各部门耗用产品或劳务的数量，通过编制"辅助生产费用分配表"的方式分配。

5. 分配基本生产车间的制造费用

若基本生产车间生产多种产品，应将归集于基本生产车间"制造费用明细账"中的金额，采用适当的分配方法通过编制"制造费用分配表"的方式，在该车间生产的各种产品中进行分配。

6. 计算完工产品和在产品成本

通过上述步骤计算和分配之后，企业所发生的用于产品生产的各种费用，都集中于"生产成本——基本生产成本"账户和各种"产品成本计算单"中了。这时，应根据企业的具体情况，如在产品成本的大小、各种费用所占的比重、定额资料是否完整等，确定在产品的成本计算方法，计算出完工产品和在产品的成本，编制"完工产品成本计算表"。

六、成本核算的主要账户设置

为了进行产品成本的总分类核算，应设立"生产成本"总账账户。为了分别核算基本生产成本和辅助生产成本，还应在该总账账户下，分别设立"基本生产成本"和"辅助生产成本"两个二级账户。为了简化会计分录，也可将"生产成本"总账账户分为"基本生产"和"辅助生产"两个总账账户或者"基本生产成本"和"辅助生产成本"两个总账账户。

1. "生产成本"账户

基本生产是指为完成企业主要生产目的而进行的商品产品生产。"生产成本"总账账户是为了核算企业进行工业性生产发生的各项生产费用，包括生产各种产品(包括产成品、自制半成品等)、自制材料、自制工具、自制设备等。该账户的借方登记生产过程中发生的直接材料、职工薪酬等直接费用以及分配转入的制造费用；贷方登记完工入库的产成品、自制半成品的实际成本；期末余额在借方，表示尚未完工的各项在产品的成本。"生产成本"总账账户应设置"基本生产成本"和"辅助生产成本"两个明细账户进行明细核算。

在发生各项生产费用时，"基本生产成本"应当分别按照基本生产车间和成本核算对象(如产品的品种、类别、订单、批别、生产阶段等)设置明细账(或成本计算单)，并按照规定的成本项目设置专栏或专行，登记各该产品、各该成本项目的月初在产品成本、本月发生的成本、本月完工产品成本和月末在产品成本。

辅助生产是指为基本生产服务而进行的产品生产和劳务供应，例如工具、模具、修理用备件等产品的生产和修理、运输等劳务的供应。辅助生产提供的产品和劳务，有时也对外销售，但这不是其主要目的。属于企业辅助生产车间为生产产品提供的动力等费用，应在"辅助生产成本"明细账户中进行归集，然后再分配转入"基本生产成本"中。辅助生产车间所发生的各项费用，记入"辅助生产成本"明细账户的借方；完工入库产品的成本或分配转出的劳务费用，记入该账户的贷方；该账户的余额就是辅助生产在产品的成本。该账户应按辅助生产车间和生产的产品、劳务分设辅助生产成本明细账，明细账中按辅助生产的成本项目或费用项目分设专栏或专行进行登记。

2."制造费用"账户

"制造费用"账户是用以核算企业为生产产品和提供劳务而发生的各项间接费用。该账户属于成本类，借方登记发生的制造费用，贷方登记分配计入有关的成本核算对象的制造费用，除季节性生产企业外，期末一般无余额。"制造费用"账户不仅核算基本生产车间的制造费用，而且还核算辅助生产车间的制造费用。因此，该账户应按不同的生产车间、部门和费用项目设置明细账，进行明细核算。

3."长期待摊费用"账户

"长期待摊费用"账户是用来核算企业已经发生但应由本期和以后各期负担的分摊期限在一年以上的各项费用。企业发生长期待摊费用时，应借记"长期待摊费用"，贷记"银行存款"等有关账户；分期摊销时，借记"制造费用""管理费用"等账户，贷记"长期待摊费用"账户。本账户期末借方余额，反映企业尚未摊销完毕的长期待摊费用的摊余价值。"长期待摊费用"账户应按费用的种类设置明细账，进行明细核算。

任务二　成本核算要求和程序实训

【能力目标】

通过实训，使学生熟悉成本核算的内容和要求，掌握成本核算的一般程序和方法。

【任务描述】

1.辨析生产要素费用的具体内容。

2.明确划分计入产品成本的费用界限。

【实训资料】

长春市宝兴药业公司是一个中型企业，拥有固定资产2 000万元，职工2 680人。该企业下设一个水剂分厂。水剂分厂生产各种葡萄糖注射液、葡萄糖盐水，其生产过程主要由配料、供瓶、分状、灭菌、灯检、包装、入库等环节组成，其内部设有第一车间、第二车间两个基本生产车间和一个质检及包装辅助车间。本月第一车间的产品为5%葡萄糖注射液，10％葡萄糖注射液。

20××年6月发生的有关业务如下：

(1)6月2日，企业向银行借款300 000万元，借款期限为三个月，款存银行。

(2)6月5日，从大安化学试剂厂购入树脂300千克，单价2.50元，货款总额为765元，增值税额为127.50元，发票账单已到，经验单，同意付款，以银行存款支付，材料在运输途中。

(3)6月6日，以银行存款偿付第一基本生产车间上月外购动力费3 600元。

(4)6月10日，第一基本生产车间领用白糖180千克，价值为756元，用于生产5％葡萄糖注射液和10％葡萄糖注射液。

(5)6月13日，以银行存款支付市内采购运费200元。

(6)6月14日，以银行存款支付第一基本生产车间的水电费1 200元(其中，基本生产车间耗用890元，管理部门耗用310元)。

(7)6月19日，以银行存款支付第一基本生产车间的劳保费200元，本月全部摊销，转为费用。

(8)6月21日，以现金支付第一基本生产车间的邮费、印刷费300元。

(9)6月23日，以银行存款支付第一基本生产车间办公用品费600元。

(10)6月25日，结算本月职工工资5 600元，福利费784元。

(11)6月29日，计提本月第一基本生产车间固定资产的折旧费2 600元。

(12)6月30日，销售5％葡萄糖注射液一批，货款总额为3 000元，增值税额为510元，款未收。

 【实训要求】

(1)根据有关的原始凭证，编制记账凭证。

(2)逐一判断哪些费用应计入第一基本生产车间的产品成本。

 【实训用表及记账凭证】

记账凭证12张。

 【实训结果】

应计入第一基本生产车间产品成本的费用总额为12 040元。

提示：编制记账凭证时一定要注明明细账户，否则无法登记总账和明细账。

 【基本知识训练题】

一、单项选择题

1. 下列支出中，不应计入产品成本的是(　　　)。

　　A. 产品生产用材料费　　　　　　　B. 生产单位管理人员的工资

　　C. 从事自制设备工程人员的工资　　D. 车间生产设备的折旧费

2. 应由本期负担尚未支付的费用，应当作为(　　　)计入本期有关费用和成本。

A. 制造费用　　　　B. 待摊费用　　　　C. 生产费用　　　　D. 预提费用

3. 应由本期负担的费用如果列作长期待摊费用,(　　)。

　　A. 会虚增本期利润　　　　　　　　　B. 会虚减本期利润

　　C. 可以简化成本计算　　　　　　　　D. 可以节约费用成本

4. 不应由本期负担的费用,如果采用预提方式计入有关费用和成本,(　　)。

　　A. 对企业费用成本没有影响　　　　　B. 对企业利润没有影响

　　C. 会虚增企业费用、成本　　　　　　D. 会虚减企业费用、成本

5. 需要在各个成本核算对象之间分配的生产费用数额是指(　　)。

　　A. 期初在产品成本　　　　　　　　　B. 本期发生的生产费用

　　C. 期末在产品成本　　　　　　　　　D. 期末在产品成本加上本期发生的生产费用

6. 期末如果既有完工产品成本又有在产品,企业应将(　　)在本期完工产品和期末在产品之间进行分配。

　　A. 期初在产品成本　　　　　　　　　B. 本期发生的生产费用

　　C. 生产费用合计数　　　　　　　　　D. 本期发生的生产费用减去期初在产品成本

7. 生产费用按其经济内容分类,可以分为若干个(　　)。

　　A. 费用要素　　　　　　　　　　　　B. 成本项目

　　C. 要素费用　　　　　　　　　　　　D. 基本费用

8. 成本项目是指(　　)。

　　A. 生产费用按经济用途的分类　　　　B. 生产费用按经济内容的分类

　　C. 生产费用按经济性质的分类　　　　D. 生产费用按计入成本的方式分类

二、多项选择题

1. 正确计算费用、成本,必须正确划分(　　)等与费用成本的关系。

　　A. 产品生产工人和车间管理人员工资　B. 购建固定资产、无形资产的支出

　　C. 医疗卫生费用支出　　　　　　　　D. 捐赠、赞助支出

2. 正确划分各期费用的界限,必须正确划分(　　)等与当期费用、成本的界限。

　　A. 待摊费用　　　　　　　　　　　　B. 期间费用

　　C. 预提费用　　　　　　　　　　　　D. 长期待摊费用

3. 为了正确划分费用与成本的界限,企业不得将(　　)。

　　A. 应计入产品成本的生产费用列为期间费用

　　B. 制造费用计入产品成本

　　C. 期间费用计入产品成本

　　D. 生产费用计入产品成本

4. 正确划分各种产品成本的界限,是指(　　)。

　　A. 能直接计入某种产品成本的生产费用,应当直接计入

　　B. 不能直接计入某种产品成本的生产费用,应当采用一定标准在各种产品之间进行分配后再计入

　　C. 各种费用均应直接计入该种产品的成本

　　D. 制造费用均不能直接计入产品成本

5. 成本核算的一般程序包括( )。

　　A. 费用的审核和控制

　　B. 生产费用在各个成本核算对象之间的分配

　　C. 期间费用在各个成本核算对象之间的分配

　　D. 生产费用在本期完工产品和期末在产品之间的分配

6. 生产费用在本期完工产品和期末在产品之间分配，必须注意( )。

　　A. 应分成本项目进行分配　　　　　B. 分配的是生产费用的合计数

　　C. 制造费用全部计入完工产品成本　　D. 期间费用全部计入完工产品成本

7. 企业已经支出，但应由本期和以后各期分别负担的各项费用，可以设置( )账户核算。

　　A. 预付账款　　　　　　　　　　B. 长期待摊费用

　　C. 管理费用　　　　　　　　　　D. 待处理财产损溢

8. 企业产品成本，是通过设置( )等账户来组织核算的。

　　A. 生产成本　　　　　　　　　　B. 财务费用

　　C. 制造费用　　　　　　　　　　D. 营业费用

三、判断题

1. 成本项目是指构成产品生产成本的项目，它是生产费用按经济用途的分类。 (　　)

2. 核算待摊费用和预提费用，体现了权责发生制原则。 (　　)

3. 期间费用计入产品成本，可以提高企业的盈利水平。 (　　)

4. 企业生产费用，都应直接计入各种产品成本。 (　　)

5. 正确计算期末在产品成本，是正确计算本期完工产品成本的关键。 (　　)

6. 企业必须按照国家有关法律、国家统一的会计制度和内部财务会计制度的要求，组织成本核算工作。 (　　)

7. "制造费用"账户是核算企业为生产产品和提供劳务而发生的各种直接费用和间接费用。

(　　)

项目十一

要素费用的归集和分配

【内容提示】

本项目主要介绍产品成本项目中各项要素费用的核算。要求掌握和理解直接材料费用、外购动力费用、职工薪酬等的确认和计量的方法，费用分配的原则及方法，以及分配结转有关要素费用的账务处理方法。

任务一 要素费用的归集和分配基本知识

一、直接材料费用的核算

1. 要素费用核算的程序

生产成本明细账，即产品成本明细账按产品设立，账内按成本项目登记。在发生材料、动力、工资等各种要素费用时，对于直接用于产品生产、专门设有成本项目的费用，即专设成本项目的直接生产费用，如构成产品实体的原材料费用、工艺用燃料费用，应单计入"生产成本——基本生产成本"科目。如果是某种产品的直接计入费用，应直接计入这种产品成本明细账的"直接材料"成本项目；如果是几种产品的间接计入费用，应采用适当的分配方法，单独计入这几种产品成本明细账的"直接材料"成本项目。

分配间接计入费用的标准主要有三类：①成品类，如产品的重量、体积、产量、产值等；②消耗类，如生产工时、生产工资、机器工时、原材料消耗量或原材料费用等；③定额类，如定额消耗量、定额费用等。

分配间接计入费用的计算公式为：

$$费用分配率 = \frac{待分配费用总额}{分配标准总额}$$

$$某种产品或某分配对象应负担的费用 = 该产品或对象的分配标准额 \times 费用分配率$$

2. 直接材料费用的核算

进行材料费用的核算，首先要进行材料发出的核算；其次根据发出材料的具体用途，分配材料费用，将其计入各种产品成本和各种经营管理费用等。

材料发出应该根据领料单或领料登记表等发料凭证进行。会计部门应该对发料凭证所列材料的种类、数量和用途等进行审核，检查所领材料的种类和用途是否符合规定，数量有无超过定额或计划。只有经过审核、签章的发料凭证才能据以发料，并作为发料核算的原始凭证。为了更好地控制材料的领发，节约材料费用，应该尽量采用限额领料单，实行限额领料制度。即限额以内的材料根据限额领料单领用；超过限额的材料，应该另行填制领料单，并在单中说明理由，经过主管人员审批以后才能据以领料。

生产所剩余料，应该编制退料单，据以退回仓库。对于车间已领未用、下月需要继续耗用的材料，为了避免本月未交库、下月初又领用的手续，可以采用"假退料"办法。即材料实物不动，只是填制一份本月的退料单，表示该项余料已经退库；同时编制一份下月的领料单，表示该项余料又作为下月的领料出库。

为了进行材料收入、发出和结存的明细核算，应该按照材料的品种、规格设立材料明细账。账中根据收发料凭证(包括退料凭证)登记收发材料的数量和金额；并根据期初结存材料的数量和金额，以及本期收发材料的数量和金额，计算登记期末结存材料的数量和金额。

材料收发结存的日常核算，可以按照材料的实际成本进行，也可以先按材料的计划成本进行，月末计算材料成本差异率，将发出材料的计划成本调整为实际成本。下面按实际成本进行材料发出的核算。

在按实际成本进行材料日常核算的情况下，收料凭证按收入材料的实际成本计价。材料明细账中收入材料的金额，应该根据按实际成本计价的收料凭证登记；账中发出材料的金额，应该按照先进先出、个别计价、全月一次加权平均或移动加权平均等方法计算登记，并按算出的实际单位成本对发料凭证进行计价。

为了进行材料收发结存的总分类核算，应该设立"原材料"总账科目。原料及主要材料、辅助材料、外购半成品、修理用备件、包装材料和燃料，都在"原材料"总账科目中核算。原材料在产品成本中所占比重很大的企业，也可以将"原材料"总账科目分为"原材料及主要材料""外购半成品""辅助材料""修理用备件"和"燃料"等总账科目。

在按实际成本进行材料日常核算的情况下，上述科目应该按照材料的实际成本登记。这些科目可以根据收发料凭证直接登记，但为了简化登记总账的工作，一般都是在月末根据全部收料凭证汇总编制收料凭证汇总表，根据全部发料凭证汇总编制发料凭证汇总表，根据这两张汇总表汇总登记。

【例 11-1】 列示发料凭证汇总表，如表 11-1 所示。

表 11-1　发料凭证汇总表

20××年7月　　　　　　　　　　　　　　　　　单位：元

应借科目		应贷科目		
		原材料	燃料	合　计
基本生产成本	1～10 日	71 410	3 218	74 628
	11～20 日	63 720	2 920	66 640
	21～31 日	71 750	4 347	76 097
	小　计	206 880	10 485	217 365

应借科目		应贷科目		
		原材料	燃料	合 计
辅助生产成本	1~10 日	6 190	2 310	8 500
	11~20 日	5 844	2 172	8 016
	21~31 日	7 466	1 948	9 414
	小 计	19 500	6 430	25 930
制造费用	1~10 日	3 210	487	3 697
	11~20 日	2 790	512	3 302
	21~31 日	4 600	551	5 151
	小 计	10 600	1 550	12 150
销售费用	1~10 日	790		790
	11~20 日	820		820
	21~31 日	800		800
	小 计	2 410		2 410
管理费用	1~10 日	581	123	704
	11~20 日	603	102	705
	21~31 日	666	146	812
	小 计	1 850	371	2 221
在建工程	1~10 日	1 140		1 140
	11~20 日	1 089		1 089
	21~31 日	1 191		1 191
	小 计	3 420		3 420
合 计		244 660	18 836	263 496

根据以上发料凭证汇总表,编制发出材料的会计分录。如果有关原材料的会计科目只设一个"原材料"总账科目,其会计分录如下:

借:生产成本——基本生产成本   217 365
           ——辅助生产成本   25 930
   制造费用   12 150
   销售费用   2 410
   管理费用   2 221
   在建工程   3 420
    贷:原材料   263 496

3. 直接材料费用的分配方法

两个或两个以上成本核算对象共同耗用的材料，需要采用一定的方法，在各成本核算对象之间进行分配。直接材料费用中，材料和燃料费用的分配一般可以选用重量分配法、定额耗用量比例分配法等方法。

(1)重量分配方法。重量分配法是以各种产品的重量为标准来分配材料(燃料)费用的方法。如果企业生产的几种产品共同耗用同种材料或燃料，耗用量的多少与产品重量又有直接关系，可以选用重量分配法。其计算公式如下：

$$直接材料费用分配率 = \frac{各种产品共同耗用的材料费用}{各种产品的重量之和}$$

$$某产品应分配费用 = 该产品总重量 \times 直接材料费用分配率$$

【例 11-2】 长春电机厂生产甲、乙两种产品，本月两种产品共同耗用 A 材料 66 480 元，本月两种产品的净重分别为 34 400 千克、21 000 千克。采用重量分配法，编制"A 材料费用分配表"，如表 11-2 所示。材料费用分配如下：

$$直接材料费用分配率 = \frac{66\ 480}{34\ 400 + 21\ 000} = 1.2(元/千克)$$

$$甲产品分配负担材料费用 = 34\ 400 \times 1.2 = 41\ 280(元)$$

$$乙产品分配负担材料费用 = 21\ 000 \times 1.2 = 25\ 200(元)$$

表 11-2 A 材料费用分配表

20××年 7 月

产品名称	产品重量(千克)	分配率	分配金额(元)
甲产品	34 400		41 280
乙产品	21 000	1.2	25 200
合 计	55 400		66 480

重量分配法的分配标准为产品重量，当分配标准为产品产量或产品的面积、体积、长度等时，可以分别称为产量分配法、面积分配法等，其计算公式与重量分配法类似。

(2)定额耗用量比例分配法。定额耗用量比例分配法是以各种产品的材料总定额为标准，来分配直接材料费用的方法。这里的材料消耗定额可以是材料定额消耗量，也可以是定额总成本。采用定额耗用量比例分配法，要求企业对各种产品的材料消耗，都制定比较先进和合理的消耗定额。按材料定额消耗比例分配材料费用的计算公式如下：

$$某种产品材料定额消耗量 = 该种产品实际产量 \times 单位产品材料消耗定额$$

$$材料消耗量分配率 = \frac{材料实际总消耗量}{各种产品定额消耗量之和}$$

$$某种产品应分配的材料数量 = 该种产品的材料定额消耗量 \times 材料消耗量分配率$$

$$某种产品应分配的材料费用 = 该种产品应分配的材料数量 \times 材料单价$$

【例 11-3】 假定 A、B 两种产品领用主要材料 4 950 千克，单价 15 元，共计 74 250 元。本月投产的 A 产品为 170 件，B 产品为 210 件。A 产品的材料消耗定额为 20 千克，B 产品的材料消耗定额为 10 千克。

分配计算如下：

A 产品的材料定额消耗量＝170×20＝3 400（千克）

B 产品的材料定额消耗量＝210×10＝2 100（千克）

各种产品的材料定额消耗量合计＝5 500 千克

材料消耗量分配率＝$\frac{4\ 950}{5\ 500}$＝0.9

A 产品分配负担的材料消耗量＝3 400×0.9＝3 060（千克）

B 产品分配负担的材料消耗量＝2 100×0.9＝1 890（千克）

各种产品的材料消耗合计＝4 950 千克

A 产品分配负担的材料费用＝3 060×15＝45 900（千克）

B 产品分配负担的材料费用＝1 890×15＝28 350（千克）

各种产品的材料费用合计＝74 250 元

上述分配计算的程序是：先按材料定额消耗量分配计算各种产品的材料实际消耗量，再乘以材料单价，计算该产品的实际材料费用。这样分配，可以考核材料消耗定额的执行情况，有利于进行材料消耗的实务管理，但分配计算的工作量较大。

为了简化分配计算工作，也可以按材料定额消耗量直接分配材料费用，具体分配计算如下：

材料费用分配率＝$\frac{74\ 250}{5\ 500}$＝13.5

A 产品分配负担的材料费用＝3 400×13.5＝45 900（元）

B 产品分配负担的材料费用＝2 100×13.5＝28 350（元）

各种产品的材料费用合计＝74 250 元

上述两种分配程序的计算结果相同，但后一种分配程序不能反映各种产品所应负担的材料消耗数量，不利于加强材料消耗的实物管理。

4. 分配结转直接材料费用的账务处理

在直接材料费用项目中，处理耗用的材料和燃料费用时，应当将直接计入和分配计入的费用合并编制会计分录。在实际工作中，原材料费用的分配是通过原材料费用分配表进行的。这种分配表根据领退料凭证和有关资料编制，其中退料凭证的数额可以从相应的领料凭证的数额中扣除。

【例 11-4】　某企业本月"原材料费用分配表"（见表 11-3），据此编制分配结转本月材料费用的会计分录如下：

借：生产成本——基本生产成本　　　　　　　　206 880

　　　　　　——辅助生产成本　　　　　　　　 19 500

　　制造费用　　　　　　　　　　　　　　　　 10 600

　　销售费用　　　　　　　　　　　　　　　　　2 410

　　管理费用　　　　　　　　　　　　　　　　　1 850

　　在建工程　　　　　　　　　　　　　　　　　3 420

　　贷：原材料　　　　　　　　　　　　　　　　　　244 660

表 11-3　原材料费用分配表

20××年7月　　　　　　　　　　　　　　　　　　单位：元

应借科目		成本费用项目	直接计入	分配计入(1.2)	材料费用合计
基本生产成本	甲产品	原材料	83 100	41 280	124 380
	乙产品	原材料	57 300	25 200	82 500
	小　计		140 400	66 480	206 880
辅助生产成本	机修车间	原材料	19 500		19 500
	运输车间				
	小　计		19 500		19 500
制造费用	基本车间	机物料	6 300		6 300
	机修车间	机物料	3 200		3 200
	运输车间	机物料	1 100		1 100
	小　计		10 600		10 600
销售费用		包装费	2 410		2 410
管理费用		其他	1 850		1 850
在建工程		材料费	3 400		3 420
合　计			178 180	66 480	244 660

二、外购动力费的核算

外购动力费是指向外单位购买电力、蒸汽、煤气等动力所支付的费用。企业产品生产工艺耗用的外购和自制动力费用，既属于直接费用又属于基本费用，在成本项目的设置上，一般应当单独设置"燃料及动力"（或"动力费用"）成本项目。当动力费用在产品成本中所占的比重不大时，可以将其并入"直接材料"成本项目，也可以将其并入"制造费用"项目。进行外购动力费用的核算，主要进行动力费用支出的核算和动力费用分配的核算。

1. 外购动力费用支出的核算

计入产品成本和有关费用中的外购动力费用，应当是按照当月有关电力和蒸汽等计量装置确认的实际耗用量，乘上单价以后的金额，按动力的用途，直接借记有关的成本、费用科目，贷记"银行存款"科目。

2. 外购动力费用的分配方法

外购动力有的直接用于产品生产，如生产工艺用电力；有的间接用于产品生产，如生产车间照明用电力；有的则用于经营管理，如行政管理部门照明用电力。这些动力费用的分配，在有仪表记录的情况下，应根据仪表所示耗用动力的数量及动力的单价计算；在没有仪表的情况下，其分配方法主要有生产工时分配法、机器工时分配法等。

生产工时分配法是以各种产品的生产工时为标准来分配费用的方法，计算公式如下：

$$费用分配率=\frac{各种产品共同耗用的动力费用}{各种产品生产工时之和}$$

$$某产品分配费用=该产品实际生产工时×费用分配率$$

公式中的生产工时，如果改换机器工时则为机器工时分配法，即以各种产品的机器工作时间为标准来分配动力费用的方法。当产品生产过程以机器加工为主时，采用机器工时分配法来分配动力费用比较合理。

【例 11-5】　长春电机厂直接用于甲、乙两种产品的外购动力（电力）费用共为 4 550 元，没有分产品安装电表，规定按生产工时比例分配。其生产工时为甲产品 2 130 小时，乙产品 1 370 小时。编制"外购动力费用分配表"，如表 11-4 所示。

表 11-4　外购动力费用分配表

20××年7月

产品名称	生产工时（小时）	费用分配率	分配金额（元）
甲产品	2 130	1.3	2 769
乙产品	1 370		1 781
合　计	2 500		4 550

3. 分配结转外购动力费用的账务处理

分配结转外购动力费用账务处理的依据是有关付款凭证（或应付账款凭证）和动力费用分配表。

【例 11-6】　承例 11-5，长春电机厂经计算，本月应付外购动力费用为 5 550 元，其中产品生产用电应负担 4 500 元，车间一般照明用电 600 元，企业管理部门用电 400 元。本月生产甲、乙两种产品，产品生产用电在各产品之间的分配如表 11-4 所示。根据有关应付款凭证和外购动力费用分配，编制会计分录如下：

```
借：生产成本——甲产品                      2 769
          ——乙产品                      1 781
    制造费用                              600
    管理费用                              400
    贷：应付账款——供电公司                      5 550
```

三、直接人工费用的核算

1. 直接人工费用的计算

（1）工资的计算。

产品成本中的直接人工费用，是指直接从事产品生产的生产工人的职工薪酬。职工薪酬，是指企业为获得职工提供的服务或解除劳动关系而给予的各种形式的报酬或补偿。职工薪酬包括短期薪酬、离职后福利、辞退福利和其他长期职工福利。企业提供给职工配偶、子女、受赡养人、已故员工遗属及其他受益人等的福利，也属于职工薪酬。

① 计时工资的计算。计时工资是根据考勤记录的每一职工出勤和缺勤的日数，按照

企业规定的工资标准计算的。

工资标准按其计算时间的不同，有月工资、日工资和小时工资三种。月工资标准也称月薪，由企业依据国家有关劳动工资法规，按照职工的工作岗位、工作能力、资历等条件综合规定。日工资由月工资除以法定月平均工作日数 20.92 天(年日历天数 365 天，减去 104 个双休日和 10 个法定节假日，除以全年 12 个月，等于 20.92)计算求得；小时工资由月工资除以法定月平均工作小时 167.33 小时(每日工作 8 小时)计算求得。

采用计时工资制度计算应付月工资，在实际工作中有多种计算方法，具体采用哪种方法由企业自行确定，但确定以后不应随意变动。一般来说，采用按 20.92 天计算日工资，按缺勤日数扣缺勤工资的计算方法好一点。

② 计件工资的计算。计件工资是根据产量(工作量)记录登记的每一职工(或小组)的产品产量(工作量)，乘以规定的计件单价计算的。

计算计件工资的产品产量，包括合格产品产量和料废品(不是由于生产工人本人过失造成的不合格品)数量，但不包括工废品(由于生产工人本人过失造成的不合格品)数量。

(2)工资结算汇总表的编制。

企业根据职工考勤记录和产量记录(工作量记录)等原始记录计算出应付工资以后，要填制在"工资结算单"中。同时，应根据"工作结算单"按人员类别(工资用途)编制"工资结算汇总表"，汇集工资费用。"工资结算汇总表"是进行工资结算和分配(计入有关成本和费用)的原始依据。

【例 11-7】 某厂 8 月根据各车间、部门的"工资结算单"，按人员类别和工资性质分别汇总以后，编制的"工资结算汇总表"，如表 11-5 所示。

表 11-5　工资结算汇总表

20××年 7 月　　　　　　　　　　　　　　单位：元

车间或部门 (人员类别)	应付工资						合　计
	计时工资	计件工资	奖金	津贴和补贴	加班加点工资	其他	
基本生产车间							
产品生产工人	63 200		3 200	2 400	1 600		70 400
车间管理人员	4 800		160				4 960
辅助生产车间							
生产工人	8 000		640	160			8 800
车间管理部门	1 600		80				1 680
企业管理部门	6 400						6 400
在建工程人员		3 200					3 200
专设销售机构人员	1 280		320				1 600
合　计	85 280	3 200	4 400	2 560	1 600		97 040

（3）职工福利费的核算。

企业发生的职工福利费，应当在实际发生时根据实际发生额计入当期损益或相关资产成本。职工福利费为非货币性福利的，应将福利金额从"应付职工薪酬——职工福利"科目转出至"应付职工薪酬——非货币性福利"科目，再进行支付或转入其他应付款。

2. 直接人工费用的分配方法

采用计件工资形式支付的产品生产工人工资，一般可以直接计入所生产产品的成本，不需要在各成本核算对象之间进行分配。采用计时工资形式支付的工资，如果生产车间（班组）或工人只生产一种产品，可以将工资费用直接计入该种产品成本，也不需要分配；如果生产多种产品，则需要选用合理的分配方法在各成本核算对象之间进行分配。直接人工费用的分配方法有生产工时分配法、直接材料成本分配法和系数分配法等。直接材料成本分配法的分配标准是受益对象的直接材料成本，只适用于产品材料成本比重较大且工资费用的发生与材料成本的多少直接相关的情况；系数分配法主要适用于同类产品中不同规格、型号的产品之间费用的分配。因此，这两种方法都有一定的局限性。

生产工时分配法的分配标准是产品实际生产工时。在计时工资制度下，生产工时的多少与工资费用的多少直接相关，因此，这种方法是比较合理的。其计算公式如下：

$$费用分配率 = \frac{应分配的直接人工费用}{各种产品实际生产工时之和}$$

$$某产品应分配费用 = 该产品实际生产工时 \times 费用分配率$$

3. 分配结转直接人工费用的账务处理

根据一定的分配标准对直接人工费用进行计算分配，确定了各受益对象（成本核算对象）应负担的直接人工费以后，应编制会计分录。

企业支付的职工工资，产品生产工人的工资计入生产成本中的直接人工项目；基本生产车间和辅助生产车间管理人员的工资计入制造费用；辅助生产车间生产工人的工资计入生产成本中的辅助生产成本；企业管理人员的工资计入管理费用；专设销售机构人员的工资计入销售费用；固定资产建造等工程人员的工资计入在建工程成本；等等。企业发生的职工福利费，应当在实际发生时根据实际发生额计入当期损益或相关资产成本。

任务二　要素费用的归集和分配实训

【能力目标】

通过要素费用核算的实训，使学生掌握要素费用核算的基本原理、核算程序以及具体计算过程和账务处理方法。

【任务描述】

1. 练习直接材料费用分配的重量分配法。
2. 练习直接材料费用分配的定额消耗量比例分配法。

3. 编制材料费用分配表。

【实训资料】

长春电机厂发生以下业务:

(1)大量生产甲、乙、丙三种产品,均由 A 材料构成其产品实体,本月三种产品共同耗用 A 材料 200 000 元,三种产品的净重量分别为 2 500 千克、4 500 千克和 3 000 千克。

(2)生产甲、乙、丙三种产品,本月三种产品共同耗用 B 材料 16 800 千克,每千克 12.5 元,总金额为 210 000 元。三种产品本月投产量分别为 2 000 件、1 600 件和 1 200 件,B 材料消耗定额分别为 3 千克、2.5 千克和 5 千克。

【实训要求】

(1)编制重量分配法下 A 材料费用分配表。

(2)编制定额消耗量分配法下 B 材料费用分配表。

【实训用表及记账凭证】

(1)A 材料费用分配表见表 11-6。

表 11-6 **A 材料费用分配表(重量分配法)**

产品名称	产品净重(千克)	分配率	分配金额(元)
甲产品			
乙产品			
丙产品			
合 计			

(2)B 材料费用分配见表 11-7。

表 11-7 **B 材料费用分配表(定额耗用量比例分配法)**

产品名称	投产数量(件)	单位定额(千克)	定额消耗总量(千克)	分配率	实际消耗总量(千克)	分配率	应分配材料费用(元)
甲产品							
乙产品							
丙产品							
合 计							

(3)记账凭证(需要 2 张)。

【实训结果】

(1)重量分配法下，A材料费用分配见表11-8。

表11-8　A材料费用分配表(重量分配法)

产品名称	产品净重量(千克)	分配率	分配金额(元)
甲产品	2 500		50 000
乙产品	4 500	20	90 000
丙产品	3 000		60 000
合　计	10 000		200 000

(2)定额消耗量比例分配法下，B材料费用分配见表11-9。

表11-9　B材料费用分配表(定额耗用量比例分配法)

产品名称	投产数量(件)	单位定额(千克)	定额消耗总量(千克)	分配率	实际消耗总量(千克)	分配率	应分配材料费用(元)
甲产品	2 000	3	6 000		6 300		78 750
乙产品	1 600	2.5	4 000	1.05	4 200	12.5	52 500
丙产品	1 200	5	6 000		6 300		78 750
合　计			16 000		16 800		210 000

 【基本知识训练题】

一、单项选择题

1. 确定消耗材料的数量，一般应采用(　　)。
   A. 永续盘存制　　　　　　　　B. 加权平均法
   C. 盘存计算法　　　　　　　　D. 移动加权平均法

2. 下列单据中，不应作为记录材料消耗数量原始依据的是(　　)。
   A. 领料单　　　　　　　　　　B. 限额领料单
   C. 退料单　　　　　　　　　　D. 账存实存对比单

3. 下列计价中，不属于消耗材料计价方法的是(　　)。
   A. 先进先出法　　　　　　　　B. 定额成本法
   C. 加权平均法　　　　　　　　D. 个别计价法

4. 下列各项中，不计入"职工薪酬"成本项目的是(　　)。
   A. 产品生产工人工资　　　　　B. 车间管理人员工资
   C. 产品生产工人奖金　　　　　D. 企业行政管理人员工资

5. 分配结转外购动力费用时，会计分录中不可能出现的贷方账户是(　　)。
   A. 银行存款　　　　　　　　　B. 应收账款
   C. 应付账款　　　　　　　　　D. 预付账款

6. 下列不得计入产品成本的费用是（　　　）。

　　A. 车间厂房折旧费　　　　　　　　　　B. 车间机物料消耗

　　C. 房产税、车船税　　　　　　　　　　D. 有助于产品形成的辅助材料

7. 直接用于产品生产并构成该产品实体的原材料费用，应计入的会计科目是（　　　）。

　　A. 生产成本　　　　B. 制造费用　　　　C. 管理费用　　　　D. 营业费用

8. 企业行政管理人员工资应计入的会计科目是（　　　）。

　　A. 营业外支出　　　　　　　　　　　　B. 销售费用

　　C. 其他业务支出　　　　　　　　　　　D. 管理费用

二、多项选择题

1. 下列各项中，包括在"直接材料"成本项目的有（　　　）。

　　A. 产品生产过程中直接耗用的原材料

　　B. 产品生产过程中直接消耗的外购半成品

　　C. 产品生产过程中直接消耗的自制半成品

　　D. 产品销售过程中，直接领用的包装物

2. 记录材料消耗数量的原始凭证有（　　　）。

　　A. 领料单　　　　　B. 退料单　　　　　C. 限额领料单　　　　D. 领料登记表

3. 采用实际成本计价进行材料核算时，发出材料单价确定的方法有（　　　）。

　　A. 先进先出法　　　　　　　　　　　　B. 加权平均法

　　C. 移动加权平均法　　　　　　　　　　D. 个别计价法

4. 外购动力费用的分配方法主要有（　　　）。

　　A. 定额耗用量比例分配法　　　　　　　B. 生产工时分配法

　　C. 机器工时分配法　　　　　　　　　　D. 重量分配法

5. "职工薪酬"成本项目主要包括（　　　）。

　　A. 产品生产工人计时工工资和计件工资　　B. 产品生产工人的奖金、津贴和补贴

　　C. 产品生产工人的加班工资　　　　　　D. 产品生产工人的非工作时间工资

6. 根据"工资结算汇总表"和"职工薪酬"费用分配表，进行分配结转工资费用的账务处理时，会计分录中对应的借方账户主要有（　　　）等。

　　A. 生产成本　　　　B. 制造费用　　　　C. 管理费用　　　　D. 财务费用

7. 计算日工资时，可用月标准工资除以（　　　）。

　　A. 30 天　　　　　B. 20.92 天　　　　C. 31 天　　　　D. 当月满勤日数

8. 下列应包括在工资总额中的项目有（　　　）。

　　A. 计时工资　　　　B. 计件工资　　　　C. 津贴和补贴　　　　D. 病假工资

三、判断题

1. 采用实地盘存制，能够比较准确地确定消耗材料的数量。　　　　　　　　　（　　　）

2. 采用永续盘存制，消耗材料的数量是根据领用材料的原始凭证确定的。　　（　　　）

3. 采用计划成本计价进行核算时，产品成本中的"原材料"成本项目也要按计划成本计价。

　　　　　　　　　　　　　　　　　　　　　　　　　　　　　　　　　　　（　　　）

4. 定额耗用量比例分配法的分配标准是单位产品的消耗定额。　　　　　　　（　　　）

5. 采用计件工资制时，生产工人为进行产品生产的工资属于直接计入费用。 （   ）
6. 按生产工人工资比例提取的各种社会保险费与工资应合并计入"职工薪酬"成本项目。

（   ）

 【实际技能训练题】

（一）分配结转直接材料费用的账务处理

某企业生产甲、乙、丙三种产品，根据该企业本月耗用材料汇总表记录的资料，本月实际消耗 B 材料 219 000 元。其中，产品生产直接耗用 210 000 元，车间一般耗用 3 000元，企业行政管理部门耗用 6 000 元。产品生产耗用的 B 材料在甲、乙、丙三种产品之间的分配见 B 材料费用分配表。

B 材料费用分配表（定额耗用量比例分配法）

产品名称	投产数量（件）	单位定额（千克）	定额消耗总量（千克）	分配率	实际消耗总量（千克）	分配率	应分配材料费用（元）
甲产品	2 000	3	6 000		6 300		78 750
乙产品	1 600	2.5	4 000	1.05	4 200	12.5	52 500
丙产品	1 200	5	6 000		6 300		78 750
合 计			16 000		16 800		210 000

要求：编制分配结转本月耗用 B 材料费用的会计分录。

（二）外购动力费用分配的生产工时分配法

某企业生产甲、乙、丙三种产品，本月应付外购电费 36 000 元。其中，产品生产用电 30 000 元，车间管理部门用电 2 000 元，行政管理部门用电 4 000 元，本月甲、乙、丙三种产品的实际生产工时分别为 8 000 小时、4 000 小时和 3 000 小时。

要求：

(1)采用生产工时分配法分配外购电费，完成外购电费分配表的编制工作并填入下表。

(2)编制分配结转应付电费的会计分录。

外购电费分配表（生产工时分配法）

产品名称	实际工时（小时）	分配率	分配金额（元）
甲产品			
乙产品			
丙产品			
合 计			

项目十二

辅助生产费用的核算

【内容提示】

本项目对辅助生产车间的类型、辅助生产费用核算的特点、辅助生产费用的归集和辅助生产费用的分配进行了论述，以光华制品公司为例从能力目标、任务描述、实训资料、实训要求等方面进行辅助生产费用核算实训。

通过本项目学习，要求掌握辅助生产费用核算的特点、辅助生产费用各种分配方法、这些方法的特点及适用条件，了解辅助生产车间的类型和辅助生产费用的归集。

任务一　辅助生产费用核算基本知识

一、辅助生产车间的类型

辅助生产是指为基本生产车间、行政管理部门等单位服务而进行的产品生产和劳务供应。对于不同类型的辅助生产车间，辅助生产费用在归集程序、分配方法以及辅助生产成本计算的方法上都不尽相同。因此，区分不同类型的辅助生产车间是正确组织辅助生产费用核算的前提。

辅助生产车间按其提供劳务、作业和生产产品的种类多少分为单品种辅助生产车间和多品种辅助生产车间两种类型。

1. 单品种辅助生产车间

单品种辅助生产车间是指只提供一种劳务或只进行同一性质作业的辅助生产车间，如供电车间、供水车间、供汽车间、机修车间和运输车队等。单品种辅助生产车间里发生的各种费用都是该车间提供劳务、作业发生的直接成本，只需将车间内发生的全部费用按车间分别归集，即可计算出该车间该种劳务或作业的总费用。

由于这类车间都是从事劳务、作业性质的生产，月末无在产品结存，各受益部门所接受的劳务、作业服务也就是受益部门的所耗费用。因此，各辅助生产车间归集的总费用就是该月该种劳务或作业的总成本，并且该总成本即可在各受益部门之间按受益量的比例进行分配。

2. 多品种辅助生产车间

生产多种产品的辅助生产车间,如机械制造厂设立的工具、夹具、模具车间,生产基本生产所需用的各种工具、刀具、模具和夹具等,这类辅助生产车间称为多品种辅助生产车间。多品种辅助生产车间里发生的各种费用在归集时需要区分直接费用和间接费用,发生的费用如能分清是哪一种工具、刀具、模具或夹具所耗用的,即为直接费用,可直接计入其成本,而辅助生产车间为管理和组织生产活动发生的各项费用,就是间接费用,不能直接计入成本。因此,多品种辅助生产车间除了需要分别不同的工具、刀具、模具和夹具归集其耗用的直接费用,还需按辅助生产车间分别归集间接费用,月终将归集的间接费用在各种工具、刀具、模具和夹具间采用一定的分配方法进行分配后,才能再计入成本。多品种辅助生产车间为基本生产车间生产的工具、夹具、模具,一般需通过仓库的收发核算,而并非辅助生产制造完成后即列入基本生产的成本。同时,辅助生产车间月末完全有可能结存在产品。因此,多品种辅助生产车间所归集的生产耗费首先要在完工产品与在产品之间划分,然后将完工产品的成本转入企业的存货成本。

此外,在有些工业生产企业中,辅助生产车间之间往往相互提供劳务。例如,某企业设有供水车间、供电车间、机修车间等,供水车间为供电车间供应水,供电车间为供水车间、机修车间供应电,机修车间又为供水车间和供电车间进行机器设备的维修作业服务。这样各辅助生产车间归集的费用还应包括从其他辅助生产车间转入的费用,同时也增加了辅助生产费用分配的复杂程度。

二、辅助生产费用核算的特点

辅助生产提供的产品和劳务,有时也对外销售,但主要是为本企业服务。企业因辅助生产而发生的各项费用,是企业产品生产过程中的必要劳动耗费,辅助生产费用的高低影响到企业产品成本和期间费用的水平。因此,正确及时地组织辅助生产费用的归集和分配,对于节约费用、降低成本有着重要的意义。

辅助生产费用的核算就是根据辅助生产的特点来进行辅助生产费用的归集和分配的。以辅助生产产品或劳务为对象归集其费用,计算出各种辅助生产产品(如工具、模具、修理用备件)和劳务的成本,然后,再按一定的方法将其分配给各受益单位,计入成本或期间费用。

辅助生产费用的归集和分配通过设置"生产成本——辅助生产成本"进行,该账户的借方反映辅助生产车间生产产品和提供劳务所耗用的材料、动力、职工薪酬、折旧及修理费、其他费用等。月终,将归集的费用根据生产产品数量和提供劳务的用途,采用一定的分配方法分配给各受益单位,并从"生产成本——辅助生产成本"账户的贷方分别转入各有关成本费用账户。若生产辅助产品,该账户可能有期末余额,反映辅助生产的在产品成本;若提供辅助劳务,则该账户期末应无余额。该账户应按辅助生产的成本计算对象或辅助生产车间设置明细账,账内按照成本项目或费用项目设置专栏进行明细核算。

三、辅助生产费用的归集

辅助生产费用归集时，对于辅助生产车间发生的基本费用，即直接材料、职工薪酬等，应直接记入"生产成本——辅助生产成本"账户及所属明细账；对于其一般费用，即管理费用、折旧费、修理费等，应先记入"制造费用——辅助生产车间"账户，期末再按一定的分配标准将这个账户中归集的辅助生产费用总额分配转入"生产成本——辅助生产成本"账户。

有的企业辅助生产车间规模较小，发生的制造费用较少，辅助生产也不对外销售产品或提供劳务，不需要按照规定的成本项目计算辅助生产产品成本。为了简化核算工作，辅助生产车间的制造费用可以不单独设置"制造费用——辅助生产车间"明细账，而直接记入"生产成本——辅助生产成本"账户及其明细账的借方。这时，"辅助生产成本"明细账就是按照成本项目与费用项目相结合设置专栏，而不是按成本项目设置的专栏。

在实际工作中，"生产成本——辅助生产成本"的归集及其明细账的登记是根据各种费用分配表进行的。

【例12-1】 长春车轮厂根据各种费用分配表的数据登记"辅助生产成本"明细账，其格式和内容如表12-1、表12-2所示。

表12-1 辅助生产成本明细账

车间名称：供电车间　　　　　20××年6月　　　　　产量：56 000度　　　　　单位：元

20××年 月	日	凭证	摘要	原材料	直接人工	动力费	折旧费	修理费	保险费	其他	合计	转出
6	30		根据材料费用分配表	7 700							7 700	
	30		根据职工薪酬分配表		4 845						4 845	
	30		根据动力费用分配表			1 750					1 750	
	30		根据折旧费用分配表				1 655				1 655	
	30		根据其他费用分配表					200	250	400	850	
	30		根据辅助生产费用分配表									16 800
	30		合计	7 700	4 845	1 750	1 655	200	250	400	16 800	16 800

表12-2 辅助生产成本明细账

车间名称：机修车间　　　　　　　　20××年6月　　　　　修理工时：5 400工时　　　　单位：元

20××年		凭 证	摘 要	原材料	直接人工	动力费	折旧费	修理费	保险费	其 他	合 计	转 出
月	日											
6	30		根据材料费用分配表	12 760							12 760	
	30		根据职工薪酬分配表		2 280						2 280	
	30		根据动力费用分配表			600					600	
	30		根据折旧费用分配表				920				920	
	30		根据其他费用分配表					100	50	300	450	
	30		根据辅助生产费用分配表									17 010
	30		合 计	12 760	2 280	600	920	100	50	300	17 010	17 010

四、辅助生产费用的分配

归集在"生产成本——辅助生产成本"账户及明细账借方的辅助生产费用，应按提供的产品和劳务数量及其用途，分配给各受益单位。由于各个辅助生产单位的性质、特点及类型不同，费用转出、分配的程序及方法也不一样。

如果辅助生产所提供的是产品，如工具、模具和修理用备件等，应在产品完工验收入库时，从"生产成本——辅助生产成本"账户的贷方分别转入"原材料"账户的借方；然后，当基本生产车间生产产品领用时，再计入该产品成本之中。如果辅助生产所提供的是劳务作业，如水、电、汽、修理和运输等所发生的费用，则要在各受益单位之间按照消耗量或其他比例进行分配后，从"生产成本——辅助生产成本"账户的贷方转入"生产成本——基本生产成本""制造费用""管理费用""销售费用""在建工程"等账户的借方。辅助生产费用的分配是通过编制辅助生产费用分配表进行的。

由于辅助生产提供的产品和劳务主要是为基本生产车间等服务的，但在某些辅助生产车间之间，也有相互提供产品和劳务的情况。为了正确计算辅助生产产品和劳务的成本，在分配辅助生产费用时，应首先在各辅助生产车间之间进行费用的交互分配，然后才能对外（即辅助生产车间以外的各受益单位）分配费用。

辅助生产费用的分配方法通常采用直接分配法、顺序分配法、一次交互分配法和计划成本分配法。

财务成本管理实训

1. 直接分配法

直接分配法是指对各辅助生产车间相互提供的劳务费用不做交互分配，而是将辅助生产费用直接分配给除辅助生产车间以外的各受益对象负担的一种方法。其分配程序为：首先，按实际发生的辅助生产费用和提供的产量或劳务量，计算实际单位成本；其次，按受益对象耗用量进行分配。其计算公式如下：

$$\frac{辅助生产部门产品}{或劳务的单位成本} = \frac{某辅助生产部门的直接生产费用总额}{该辅助生产部门提供给基本受益对象的产品或劳务量之和}$$

或：

$$= \frac{某辅助生产部门的直接生产费用总额}{该辅助生产提供产品或劳务总量 - 其他辅助生产车间耗用量}$$

各受益对象分配额 = 该受益对象耗用量 × 辅助生产部门产品或劳务的单位成本

【例12-2】 长春车轮厂设有供电和机修两个辅助生产车间，为全厂提供电力和修理劳务。根据"辅助生产成本"明细账汇总的资料，供电车间本月发生费用16 800元，机修车间本月发生费用17 010元。本月各辅助生产车间提供的产品或劳务供应量如表12-3所示。

表12-3　各辅助生产车间提供的产品或劳务供应量

受益对象	供电数量（度）	修理工时（工时）
供电车间		400
机修车间	6 000	
基本生产车间产品生产	40 000	
基本生产车间管理部门	6 000	3 000
行政管理部门	4 000	2 000
合　计	56 000	5 400

根据以上材料，采用直接分配法编制的"辅助生产费用分配表"，如表12-4所示。

表12-4　辅助生产费用分配表（直接分配法）

项　目		供电车间	机修车间	合　计
待分配辅助生产费用（元）		16 800	17 010	33 810
供应辅助生产以外的劳务数量		50 000	5 000	—
单位成本（分配率）		0.336	3.402	—
基本生产车间	耗用数量（度，工时）	40 000		—
	产品分配金额（元）	13 440		13 440
基本生产车间	一般耗用数量（度，工时）	6 000	3 000	—
	分配金额（元）	2 016	10 206	12 222
行政管理部门	耗用数量（度，工时）	4 000	2 000	—
	分配金额（元）	1 344	6 804	8 148
合　计		16 800	17 010	33 810

根据表12-4编制会计分录，并据以登记有关总账及明细账，会计分录如下：

借：生产成本——基本生产成本 13 440

　　制造费用 12 222

　　管理费用 8 148

　　贷：生产成本——辅助生产成本——供电车间 16 800

　　　　　　　　　　　　　　　　——机修车间 17 010

采用直接分配法，其优点是简便易行。但此法对辅助生产车间之间相互提供的劳务没有予以分配，因此，当辅助生产车间相互提供的产品或劳务量差异较大时，分配结果往往与实际不符，从而影响成本核算的准确性。这种方法只适宜在辅助生产内部相互提供产品或劳务较少且不进行费用的交互分配、对辅助生产成本和产品制造成本影响不大的情况下采用。

2. 顺序分配法

顺序分配法是指按照事先排列的顺序分配辅助生产费用的一种方法。其具体做法为：首先，根据各辅助生产车间相互受益和提供劳务的多少确定排列顺序，受益最少而提供劳务最多的排在前，受益多而提供劳务少的排在后；然后，分配费用时，先把排在前面的辅助生产车间直接发生的费用分配给排在它后面的辅助生产车间和其他受益单位，再把排在第二位的辅助生产车间直接发生的费用加上第一位的辅助生产车间分配来的费用，分配给排在其后的辅助生产车间和其他受益单位，依此类推，直至完毕。这种方法也称为"梯形分配法"。

【例12-3】　承例12-2，供电车间耗用的修理工时量占机修车间总修理工时的7.41%（400工时/5 400工时），机修车间耗用的电量占供电车间总电量的10.71%（6 000度/56 000度），这样可判断供电车间受益少，提供劳务量多；机修车间受益多，提供劳务量少，则排列顺序为供电车间在先，机修车间在后。按顺序分配法编制"辅助生产费用分配表"如表12-5所示。

根据表12-5编制会计分录，并据以登记有关总账及明细账，会计分录如下：

(1)分配电费。

借：生产成本——辅助生产成本——机修车间 1 800

　　生产成本——基本生产成本 12 000

　　制造费用 1 800

　　管理费用 1 200

　　贷：生产成本——辅助生产成本——供电车间 16 800

(2)分配修理费。

借：制造费用 11 286

　　管理费用 7 524

　　贷：生产成本——辅助生产成本——机修车间 18 810

表 12-5　辅助生产费用分配表(顺序分配法)

项目	辅助生产车间						基本生产车间				行政管理部门		分配金额合计
	供电车间			机修车间			产品生产		管理部门				
单位	劳务量	待分配费用	分配率	劳务量	待分配费用	分配率	耗量	分配金额	耗量	分配金额	耗量	分配金额	
	56 000	16 800		5 400	17 010								33 810
分配电费	-56 000	-16 800	0.3	6 000	1 800		40 000	12 000	6 000	1 800	4 000	1 200	16 800
分配修理费				5 000	18 810	3.762	—	—	3 000	11 286	2 000	7 524	18 810
合计							12 000		—	13 086	—	8 724	33 810

　　这种分配方法不进行交互分配,各辅助生产费用只分配一次,既分配给辅助生产以外的受益单位,又分配给排列在后面的其他辅助生产车间或部门,因此,它比直接分配法准确,比其他方法简便。这种方法只适用于在各辅助生产车间或部门之间相互受益程度有明显顺序的情况下采用。

　　3. 一次交互分配法

　　一次交互分配法是将辅助生产费用的分配分两步进行:第一步,根据各辅助生产车间相互提供的劳务数量及交互分配前的单位成本(或费用分配率),在各辅助生产车间之间进行一次交互分配;第二步,将各辅助生产车间之间交互分配后的实际费用,根据对辅助生产以外的各部门提供的劳务数量以及交互分配后的单位成本(费用分配率),分配给各辅助生产车间以外的受益单位负担。其计算公式如下:

　　第一步分配(对内分配):

$$交互分配前的单位成本 = \frac{该辅助生产车间直接生产费用总额}{该辅助生产车间提供产品或劳务总量}$$

$$某辅助生产车间交互分配转入的费用 = 其他辅助生产车间向该辅助生产车间提供劳务量 \times 交互分配前的单位成本$$

$$某辅助生产车间交互分配后的实际费用 = 该车间交互分配前费用总额 + 交互分配转入的费用 - 交互分配转出的费用$$

　　第二步分配(对外分配):

$$交互分配后的单位成本 = \frac{该辅助生产车间交互分配后的实际费用}{该辅助生产车间对辅助生产车间以外受益单位提供产品或劳务总量}$$

$$某受益单位应分配的辅助生产费用 = 辅助生产车间为该受益单位提供的劳务量 \times 交互分配后的单位成本$$

　　【例 12-4】　承例 12-2、例 12-3,按一次交互分配法编制"辅助生产费用分配表",如表 12-6 所示。

表 12-6 辅助生产费用分配表(一次交互分配法) 单位:元

项目		供电车间			机修车间			分配金额合计
		供应数量(度)	分配率	分配金额	供应数量(小时)	分配率	分配金额	
待分配费用		56 000		16 800	5 400		17 010	33 810
交互分配	辅助生产车间 供电车间		0.30	1 260	-400	3.15	-1 260	
	机修车间	-6 000		-1 800			1 800	
对外分配费用合计		50 000		16 260	5 000		17 550	33 810
对外分配	基本生产车间生产耗用	40 000	0.3252	13 008		3.51		13 008
	基本生产车间一般耗用	6 000		1 951.20	3 000		10 530	12 481.20
	行政管理部门	4 000		1 300.80	2 000		7 020	8 320.80
	合计	50 000		16 260	5 000		17 550	33 810

根据表 12-6 编制会计分录,并据以登记有关总账及明细账,会计分录如下:

(1)第一次交互分配。

借:生产成本——辅助生产成本——供电车间 1 260
　　贷:生产成本——辅助生产成本——机修车间 1 260
借:生产成本——辅助生产成本——机修车间 1 800
　　贷:生产成本——辅助生产成本——供电车间 1 800

(2)第二次对外分配。

借:生产成本——基本生产成本 13 008
　　制造费用 12 481.20
　　管理费用 8 320.80
　　贷:生产成本——辅助生产成本——供电车间 16 260
　　　　　　　　　　　　　　　——机修车间 17 550

采用一次交互分配法,由于考虑了辅助生产车间之间相互提供劳务而发生的费用结转情况,计算结果较为准确,而且便于考核各辅助生产车间的耗费水平,因此,这种方法在工业企业中得到了广泛的应用。

4.计划成本分配法

计划成本分配法是根据各辅助生产车间提供劳务的计划单位成本(也称厂内计划价格)及各受益单位(包括受益的辅助车间)劳务消耗实际数量,将辅助生产费用计入各受益单位负担的方法。计划成本分配法的具体做法包括三步。

第一步,按计划单位成本在各受益单位之间分配辅助生产费用。其计算公式为:

$$\text{某受益单位应分配的辅助生产费用} = \text{该单位劳务耗用量} \times \text{该劳务单位计划成本}$$

第二步，比较各辅助生产车间的实际成本与按计划成本分配的费用额之间的差额。其计算公式如下：

$$\text{某辅助生产车间实际总成本} = \text{该辅助生产车间直接发生的费用} + \text{其他辅助生产车间按计划成本转入的费用}$$

$$\text{某辅助生产车间按计划成本分配的总费用} = \text{该辅助生产车间提供劳务总量} \times \text{劳务的单位计划成本}$$

$$\text{某辅助生产车间的劳务成本差额} = \text{该辅助生产车间实际发生的总成本} - \text{该辅助生产车间按计划成本分配的总费用}$$

第三步，对辅助生产成本差异予以处理。处理差异的方法有两种：

(1)是将其差额追加分配给辅助生产车间以外各受益车间和部门负担，其追加分配的方法是按成本差额计算的分配率与各受益单位的劳务实耗量进行的。

(2)是将其差额直接全部转入"管理费用"账户而不进行分配。

由于各辅助生产劳务成本差额一般较小，为了简化核算，企业通常用后一种方法处理成本差额。

【例 12-5】 仍以前例资料为例。假设供电车间每度电的计划成本为 0.30 元，机修车间每一修理工时的计划成本为 3.50 元。根据以上资料用计划成本法进行分配，编制"辅助生产费用分配表"，如表 12-7 所示。

表 12-7　辅助生产费用分配表(计划成本分配法)　　　　单位：元

项　目		供电车间		机修车间		金额合计
		供应数量(度)	分配金额	供应数量(工时)	分配金额	
辅助生产车间	供电车间			400	1 400	1 400
	机修车间	6 000	1 800			1 800
	小　计	6 000	1 800	400	1 400	3 200
基本生产车间生产耗用		40 000	12 000			12 000
基本生产车间一般耗用		6 000	1 800	3 000	10 500	12 300
行政管理部门		4 000	1 200	2 000	7 000	8 200
按计划成本分配总费用		56 000	16 800	5 400	18 900	35 700
辅助生产实际总成本			18 200		18 810	37 010
辅助生产成本差异			1 400		—90	1 310

表中：

供电实际成本＝16 800＋1 400＝18 200(元)

机修实际成本＝17 010＋1 800＝18 810(元)

供电成本差异＝18 200－16 800＝1 400(元)

机修成本差异＝18 810－18 900＝－90(元)

根据表 12-7 编制会计分录，并登记有关总账及明细账，会计分录如下：

借：生产成本——辅助生产成本——供电车间　　　　　　　　　　　　　1 400

　　　　　　　　　　　　　　——机修车间　　　　　　　　　　　　　1 800

　　生产成本——基本生产成本　　　　　　　　　　　　　　　　　　12 000

　　制造费用　　　　　　　　　　　　　　　　　　　　　　　　　　12 300

　　管理费用　　　　　　　　　　　　　　　　　　　　　　　　　　8 200

　　贷：生产成本——辅助生产成本——供电车间　　　　　　　　　　　　　16 800

　　　　　　　　　　　　　　——机修车间　　　　　　　　　　　　　18 900

借：管理费用　　　　　　　　　　　　　　　　　　　　　　　　　　90

　　贷：生产成本——辅助生产成本——机修车间　　　　　　　　　　　　　90

借：管理费用　　　　　　　　　　　　　　　　　　　　　　　　　　1 400

　　贷：生产成本——辅助生产成本——供电车间　　　　　　　　　　　　　1 400

　　　采用计划成本分配法，由于辅助生产车间的计划单位成本有现成资料，从而简化和加速了成本核算工作。如果将成本差额直接记入"管理费用"账户，还能排除辅助生产实际费用变化对各受益单位成本的影响，从而便于考核和分析各受益单位的经济责任。同时，采用此法还能够反映辅助生产车间产品或劳务的实际成本与计划成本的差异。这种方法适用于管理制度比较健全、计划水平较高从而辅助生产计划单位成本比较准确的企业。

任务二　辅助生产费用核算实训

【能力目标】

　　通过辅助生产费用核算的实训，使学生掌握辅助生产费用核算的基本原理、核算程序以及具体计算过程和账务处理方法。

【任务描述】

1. 会开设辅助生产成本明细账。
2. 编制辅助生产费用分配表。
3. 登记辅助生产成本明细账。

【实训资料】

　　光华制品公司设有两个辅助生产车间：机修车间、供电车间。该公司辅助生产车间的制造费用不通过"制造费用"账户核算，辅助生产费用的分配采用直接分配法。

　　20××年8月光华制品公司有关资料如下：

　　（1）领料情况，见材料费用分配表（表12-8）。

财务成本管理实训

表 12 - 8　材料费用分配表

20××年8月30日　　　　　　　　　　　　　　　　单位：元

应借记账户			直接计入	分配计入		合　计
总　账	明细账	成本费用项目		定额消耗量	分配金额	
基本生产成本	甲	原材料	500	1 000		
	乙	原材料	1 000	1 500		
	小　计		1 500	2 500	5 000	6 500
辅助生产成本	机修车间	修理用备件	2 500			2 500
		机物料消耗	1 500			1 500
	供电车间	燃料	10 000			10 000
		机物料消耗	1 000			1 000
	小　计		15 000			15 000
制造费用	基本生产车间	修理费	250			250
		机物料消耗	500			500
	小　计		750			750
管理费用	修理费		500			500
合　计			17 750		5 000	22 750

(2)职工薪酬，见直接人工费用分配表(表 12 - 9)。

表 12 - 9　直接人工费用分配表

20××年8月30日　　　　　　　　　　　　　　　　单位：元

应借记账户			直接计入	分配计入			实际发生福利费
总　账	明细账	成本费用项目		生产工时	分配率	分配金额	
生产成本	甲	直接人工费		2 000			420
	乙	直接人工费		1 000			210
	小　计			3 000		4 500	630
生产成本	机修车间	工资费	2 500				350
	供电车间	工资费	1 500				210
	小　计		4 000				560
制造费用	工资费		1 750				245
管理费用	工资费		2 250				315
合　计			8 000			4 500	1 750

(3) 折旧费用，见固定资产折旧费用计算表（表 12-10）。

表 12-10 固定资产折旧费用计算表

20××年 8 月 30 日

单位：元

项　　目		固定资产名称	原　值	月折旧率(‰)	折旧额
基本生产车间		设备	200 000	4	
		房屋	300 000	2	
辅助生产车间	机修	设备	40 000	4	
		房屋	60 000	2	
	供电	设备	30 000	4	
		房屋	40 000	2	
行政管理部门		设备	50 000	4	
		房屋	300 000	2	
合　　计			1 020 000		

(4) 以现金支付机修车间发生的其他费用 470 元，供电车间发生的其他费用 690 元。

(5) 劳务供应情况，见机修车间和供电车间提供的劳务通知单，如表 12-11、表 12-12 所示。

表 12-11 机修车间提供劳务通知单

20××年 8 月

受益单位	供电车间	基本生产车间	行政管理部门	合　计
劳务供应量(工时)	250	1 500	500	2 250

表 12-12 供电车间提供劳务通知单

20××年 8 月

受益单位	机修车间	基本生产车间		行政管理部门	合　计
		产品用电	照明用电		
劳务供应量(度)	1 000	11 000	2 500	2 500	17 000

【实训要求】

(1) 编制记账凭证。

(2) 登记辅助生产成本明细账。

(3) 编制辅助生产费用分配表。

【实训用表及记账凭证】

(1) 辅助生产成本明细账——机修车间。

(2) 辅助生产成本明细账——供电车间。

(3)辅助生产费用分配表(表 12－13)。

表 12－13　辅助生产费用分配表

20××年 8 月

项　　目		供电车间	机修车间	合　　计
待分配辅助生产费用(元)				
供应辅助生产以外的劳务数量				
单位成本(分配率)				
基本生产车间产品耗用	数量(度，工时)			
	分配金额(元)			
基本生产车间一般耗用	数量(度，工时)			
	分配金额(元)			
行政管理部门耗用	数量(度，工时)			
	分配金额(元)			
合　　计				

(4)记账凭证。

【实训结果】

辅助生产费用——机修车间：8 月份发生额合计 7 600 元。

辅助生产费用——供电车间：8 月份发生额合计 13 600 元。

基本生产产品负担辅助生产费用 9 350 元。

基本生产车间负担辅助生产费用 7 825 元。

管理部门负担辅助生产费用 4 025 元。

【基本知识训练题】

一、单项选择题

1. 下列辅助生产费用分配方法中，不在辅助生产单位之间分配费用的方法是(　　)。

　A. 代数分配法　　　　　　　　　　B. 一次交互分配法

　C. 直接分配法　　　　　　　　　　D. 计划分配法

2. 在各受益对象之间分配的辅助生产费用是(　　)。

　A. 生产费用合计数　　　　　　　　B. 期初在产品成本

　C. 期末在产品成本　　　　　　　　D. 本期发生的费用

3. 在辅助生产费用分配方法中，分配结果最为准确的是(　　)。

　A. 直接分配法　　　　　　　　　　B. 一次交互分配法

　C. 计划成本分配法　　　　　　　　D. 代数分配法

4. 下列辅助生产成本明细账中，可能有期末余额的是(　　)。

　A. 运输车间成本明细账　　　　　　B. 供水、供电车间成本明细账

C. 自制材料、自制工具和模具成本明细账　　D. 修理车间成本明细账

二、多项选择题

1. 辅助生产成本明细账户余额的特点有(　　)。
   A. 如果为自制材料和包装物、自制工具和模具等的成本明细账，结转完工入库产品成本后，期末借方余额为期末在产品成本
   B. 如果为生产产品的成本明细账，期末分配给受益对象后，应有贷方余额
   C. 如果为供水、供电、供汽和机修、运输等成本明细账，期末分配给各受益对象后应无余额
   D. 各种辅助生产成本明细账一般应有期末借方余额
2. 辅助生产费用的分配方法有(　　)。
   A. 直接分配法　　　　　　　　　　B. 一次交互分配法
   C. 代数分配法　　　　　　　　　　D. 计划成本分配法
3. 采用计划成本分配法，辅助生产成本差异的分配方式有两种。实际工作中，一般可选用(　　)的方式。
   A. 全部计入管理费用　　　　　　　B. 全部计入制造费用
   C. 分配给辅助生产以外的受益对象　D. 分配给全部受益对象
4. 在辅助生产费用分配方法中，考虑了辅助生产单位之间交互分配费用的方法有(　　)。
   A. 直接分配法　　　　　　　　　　B. 一次交互分配法
   C. 代数分配法　　　　　　　　　　D. 计划成本分配法
5. 采用代数分配法分配辅助生产费用时，分配结转辅助生产费用的会计分录中对应的借方科目主要有(　　)。
   A. 生产成本——辅助生产成本　　　B. 生产成本——基本生产成本
   C. 制造费用　　　　　　　　　　　D. 管理费用

三、判断题

1. 辅助生产单位发生的制造费用，都应当直接记入辅助生产成本明细账。(　　)
2. 企业辅助生产成本明细账均应无余额。(　　)
3. 采用直接分配法，辅助生产单位之间相互提供的劳务不相互分配费用。(　　)
4. 采用一次交互分配法，交互分配以后各辅助生产单位的待分配费用应分配给全部受益对象。(　　)
5. 采用计划成本分配法，辅助生产的成本差异一般可以全部计入管理费用。(　　)

【实际技能训练题】

长春电机厂有供电、蒸汽两个辅助生产车间，20××年6月供电车间直接发生的生产费用为26 400元，蒸汽车间直接发生的生产费用为10 800元，各辅助生产车间供应劳务数量如下表所示。

各辅助生产车间供应劳务数量表

受益单位		耗电度数	耗汽 m³ 数
基本生产车间	甲产品	32 000	1 200
	乙产品	16 000	400
	一般耗用	16 000	240
辅助生产车间	蒸汽车间	8 000	
	供电车间		160
行政管理部门		12 000	80
专设销售机构		4 000	80
合　计		88 000	2 160

要求：

(1)采用"直接分配法"分配辅助生产费用，编制辅助生产费用分配表，并编制有关的会计分录(分配率保留两位小数)。

(2)采用"交互分配法"分配辅助生产费用，编制辅助生产费用分配表(写出计算过程)，并编制有关的会计分录(分配率保留两位小数)。

(3)采用"计划成本分配法"分配辅助生产费用，编制辅助生产费用分配表，并编制有关的会计分录(计划单位成本每度电为 0.35 元，蒸汽车间每一立方米蒸汽为 5.50 元)。

项目十三

制造费用的核算

【内容提示】

本项目主要介绍制造费用的归集和分配的核算。制造费用的归集，侧重介绍了制造费用的具体内容及其核算方法；制造费用的分配，侧重介绍了生产工时比例法、生产工人工资比例法、预定分配率法、累计分配率法等分配方法。

任务一　制造费用核算基本知识

一、制造费用核算的意义

制造费用是指企业各生产单位为组织和管理生产而发生的各项间接费用，以及企业各生产单位所发生的固定资产使用费和维修费用。它主要包括以下具体内容：

(1)工资及职工福利费，指生产车间管理人员工资、职工福利费。

(2)折旧费，指生产车间使用的房屋、建筑物、机器设备等固定资产按一定比例提取的折旧费。

(3)租赁费，指各生产车间租入的固定资产列入成本的租金(不包括融资租赁)。

(4)修理费，指各生产车间使用的固定资产发生的大修理费用和经常修理费用。

(5)机物料消耗，指各生产车间为了维护机器设备正常使用而发生的各种材料消耗费用。

(6)低值易耗品摊销，指各生产车间领用的工具、器具等摊销额。

(7)水电费，指各生产车间由于消耗水电而支付的费用(不包括直接计入产品成本的动力费用)。

(8)办公费，指各生产车间发生的文具、印刷、邮电、办公用品等费用。

(9)差旅费，指各生产车间内发生的职工因公外出的各项差旅费。

(10)运输费，指厂内和厂外提供运输劳务的费用支出。

(11)保险费，指各生产车间应负担的各项保险费。

(12)劳动保护费，指各生产车间发生的各种劳动保护费用。

(13)设计制图费，指生产车间应负担的设计部门的日常经费，包括图纸、用品、委托外部门设计支付的费用等。

(14)试验检验费，指车间范围内对材料、产品进行分析、化验、检验所发生的费用。

(15)环境保护费，指应由车间负担的排运费、绿化费等。

(16)存货盘亏，指各车间发生的并经批准由产品成本负担的存货盘亏和毁损（减去盘盈）。

(17)其他制造费，指不包括在以上各项内的制造费用。

制造费用是产品成本的重要组成部分。正确合理地组织制造费用的核算，对于正确计算产品成本，控制各车间、部门费用的开支，考核费用预算的执行情况，不断降低产品成本均具有重要作用。

二、制造费用的分类

制造费用是企业生产部门为管理生产而发生的不直接列入产品成本的有关间接费用。企业生产部门一般包括基本生产部门和辅助生产部门两类，因此，制造费用按其发生的生产部门分类，包括基本生产制造费用和辅助生产制造费用两类。

(1)基本生产制造费用是指企业基本生产车间管理和组织生产而发生的间接费用，例如，机物料消耗、车间管理人员的工资及福利费以及车间的折旧费等。基本生产制造费用是车间产品成本的重要组成部分，应该按照管理的要求分别设立若干费用项目进行计划和核算，归类反映各项费用的计划执行情况，月末应选用适当的分配标准，将制造费用分配转入车间的产品成本中。

(2)辅助生产制造费用是企业辅助生产部门管理和组织辅助生产而发生的间接费用，这部分费用一般不能直接计入辅助部门的产品成本或劳务成本中，而应单独分类归集，并在月末采用适当分配标准转入辅助部门的产品成本或劳务成本。

三、归集制造费用设置的会计账户

为了核算和监督制造费用的发生、归集及分配情况，应设置"制造费用"账户。该账户属于成本类，借方登记发生的制造费用，贷方登记分配计入有关的成本核算对象的制造费用，除季节性生产企业外，期末一般无余额。"制造费用"账户不仅核算基本生产车间的制造费用，而且还核算辅助生产车间的制造费用。因此，该账户应按不同的生产车间、部门和费用项目设置明细账，进行明细核算。常见的制造费用明细账的格式如表13-1所示。

生产车间发生的机物料消耗、支付的办公费及水电费、车间管理人员的工资等职工薪酬、计提的固定资产的折旧费、发生季节性的停工损失等，应根据有关的凭证、费用分配表，借记"制造费用"账户，贷记"原材料""银行存款""应付职工薪酬""累计折旧"等账户。月末将制造费用分配计入有关的成本核算对象时，应借记"生产成本（基本生产成本、辅助生产成本）""劳务成本"账户，贷记"制造费用"账户。

月末时还应将"制造费用"账户及其所属明细账中登记的费用汇总后，分别与预算数进行比较，可以查明制造费用预算的执行情况，以便进一步分析其原因，提出改进的措施，努力降低各项开支，不断提高管理水平。

单位：第一生产车间

表 13 - 1　制造费用明细账

20××年 8 月

日期	凭证号	摘要	工资及福利费	办公费	机物料	水电费	折旧费	修理费	厂房装修摊销	劳动保护费	其他支出	小计	转出	余额
8.31	略	分配材料费用			2 130			1 360		1 080		4 570		
8.31		分配工资及福利费	9 120									9 120		
8.31		提取折旧					8 200					8 200		
8.31		分配其他费用		5 468		3 128		800			204	9 600		
8.31		摊销待摊费用							3 200		500	3 700		
8.31		分配辅助生产费用		686		370						1 056		
8.31		月　计	9 120	6 154	2 130	3 498	8 200	2 160	3 200	1 080	704	36 246		
		本月转出											36 246	

季节性生产企业制造费用全年实际发生数与分配数的差额,除其中属于为下一年开工生产做准备的可留待下一年分配外,其余部分实际发生额大于分配的差额,借记"生产成本——基本生产成本"账户,贷记"制造费用"账户;实际发生额小于分配的差额,做相反的会计分录。

四、制造费用归集的账务处理

制造费用汇集的账务处理与制造费用的组成内容有关,制造费用组成内容不同,其汇集核算的程序和方法也不一样。制造费用的汇集,应根据有关费用项目分配表,编制会计分录,据以登记到制造费用明细账中。

【例 13-1】 以表 13-1 的内容说明制造费用归集的账务处理。

(1)材料费用的归集。车间管理部门耗用材料费用,应根据"材料费用分配表"进行归集。

借:制造费用 4 570
  贷:原材料 4 570

(2)工资与福利费的归集。这两个费用项目应根据"工资费用分配汇总表"进行分配归集。

借:制造费用——工资 8 000
     ——职工福利 1 120
  贷:应付职工薪酬——工资 8 000
       ——职工福利 1 120

(3)折旧费的归集,应根据各个车间编制的"折旧计算汇总表"编制会计分录进行归集。

借:制造费用 8 200
  贷:累计折旧 8 200

(4)其他制造费用的归集,主要根据有关付款凭证及其汇总表和其他原始凭证进行归集。

借:制造费用 9 600
  贷:银行存款/库存现金 9 600

(5)长期待摊费用的归集,应根据"长期待摊费用分配表"进行归集,如摊销期一年以上的待摊费用等。

借:制造费用 3 700
  贷:长期待摊费用 3 700

(6)辅助生产费用的归集,应根据"辅助生产费用分配表"进行归集。

借:制造费用 1 056
  贷:生产成本——辅助生产成本 1 056

五、制造费用分配的原则

月终,将本月制造费用明细账中所汇集的制造费用总额,应按照一定的分配标准,分配计入有关的成本计算对象。只生产一种产品的车间、部门，发生的制造费用全部由该种产品负担，即制造费用直接转入该产品的"生产成本明细账"。生产多种产品的车间、部门，其共同发生的制造费用才存在分配的问题。制造费用的分配应遵循下列原则：

(1)制造费用应分别各车间进行分配。由于制造费用是按照车间、部门进行归集核算的，为了考核费用计划的执行情况、控制费用支出，正确计算各车间产品成本，各车间的制造费用应由本车间生产的产品或劳务负担。

(2)选择合理的分配标准和方法，正确分配制造费用。各车间、部门应根据产品生产的特点和成本管理的要求，选择适当的分配标准分配制造费用。选择的分配标准应该是既易于取得，又能与被分配费用保持密切联系的。只有这样才能保证制造费用分配的合理性，才能保证产品成本的真实性。

(3)分配标准和分配方法不能随意变更，要保持相对的稳定性。企业具体采用哪一种分配方法，一般应由企业主管部门统一规定，或由企业根据自身的实际情况和管理的要求自行规定。为了保证费用分配的可比性和准确性，分配方法一经确定，不能随意变动。

六、制造费用分配标准的选择

企业内各车间、部门应根据产品生产特点和管理要求，选择合理的分配标准和适用的分配方法。常见的分配标准主要有：

(1)生产工人工时，即按照各种产品生产工人工时作为分配标准。生产工人工时可以是实际的，也可以是定额的。采用这一标准的前提是制造费用与生产工时有密切的关系。它能体现劳动生产率与产品负担费用水平之间的关系，而且资料易于取得，分配结果较为合理，是一种常用的分配标准。该标准适用于各种产品生产的机械化程度大致相同的企业。

(2)生产工人工资，即以直接计入各种产品成本的生产工人工资作为分配标准。采用这一分配标准的前提是制造费用与人工成本有密切的联系。它与产品生产工时分配标准适用的情况相似，适用于各产品的生产机械化程度大致相同、生产工人的熟练程度相差不多的情况，否则会影响费用分配的合理性。

(3)机器工时，即以产品耗用的机器工时作为分配标准。采用这一分配标准的前提是制造费用与机器操作时间有密切联系，也就是说制造费用发生的多少与机器运转的工作时间长短有一定的比例关系。此分配标准适用于机械化水平较高的企业和车间。但应注意的是，不同机器设备单位工作时间折旧费、修理费是不同的，为了使采用这一分配标准分配费用的结果相对准确，可以对不同机器设备按系数折合成标准机器工时进行分配。

(4)原料及主要材料成本(或数量)，即以各种产品耗用的原料及主要材料成本或数量作为分配标准。该分配标准适用于原材料在产品成本中占有较大比重、加工过程比较简单的企业和车间，其分配标准的资料易于取得且分配简便。

(5)直接费用，即以能直接归属产品负担的直接费用作为分配标准。直接费用是指直接材料费用与直接工资费用之和所构成的成本。在直接费用与制造费用的多少有一定比例关系的前提下，采用这一标准可获得比较准确的分配结果。

财务成本管理实训

（6）产品产量，即以各种产品产量作为分配标准。该分配标准适用于产品品种不多、和成本水平较为接近，且计量单位相同的同类产品生产的企业和车间。在生产系列产品的车间，为计算类别内各种产品成本采用这一标准时，应将各产品产量换算为标准产品产量进行分配。

七、制造费用分配的基本方法

在只生产一种产品的车间，发生的制造费用可以直接计入该产品的成本计算单中。在生产多种产品的车间里，发生的制造费用属于间接费用，应由本车间生产的各种产品负担，因此，应采用适当的方法在各种产品间进行分配。制造费用分配的方法主要有实际分配率法、年度计划分配率分配法和累计分配率法，这里主要介绍实际分配率法。

实际分配率法，就是根据当月实际制造费用及其分配标准为基础来分配制造费用的方法。由于采用的分配标准不同，实际分配率法主要有以下几种方法：

1. 生产工人工时比例法

生产工人工时比例法是按照各种产品所耗用生产工人工时的比例分配制造费用的一种方法。其计算公式如下：

$$制造费用分配率 = \frac{制造费用总额}{各种产品生产工时总额}$$

某种产品应负担的制造费用＝该种产品生产工人工时×制造费用分配率

按生产工时比例分配，可以是各种产品实际耗用的生产工时（实用工时），也可以是定额工时。其计算公式如下：

$$制造费用分配率 = \frac{制造费用总额}{车间各种产品实用(定额)工时总额}$$

某种产品应分配的制造费用＝该种产品实用（定额）工时×制造费用分配率

采用生产工人工时比例法分配制造费用，能够将劳动生产率与产品负担的费用水平联系起来，使分配结果比较合理。由于生产工时是分配间接制造费用常用的分配标准之一，因而必须正确组织产品生产工时的核算。

【例 13-2】 某企业第一生产车间生产甲、乙、丙三种产品，20××年8月共发生制造费用 81 200 元。甲产品实耗生产工人工时 5 200 小时，乙产品实耗生产工人工时 4 800 小时，丙产品实耗生产工人工时 4 000 小时。

甲、乙、丙三种产品各自应分配的制造费用计算如下：

$$制造费用分配率 = \frac{81\ 200}{5\ 200 + 4\ 800 + 4\ 000} = 5.8（元/小时）$$

甲产品应分配的制造费用＝5 200×5.80＝30 160(元)

乙产品应分配的制造费用＝4 800×5.80＝27 840(元)

丙产品应分配的制造费用＝4 000×5.80＝23 200(元)

按照生产工时比例法编制"制造费用分配表，如表 13-2 所示。

表13-2 制造费用分配表

车间：第一车间   20××年8月

项目 / 分配对象	生产工时（小时）	分配率	分配金额（元）
甲产品	5 200		30 160
乙产品	4 800	5.8	27 840
丙产品	4 000		23 200
合　计	14 000		81 200

2. 生产工人工资比例法

该方法比照生产工人工时比例法。

八、制造费用分配的账务处理

制造费用计入产品成本，通过编制"制造费用分配表"的方法进行，也是编制会计分录及将制造费用登记到各种产品成本的依据。根据"制造费用分配表"登记"产品成本计算单"，并将"制造费用明细账"汇总的费用全部转入"基本生产成本明细账"上，经分配结转后的"制造费用明细账"月末一般应无余额。

【例13-3】 根据表13-2，会计分录如下：

借：生产成本——基本生产成本（甲产品）　　　　　　　　　　　　30 160

　　　　　——基本生产成本（乙产品）　　　　　　　　　　　　27 840

　　　　　——基本生产成本（丙产品）　　　　　　　　　　　　23 200

　　贷：制造费用　　　　　　　　　　　　　　　　　　　　　　　　　81 200

任务二　制造费用核算实训

【能力目标】

通过实验，使学生熟练掌握制造费用的核算内容，明确制造费用的归集、分配和结转的程序，熟练掌握制造费用的分配方法及账务处理。

【任务描述】

1. 掌握生产工人工时比例法、生产工人工资比例法，并分配制造费用。

2. 登记制造费用明细分类账，能编制制造费用归集和分配的记账凭证，并按明细项目登记明细账。

【实训资料】

康达集团东方分厂是一个小型工业企业，拥有职工120人，下设一个基本生产车间和一个辅助生产车间。20××年6月，该厂生产甲产品800件、乙产品600件、丙产品1 000件，有关制造费用的归集和分配的资料如下：

(1)001号记账凭证，生产车间领用原材料(钢板)2 700元，机修车间领用原材料(机油)830元。

(2)002号记账凭证，结算职工工资，基本生产车间管理人员工资5 460元，机修车间管理人员工资2 240元。

(3)003号记账凭证，生产车间实际发生福利费764.40元，机修车间发生福利费313.60元。

(4)006号记账凭证，领用劳保用品，其中生产车间300元，机修车间190元。

(5)009号记账凭证，用银行存款支付办公费，其中生产车间240元，机修车间180元。

(6)016号记账凭证，计提本月固定资产的折旧费，其中生产车间3 120元，机修车间920元。

(7)021号记账凭证，支付生产车间的修理费2 900元(已预提)。

(8)030号记账凭证，通过银行转账支付本月水电费，其中生产车间1 382元，机修车间320元。

(9)039号记账凭证，转销待摊保险费，其中生产车间应负担860元，机修车间应负担460元。

其他有关耗用工时和人工费用情况如表13-3所示。

表13-3 耗用工时和人工费用情况表

产品品种	直接生产工人工资(元)	实际耗用生产工时(小时)
甲产品	2 870	500
乙产品	1 160	200
丙产品	3 570	520
合　计	7 600	1 220

 【实训要求】

(1)采用生产工人工时比例法、生产工人工资比例法，并分配制造费用。

(2)设置制造费用明细分类账，编制制造费用归集的记账凭证并登记明细账。

 【实训用表及记账凭证】

1. 记账凭证10张。

2. 制造费用明细账1张。

【实训结果】

制造费用总额应为23 180元。

提示：要注意制造费用归集的核算，数字一定要准确无误。

【基本知识训练题】

一、单项选择题

1. "制造费用"账户(　　)。
    A. 一般有借方余额
    B. 一般有贷方余额
    C. 转入"本年利润"账户后,期末应无余额
    D. 除季节性生产企业外,期末应无余额

2. 采用生产工时分配法分配制造费用,分配标准是(　　)。
    A. 该生产单位产品生产工人工时　　　　B. 该企业产品生产工人工时
    C. 该生产单位产品生产工时　　　　　　D. 该生产单位产品定额工时

3. 采用计划费用分配率分配制造费用时,"制造费用"账户(　　)。
    A. 应有借方余额　　　　　　　　　　　B. 应有贷方余额
    C. 只在年末有借方余额　　　　　　　　D. 年末差额分配结转后,应无余额

4. 应计入产品成本,但不能直接分清应由何种产品负担的费用,应(　　)。
    A. 作为管理费用处理
    B. 直接从销售收入中扣除
    C. 作为制造费用处理,期末再分配计入产品成本
    D. 直接计入产品生产成本

5. "制造费用"明细账,应当按照(　　)设置。
    A. 不同的生产车间、部门　　　　　　　B. 不同的要素费用
    C. 不同产品品种　　　　　　　　　　　D. 不同成本核算对象

二、多项选择题

1. 制造费用(　　)。
    A. 属于间接费用　　　　　　　　　　　B. 一般为间接计入费用
    C. 属于综合性费用项目　　　　　　　　D. 属于基本费用

2. 下列费用属于制造费用项目的有(　　)。
    A. 生产单位管理人员的工资及提取的职工福利
    B. 生产单位全体人员的工资及提取的职工福利
    C. 生产单位固定资产的折旧费和修理费
    D. 企业行政管理部门固定资产的折旧费和修理费

3. 生产单位消耗的低值易耗品价值,采用一次摊销法或分次摊销法计入成本。在借记"制造费用"账户的同时,贷记(　　)等账户。
    A. 低值易耗品　　　　　　　　　　　　B. 待摊费用
    C. 长期待摊费用　　　　　　　　　　　D. 生产成本

4. 制造费用的分配方法有(　　)等。
    A. 生产工时比例法　　　　　　　　　　B. 计划分配率法
    C. 累计分配率法　　　　　　　　　　　D. 定额比例法

5. 采用生产工时比例法，制造费用的分配标准可以是（　　）。

    A. 实际生产工时
                  B. 标准工时

    C. 实用工时
                      D. 定额工时

三、判断题

1. 制造费用是各生产单位发生的间接计入费用。　　　　　　　　　　（　　）

2. "制造费用"成本属于综合性费用项目。　　　　　　　　　　　　　（　　）

3. 企业应当按照制造费用的项目设置制造费用明细账。　　　　　　　（　　）

4. 企业制造费用的分配方法一经确定，不得随意变更。　　　　　　　（　　）

5. 采用计划费用分配法，"制造费用"明细账应留有年末余额。　　　　（　　）

6. 为了简化核算工作，务必将各车间的制造费用汇总起来，在整个企业范围内统一分配。

                                                                （　　）

 【实际技能训练题】

(一)练习分配制造费用的生产工时比例法

某企业生产车间生产甲、乙、丙三种产品，甲产品实耗生产工人工时 2 000 小时，乙产品实耗生产工人工时 650 小时，丙产品实耗生产工人工时 1 350 小时，该车间本月制造费用实际发生额为 52 800 元。

要求：根据上述资料，采用生产工时比例法计算分配各种产品应负担的制造费用。

(二)练习分配制造费用的生产工人工资比例法

某企业生产车间生产甲、乙、丙三种产品，当月共发生制造费用 137 600 元，甲产品发生生产工人的工资为 41 000 元，乙产品发生的生产工人的工资为 23 600 元，丙产品发生的生产工人的工资为 21 400 元。

要求：根据上述资料，采用生产工人工资比例法计算分配各种产品应负担的制造费用。

项目十四

完工产品与在产品成本的核算

 【内容提示】

本项目主要介绍在产品数量的核算和在产品成本的计算。通过本项目的学习，要求了解完工产品与在产品之间的关系，掌握并能够具体运用在产品按固定成本计价法、不计算在产品成本法、约当产量法、定额比例法、在产品按完工产品成本计算法和在产品按定额成本计算法等方法。

任务一　完工产品与在产品成本核算基本知识

一、完工产品与在产品的涵义

企业在本期生产过程中发生的各种耗费通过基本生产成本的汇总，均已分别各个成本计算对象，并按各个成本计算对象规定的各个成本项目归集完毕，记入了各产品成本明细账中。各成本计算对象本期产品生产过程发生的耗费加上期初结存在产品的成本，即为该成本计算对象在该成本计算期的完工产品和期末结存在产品的制造成本之和。本期完工产品成本和月末在产品成本的关系，可用下列公式表明：

月初在产品费用＋本期生产费用＝本期完工产品成本＋月末在产品成本

或：月初在产品费用＋本期生产费用－月末在产品成本＝本期完工产品成本

将本月产品的全部生产费用，在完工产品与月末在产品之间分配费用的方法有两种：一种是将月初在产品费用加上本期生产费用，采用一定的标准进行分配，同时计算完工产品成本和月末在产品成本；另一种是先确定月末在产品成本，再计算求得完工产品成本。无论采用哪种分配方法，都必须先取得在产品数量的核算资料。

确定本期完工产品成本和月末在产品成本的关系，首先要明确几个基本概念：

完工产品与产成品不是同一概念。完工产品按其包括内容的范围，有狭义和广义之分。狭义完工产品是指已经完成全部生产过程随时可供销售的产品，即产成品；广义完工产品不仅包括产成品，而且还包括完成部分生产阶段，已由生产车间交中间仓库（即半成品仓库）验收，但尚未完成全部生产过程，有待在本企业内进一步加工制造的自制半成品。由于完工产品的涵义有狭义与广义之分，所以在产品也有狭义的在产品与广义的在产品之分。狭义在产品是指正停留在生产车间进行加工制造的在制品，以及正在生产车间返修的废品和虽已完成了本车间生产但尚未验收入库的产品；广义在产品不仅包括狭义在产品，而且还包括已经完成部分加工阶段，已由中间仓库验收，但尚未完成全部生产过程的自制半成品。对于不准备在本企业继续加工，等待对外销售的自制半成品，应作为商品产品，不应列入在产品之内。本章讨论的完工产品与在产品成本划分，是指广义完工产品（即产成品与自制半成品）与狭义在产品之间的成本划分。

二、在产品数量的控制

在产品的控制是对在产品收、发、结存的实物数量加以的控制，这是企业在产品日常管理工作的重要组成部分。为了加强在产品控制，在产品日常管理时，要对其在各道工序上的投放数量、投产时间、加工进度、实存情况以及转移、短缺、毁缺、溢余情况进行记录，以反映在产品在整个生产加工过程中的流转情况。

三、生产费用在完工产品与在产品之间分配的方法

通常情况下，生产费用在完工产品与在产品之间的分配应遵循合理、简便的原则。企业应根据月末结存在产品数量的多少、各月月末在产品结存数量的变化程度、月末结存在产品价值的大小、各成本项目成本占总成本比重，以及企业定额管理基础工作的扎实与否等方面的情况，选择合理、简便的划分方法。

生产费用在完工产品与在产品之间的分配常用的方法主要有以下几种：

1. 不计算在产品成本法

不计算在产品成本法是指虽然月末有结存在产品，但生产成本明细账户中所归集的生产费用全部由完工产品负担，在产品不负担。这种方法适用于在产品数量很少、不考虑在产品成本影响不大的企业。例如，自来水生产企业、采掘企业等可采用此法。在这种方法下，本月各产品发生的生产耗费就是本月该种产品的总成本，除以本月完工产品产量，即可求得单位产品成本。

2. 在产品按固定成本计价法

在产品按固定成本计价法是指每月末在产品成本均按年初在产品成本的固定数计算，某种产品本月发生的生产成本就是本月完工产品的成本。这种方法适用于月末在产品数量较大或成本占有一定比重但各月在产品数量比较稳定的产品。年终时在产品数量或成本发生较大变化时，应根据实际盘存数量重新计算在产品成本，以免在产品成本与实际出入过大，影响成本的正确性。一般说，诸如利用高炉、反应装置和管道生产的冶炼、化工企业可以采用这种方法。在物价变动较大的情况下，采用此法应慎重，以防止成本计算不实。

3. 在产品按定额成本计价法

在产品按定额成本计价法是指月末在产品成本根据在产品数量和预先制定的单位定额成本计算，生产费用脱离了定额的差异，全部由完工产品成本负担。某产品的全部生产费用减去按单位定额成本计算的月末在产品成本，剩余作为完工产品成本。这种方法简化了生产费用在月末在产品和本月完工产品之间的分配。但由于它将本月发生的实际生产费用脱离了定额的差异，全部计入了当月完工产品成本，在定额管理基础工作不好、各项消耗

定额不够正确的情况下，实际耗费与定额之间的差异就较大，从而影响产品成本计算的正确性。因此，该方法只适用于各项消耗定额和费用定额比较准确、稳定，定额管理基础工作较好，并且各月在产品数量也比较稳定的产品。否则，将影响本月完工产品成本计算的准确性，不利于产品成本的分析和考核。其计算公式如下：

$$某产品月末在产品定额成本＝月末在产品数量×\begin{matrix}单位在产品的直接材料、\\直接人工、制造费用\end{matrix}$$

$$某产品完工产品总成本＝该产品生产总成本－该产品月末在产品定额成本$$

【例 14-1】 某企业生产 A 产品，采用在产品按定额成本计价法分配完工产品成本和在产品成本。某月月初在产品成本和本月生产耗费共计为 84 000 元，其中本月所耗原材料成本为 45 000 元，直接人工成本为 21 000 元，制造费用为 18 000 元；本月共生产完工 A 产品 400 件，月末在产品 200 件；A 产品所耗原材料是在生产开始时一次投入的。

A 产品相关的定额资料如下：原材料消耗定额 60 千克，计划单价为 1 元/千克，月末在产品定额工时 20 小时，计划小时工资率 1.5 元/小时，计划小时费用率 1 元/小时。

A 产品本月完工产品和月末在产品成本计算如下：

在产品直接材料定额费用＝200×60×1＝12 000(元)

在产品直接人工定额费用＝200×20×1.5＝6 000(元)

在产品制造费用定额费用＝200×20×1＝4 000(元)

月末在产品定额成本＝12 000＋6 000＋4 000＝22 000(元)

完工产品成本＝45 000＋21 000＋18 000－22 000＝62 000(元)

4. 约当产量法

约当产量也称为在产品约当量，它是将企业(车间)月末在产品的实际数量，按照它的完工程度折合为完工产品的数量。约当产量法是指根据本月完工产品的数量和月末在产品的约当量一起分配生产费用，以确定本月完工产品成本和月末在产品成本的方法。采用约当产量法，通常分为以下步骤：

(1)计算在产品约当产量。月末，企业应根据产品交库单确定完工产品数量，通过实地盘点(或"在产品收发结存明细账")确定在产品数量，并根据完工程度确定在产品约当量。其计算公式为：

$$月末在产品约当产量＝月末在产品结存数量×在产品完工程度$$

在产品完工程度应按成本项目确定。直接材料成本的投入与直接人工成本和制造费用的发生并不一致。这是因为，在材料费用一次投入的情况下，在产品和完工产品应同等分配材料费用，这时，在产品约当产量等于在产品数量，即完工程度为 100%；直接人工成本和制造费用一般是随着产品的进一步加工逐步递增的，在费用发生比较均衡的情况下，完工程度可以定为 50%。然而，有的企业生产的产品结构复杂，生产工序多，难以按一个比例计算在产品约当产量，可以先分阶段计算在产品的约当产量，再加总确定在产品约当产量总量。

如果产品生产过程中原材料不是在生产开始时一次投入，直接人工成本和制造费用不是比较均衡地发生的，则要分别计算在产品的投料率和完工率。在产品投料率是在产品累计已投入的直接材料费用占完工产品应投入的直接材料费用的比重，各生产工序在产品的投料率可以用公式表示如下：

$$某工序在产品的投料率=\frac{该工序单位在产品已投入材料费用}{单位完工产品应投入材料费用}\times100\%$$

【例 14-2】 某厂生产的乙产品顺序经过第一、第二、第三道工序进行加工，单位产品原材料消耗定额为 220 元，其中第一工序投料定额为 132 元，第二工序投料定额为 66 元，第三工序投料定额为 22 元，原材料分别在各个工序生产开始时一次投入。该厂本月盘点确定的乙产品月末在产品数量为 300 件，其中第一工序 80 件，第二工序 120 件，第三工序 100 件。

乙产品在各工序的投料率和月末在产品约当产量计算如下：

(1)计算各个工序月末在产品的投料率。

第一道工序$=\frac{132}{220}\times100\%=60\%$

第二道工序$=\frac{132+66}{220}\times100\%=90\%$

第三道工序$=\frac{132+66+22}{220}\times100\%=100\%$

(2)计算各工序月末在产品约当产量(直接材料项目)。

第一道工序$=80\times60\%=48$(件)

第二道工序$=120\times90\%=108$(件)

第三道工序$=100\times100\%=100$(件)

乙产品月末在产品约当产量$=48+108+100=256$(件)

在产品投料率一般可以根据原材料消耗定额和产品原材料投入情况预先确定，月末在产品约当产量可以通过编制"在产品约当产量计算表"计算。根据以上资料编制"在产品投料率及约当产量计算表"见表 14-1。

表 14-1　在产品投料率及约当产量计算表

产品：乙产品 　　　　　　　　　　20××年×月 　　　　　　　　　　实物单位：件

工　序	月末在产品数量	单位产品投料定额(元)	在产品投料率	月末在产品约当产量
一	80	132	$\frac{132}{220}\times100\%=60\%$	48
二	120	66	$\frac{132+66}{220}\times100\%=90\%$	108
三	100	22	$\frac{132+66+22}{220}\times100\%=100\%$	100
合　计	300	220		256

直接人工成本和制造费用两个成本项目可以按照同一完工率来计算月末在产品成本。在产品完工率不能按平均完工率 50% 计算时，一般可以根据各工序定额计算各工序完工率。其计算公式为：

$$某工序在产品的完工率=\frac{该工序单位在产品累计已完成的定额工时}{单位完工产品的定额工时}\times100\%$$

【例 14-3】 接例 14-2，该厂生产的乙产品，单位产品工时消耗定额为 30 小时，其中第一工序 12 小时，第二工序 9 小时，第三工序 9 小时。各工序在产品在本工序的完工程度均为 50%。

乙产品在各工序的完工率和月末再产品约当产量计算如下：

(1)计算各工序月末在产品的完工率。

$$第一道工序=\frac{12\times50\%}{30}\times100\%=20\%$$

$$第二道工序=\frac{12+9\times50\%}{30}\times100\%=55\%$$

$$第三道工序=\frac{12+9+9\times50\%}{30}100\%=85\%$$

(2)计算各工序月末在产品约当产量(职工薪酬和制造费用项目)。

第一道工序＝80×20%＝16(件)

第二道工序＝120×55%＝66(件)

第三道工序＝100×85%＝85(件)

乙产品月末在产品约当产量＝16＋66＋85＝167(件)

根据上述计算结果编制"在产品完工率及约当产量计算表"，见表 14-2。

表 14-2 在产品完工率及约当产量计算表

产品：乙产品　　　　　　　　　　　20××年×月　　　　　　　　　　　单位：件

工 序	月末在产品数量	单位产品投料定额(小时)	在产品投料率	月末在产品约当产量
一	80	12	$\frac{12\times50\%}{30}\times100\%=20\%$	16
二	120	9	$\frac{12+9\times50\%}{30}\times100\%=55\%$	66
三	100	9	$\frac{12+9+9\times50\%}{30}\times100\%=85\%$	85
合 计	300	30		167

(2)计算费用分配率。采用约当产量比例法，生产费用在本月完工产品和月末在产品之间分配的分配标准是折合的生产总量，即本月完工产品数量与月末在产品约当产量之和。由于各个成本项目月末在生产费用的发生情况不同，费用分配率应当分成本项目计算。其计算公式为：

$$某成本项目费用分配率=\frac{该成本项目生产费用合计数}{本月完工产品数量+月末在产品约当产量}$$

采用约当产量比例法，上述各成本项目费用分配率，就是完工产品在该成本项目的单位成本。

【例14-4】 承例14-2，该厂"产品交库单"的统计表明，本月完工验收入库的乙产品为2 000件。乙产品生产成本明细账归集的生产费用表明，月初在产品成本为131 997元，其中直接材料69 720元，直接人工27 675元、制造费用34 602元，乙产品本月发生的生产费用为799 890元，其中直接材料426 600元，直接人工178 190元，制造费用195 100元。

乙产品各成本项目的费用分配率计算如下：

"直接材料"项目$=\dfrac{69\ 720+426\ 600}{2\ 000+256}=220(元)$

"直接人工"项目$=\dfrac{27\ 675+178\ 190}{2\ 000+167}=95(元)$

"制造费用"项目$=\dfrac{34\ 602+195\ 100}{2\ 000+167}=106(元)$

乙产品完工产品单位成本合计$=220+95+106=421(元)$

(3)计算月末在产品成本和本月完工产品总成本。

采用约当产量比例法，月末在产品成本和本月完工产品成本的计算公式分别为：

月末在产品成本=月末在产品约当产量×费用分配率(完工产品单位成本)

或：　　　　　　　=月初在产品成本+本月发生生产费用-本月完工产品成本

本月完工产品成本=本月完工产品数量×费用分配率(完工产品单位成本)

或：　　　　　　　=月初在产品成本+本月发生生产费用-月末在产品成本

【例14-5】 承例14-4，乙产品成本计算如下：

(1)计算月末在产品300件的成本。

"直接材料"项目的成本$=220×256=56\ 320(元)$

"直接人工"项目的成本$=95×167=15\ 8659(元)$

"制造费用"项目的成本$=106×167=17\ 702(元)$

月末在产品总成本$=56\ 320+15\ 865+17\ 702=89\ 887(元)$

(2)计算本月完工2 000件乙产品的成本。

"直接材料"项目的成本$=220×2\ 000=440\ 000(元)$

或：　　　　　　　$=69\ 720+426\ 600-56\ 320=440\ 000(元)$

"直接人工"项目的成本$=95×2\ 000=190\ 000(元)$

或：　　　　　　　$=27\ 675+178\ 190-15\ 865=190\ 000(元)$

"制造费用"项目的成本$=106×167=17\ 702(元)$

或：　　　　　　　$=34\ 602+195\ 100-17\ 702=212\ 000(元)$

本月完工产品总成本$=440\ 000+190\ 000+212\ 000=842\ 000(元)$

根据成本计算结果，编制结转本月乙产品完工产品总成本的会计分录如下：

借：库存商品——乙产品　　　　　　　　　　　　　　　　　　　842 000

　　贷：生产成本——基本生产成本——乙产品　　　　　　　　　　　　842 000

根据以上计算结果，"产品生产成本计算单"的登记见表14-3。

表 14-3 产品生产成本计算单

产品：乙产品　　　　　　　　　　　　20××年×月　　　　　　　　　　　　单位：元

摘　要	直接材料	直接人工	制造费用	合　计
月初在产品成本	69 720	27 673	34 602	131 997
本月生产费用	426 600	178 190	195 100	799 890
生产费用合计	496 320	205 865	229 702	931 887
完工产品数量	2 000	2 000	2 000	2 000
月末在产品约当产量	256	167	167	
生产量合计	2 256	2 167	2 167	
费用分配率（单位成本）	220	95	106	421
完工产品总成本	440 000	190 000	212 000	842 000
月末在产品成本	56 320	15 865	17 702	89 887

5. 定额比例法

定额比例法是指按照完工产品与月末在产品的定额消耗量或定额费用比例分配生产费用，计算完工产品成本和月末在产品成本的方法。其中，直接材料成本按直接材料定额消耗量或定额费用比例分配，直接人工和制造费用等加工成本按定额工时比例或定额费用比例分配。这种方法适用于定额管理基础较好，各项消耗定额或成本费用定额比较准确、稳定，各月末在产品数量变动较大的产品。其计算公式如下：

$$直接材料成本分配率 = \frac{月初在产品实际材料成本 + 本月投入的实际材料成本}{完工产品定额材料成本 + 月末在产品定额材料成本}$$

完工产品应负担的直接材料成本 = 完工产品定额材料成本 × 直接材料成本分配率

月末在产品应负担的直接材料成本 = 月末在产品定额材料成本 × 直接材料成本分配率

或：　　　　　　　　　　 = 材料成本总额 − 完工产品应负担的直接材料成本

$$直接人工成本分配率 = \frac{月初在产品实际人工成本 + 本月投入的实际人工成本}{完工产品定额工时 + 月末在产品定额工时}$$

完工产品应负担的直接人工成本 = 完工产品定额工时 × 直接人工成本分配率

月末在产品应负担的直接人工成本 = 月末在产品定额工时 × 直接人工成本分配率

或：　　　　　　　　　　 = 人工成本总额 − 完工产品应负担的直接人工成本

$$制造费用分配率 = \frac{月初在产品实际制造费用 + 本月实际发生的制造费用}{完工产品定额工时 + 月末在产品定额工时}$$

完工产品应负担的制造费用 = 完工产品定额工时 × 制造费用分配率

月末在产品应负担的制造费用 = 月末在产品定额工时 × 制造费用分配率

或：　　　　　　　　　　 = 制造费用总额 − 完工产品应负担的制造费用

【例 14-6】 某企业生产甲产品，该产品有关定额资料如下：单位产品直接材料定额成本 300 元、单位产品工时消耗定额 20 小时。该企业本月生产完工甲产品 1 000 件，月末在产品 200 件；月末在产品原材料投入程度达 80%，加工程度达 40%。甲产品月初在产品实际成本和本月实际发生的成本如表 14-4 所示。

表 14-4　月初在产品成本及本月实际发生的成本　　　　　　单位：元

项　目	直接材料	直接人工	制造费用	合　计
月初在产品成本	41 000	2 640	4 320	47 960
本月发生成本	334 840	49 200	71 280	455 320
合　计	375 840	51 840	75 600	503 280

按定额比例法计算完工产品成本和月末在产品成本如下：

(1)计算直接材料成本项目。

完工产品定额成本＝300×1 000＝300 000(元)

月末在产品定额成本＝300×200×80%＝48 000(元)

$$直接材料定额成本分配率＝\frac{41\ 000＋334\ 840}{300\ 000＋48\ 000}＝1.08$$

完工产品应负担的直接材料成本＝300 000×1.08＝324 000(元)

月末在产品应负担的直接材料成本＝48 000×1.08＝51 840(元)

(2)计算直接人工成本项目。

完工产品定额工时＝20×1 000＝20 000(小时)

月末在产品定额工时＝20×200×40%＝1 600(小时)

$$直接人工定额工时分配率＝\frac{2\ 640＋49\ 200}{20\ 000＋1\ 600}＝2.40(元/小时)$$

完工产品应负担的直接人工成本＝2.40×20 000＝48 000(元)

月末在产品应负担的直接人工成本＝2.40×1 600＝3 840(元)

(3)计算制造费用成本项目。

$$制造费用分配率＝\frac{4\ 320＋71\ 280}{20\ 000＋1\ 600}＝3.50(元/小时)$$

完工产品应负担的制造费用＝3.50×20 000＝70 000(元)

月末在产品应负担的制造费用＝3.50×1 600＝5 600(元)

(4)计算完工产品成本和月末在产品成本。

本月完工甲产品成本＝324 000＋48 000＋70 000＝442 000(元)

甲产品单位成本＝442 000÷1 000＝442(元)

月末在产品成本＝51 840＋3 840＋5 600＝61 280(元)

6. 在产品按所耗材料成本计价法

在产品按所耗材料成本计价法是指在产品成本只负担耗用的材料成本，直接人工成本和制造费用全部由完工产品负担。这种方法适用于材料成本占产品全部成本比重较大，而且是投产时一次投料的产品，如酿酒、造纸等行业的产品。采用该方法，月末在产品成本按其耗用的直接材料费用计算，其他费用均由完工产品成本负担，计算公式为：

本月完工产品成本＝月初在产品材料成本＋本月发生生产费用－月末在产品材料成本

四、完工产品成本结转的核算

生产费用完成了在各种产品之间以及在完工产品成本和月末在产品成本之间横向与纵

向的分配和归集之后，完工产品的单位成本已计算出来，可根据"产品成本汇总表"结转完工入库产品成本。

【例 14-7】　承例 14-6，编制用产品的成本汇总表，如表 14-5 所示。

表 14-5　甲产品成本汇总表　　　　　　　　　　　　　　　单位：元

摘　要	直接材料	直接人工	制造费用	合　计
月初在产品成本	41 000	2 640	4 320	47 960
本月发生成本	334 840	49 200	71 280	455 320
合　计	375 840	51 840	75 600	503 280
完工产品定额	300 000	20 000	20 000	
月末在产品定额	48 000	1 600	1 600	
小　计	348 000	21 600	21 600	
分配率	1.08	2.40	3.50	
完工产品总成本	324 000	48 000	70 000	442 000
完工产品单位成本	324	48	70	442
月末在产品成本	51840	3 840	5 600	61 280

根据表 14-6 的计算结果，编制本月甲产品完工入库的会计分录如下：

借：库存商品——甲产品　　　　　　　　　　　　　　　　　　442 000

　　贷：生产成本——基本生产成本——甲产品　　　　　　　　　　　　442 000

工业企业的完工产品包括产成品、自制材料、工具和模具等，完工产品经产成品仓库验收以后，其成本应从"生产成本——基本生产成本"科目和各种产品成本明细账的贷方转入到各有关科目的借方。其中，完工入库产成品的成本，应转入"库存商品"科目；完工自制材料、工具、模具等的成本，应分别转入"原材料"和"低值易耗品"等科目。"生产成本——基本生产成本"总账科目的月末余额，就是基本生产在产品的成本，也就是在基本生产过程中占用的生产资金，应与所属各种产品成本明细账中月末在产品成本之和核对相符。

任务二　完工产品成本与在产品成本核算实训

　【能力目标】

通过实训，使学生熟悉生产费用在完工产品和在产品之间的分配过程，使学生了解生产费用的汇总核算程序，掌握用定额比例法分配完工产品成本和在产品成本。

【任务描述】

1. 掌握用定额比例法分配完工产品成本和在产品成本。

2. 编制"产品成本汇总表"。

【实训资料】

同仁钢件厂是一家制造业企业,设有一个基本生产车间主要生产钢窗,另设有一个辅助生产车间(机修车间)为全厂提供修理劳务,同时还设有一个管理部门。其他有关资料如下:

(1)20××年2月,303型号钢窗有关的定额资料如下表所示。

项　目	完工产品	月末在产品	合　计
定额原材料成本(元)	17 000	3 000	20 000
定额工时(小时)	2 500	500	3 000

(2)期初在产品实际成本和本月实际发生的费用资料如下表所示。

项　目	直接材料(元)	直接人工(元)	制造费用(元)	合　计
月初在产品成本	4 700	1 590	2 320	8 610
本月发生成本	16 000	4 651	3 516	24 167
合　计	20 700	6 241	5 836	32 777

 【实训要求】

(1)采用定额比例法分配完工产品成本和在产品成本(计算分配率时保留小数点后3位数)。
(2)根据计算结果,编制"产品成本汇总表"。

 【实训用表及记账凭证】

"产品成本汇总表"1张(表14-6)。

表14-6　产品成本汇总表　　　　　　单位:元

摘　要	直接材料	直接人工	制造费用	合　计
月初在产品成本 本月发生成本				
合　计				
完工产品定额 月末在产品定额 小　计				
分配率				
完工产品总成本 完工产品单位成本 月末在产品成本				

【实训结果】

直接材料成本分配率：1.035。

直接人工成本分配率：2.080。

制造费用分配率：1.945。

完工产品实际总成本：27 657 元。

【基本知识训练题】

一、单项选择题

1. 在产品数量日常核算所设置的账簿是指（　　　）。

　　A. 生产成本明细账　　　　　　　　　B. 在产品台账

　　C. 制造费用明细账　　　　　　　　　D. 原材料明细账

2. 不计算在产品成本法的适用范围是（　　　）。

　　A. 在产品数量较大，且各月数量大体稳定

　　B. 在产品数量较小，且各月数量变动不大

　　C. 材料费用占产品成本的比重较大

　　D. 在产品已接近完工

3. 采用固定在产品成本法，1—11 月各月完工产品成本等于（　　　）。

　　A. 月初在产品成本　　　　　　　　　B. 本月发生生产费用

　　C. 生产费用合计数　　　　　　　　　D. 生产费用累计数

4. 假定某产品工时定额为小时，经三道工序组成，各种费用都随着加工进度而陆续发生。每道工序的工时定额分别为 15 小时、25 小时和 10 小时，那么第三道工序在产品的完工程度为（　　　）。

　　A. 80%　　　　　B. 45%　　　　　C. 90%　　　　　D. 100%

5. 采用约当产量法，如果产品生产过程中职工薪酬和制造费用的发生都比较均衡，在产品完工程度可按（　　　）计算。

　　A. 25%　　　　　B. 50%　　　　　C. 60%　　　　　D. 100%

6. 某厂生产的甲产品顺序经过第一、第二两道工序加工，原材料在第一工序生产开始时投入 90%，第二道工序生产开始时投入 10%，则第二道工序月末在产品的投料率为（　　　）。

　　A. 10%　　　　　B. 90%　　　　　C. 5%　　　　　D. 100%

7. 某厂生产的甲产品顺序经过第一、第二两道工序加工，单位产品定额工时为 100 小时，其中，第一工序为 60 小时，第二工序为 40 小时。各工序加工费用发生比较均衡，则第二工序月末在产品的完工率为（　　　）。

　　A. 20%　　　　　B. 40%　　　　　C. 80%　　　　　D. 100%

二、多项选择题

1. 广义在产品包括（　　　）。

　　A. 生产单位正在加工中的在制品　　　　　B. 加工已告一段落的自制半成品

C. 已完成生产过程等待入库的产品　　　D. 已完成销售的自制半成品

2. 登记在产品台账的依据有（　　）。

　　A. 有关领料（或结转自制半成品）凭证　　B. 在产品内部转移凭证

　　C. 产品检验凭证　　　　　　　　　　　D. 产品交库单

3. 计算在产品成本的方法主要有（　　）。

　　A. 在产品只计算材料成本法　　　　　　B. 固定在产品成本法

　　C. 约当产量法　　　　　　　　　　　　D. 定额比例法

4. 本月发生的直接人工费用和制造费用，不计入月末在产品成本的方法有（　　）。

　　A. 不计算在产品成本法　　　　　　　　B. 定额成本法

　　C. 在产品计算材料成本法　　　　　　　D. 在产品按完工产品成本计价法

5. 在产品按完工产品成本计价法只能用于（　　）等情况。

　　A. 月末在产品已接近完工

　　B. 月末在产品已经完工，但尚未包装

　　C. 月末在产品已经完工，但尚未验收入库

　　D. 月末在产品已经完工，并且已经验收入库

6. 定额比例法的分配标准是指产品的（　　）。

　　A. 原材料定额消耗总量　　　　　　　　B. 原材料定额总成本

　　C. 工时定额消耗总量　　　　　　　　　D. 定额总费用

三、判断题

1. 企业本月完工产品总成本应等于本月生产费用累计数。　　　　　　　　（　　）

2. 正确确定本期完工产品成本，关键是正确计算期末在产品成本。　　　　（　　）

3. 因意外事故或自然灾害等造成的在产品毁损，扣除保险公司赔款和残料回收价值以后，其净损失计入营业外支出。　　　　　　　　　　　　　　　　　　　　（　　）

4. 在产品约当量也就是在产品盘点数量。　　　　　　　　　　　　　　　（　　）

5. 在产品只计算材料成本法只适用于材料费用占产品成本比重较大的产品。（　　）

6. 在产品按完工产品成本计算法只适用于月末在产品已经加工完成但尚未包装或尚未验收入库，或已接近完工的产品。　　　　　　　　　　　　　　　　　（　　）

7. 在产品约当量是指期末在产品按其完工程度折合为完工产品数量。　　　（　　）

8. 定额比例法的分配标准是单位完工产品和在产品的消耗定额或费用定额。（　　）

9. 分别采用定额比例法和定额成本法计算在产品成本，其完工产品成本应是相同的。

（　　）

【实际技能训练题】

（一）练习在产品只计算材料成本法

某厂生产的乙产品直接材料费用在产品成本中所占比重较大，在产品只计算材料成本。乙产品月初在产品总成本（即直接材料成本）为 50 000 元；本月发生生产费用为800 000 元，其中直接材料费用 600 000 元，直接人工费用 120 000 元，制造费用 80 000

元；乙产品本月完工 300 件，月末在产品 25 件；在产品的原材料费用已全部投入，直接材料费用可以按本月完工产品和月末在产品的数量比例分配。

要求：

(1)采用在产品只计算材料成本法计算在产品成本，并完成产品成本计算单。

(2)编制结转本月完工入库产品成本的记账凭证。

产品成本计算单

产品：乙产品　　　　　　　　　　　20××年×月　　　　　　　　　　　单位：元

摘　　要	直接材料	直接人工	制造费用	合　　计
月初在产品成本				
本月生产费用				
生产费用合计				
本月完工产品成本				
本月完工产品单位成本				
月末在产品成本				

(二)练习分工序计算在产品投料率

某厂生产的甲产品顺序经过一、二、三共三道工序加工，单位产品原材料消耗定额为 1 000 元，其中第一工序投料定额为 600 元，第二工序投料定额为 300 元，第三工序投料定额为 100 元；原材料分别在各个工序生产开始时一次投入。甲产品本月盘点确定的月末在产品数量为 400 件，其中第一工序 200 件，第二工序 100 件，第三工序 100 件。

要求：

(1)计算各工序月末在产品的投料率。

(2)计算月末在产品约当产量，完成在产品投料率及约当产量计算表。

在产品投料率及约当产量计算表

产品：甲产品　　　　　　　　　　　20××年×月　　　　　　　　　　　单位：件

工　　序	月末在产品数量	单位产品投料定额	在产品投料率	月末在产品约当产量
一				
二				
三				
合　　计				

(三)练习分工序计算在产品完工率

某厂生产甲产品，本月有关月末在产品数量资料见本项目实际技能训练题(二)。甲产品单位产品工时消耗定额为 100 小时，其中，第一工序 50 小时，第二工序 30 小时，第三工序 20 小时；甲产品各工序月末在产品在本工序的完工程度均为 50%。

要求：

(1)计算各工序月末在产品的完工率。

(2)计算月末在产品约当产量，完成在产品完工率及约当产量计算表。

在产品完工率及约当产量计算表

产品：甲产品　　　　　　　　　　　20××年×月　　　　　　　　　　　单位：件

工　序	月末在产品数量	单位产品工时定额	在产品完工率	月末在产品约当产量
一				
二				
三				
合　计				

(四)练习约当产量法

某厂生产的甲产品本月完工验收入库数量为 2 000 件，月末盘点在产品数为 400 件。甲产品月末在产品约当量资料，见本项目实际技能训练题(三)、(四)的计算结果。甲产品生产成本明细账归集的生产费用表明，月初在产品成本为 400 000 元，其中直接材料 300 000 元，直接人工 44 000 元，制造费用 56 000 元；甲产品本月发生的生产费用为 3 035 600 元，其中直接材料 2 033 100 元，直接人工 441 100 元，制造费用 561 400 元。

要求：

(1)采用约当产量法计算甲产品月末在产品成本和本月完工产品成本，完成产品成本计算单。

(2)编制结转本月完工入库产品成本的记账凭证。

产品成本计算单

产品：甲产品　　　　　　　　　　　20××年×月　　　　　　　　　　　单位：元

摘　要	直接材料	直接人工	制造费用	合　计
月初在产品成本				
本月生产费用				
生产费用合计				
本月完工产品数量				
月末在产品约当产量				
生产量合计				
费用分配率 (完工产品单位成本)				
本月完工产品总成本				
月末在产品成本				

(五)练习定额比例法

　　某厂生产的 A 产品是定型产品，有比较健全的定额资料和定额管理制度。本月完工产品 600 件，月末在产品 100 件；原材料系生产开始时一次投入，月末在产品的完工程度均为 50%；完工产品单位原材料消耗定额为 15 公斤，定额工时为 10 小时；本月共发生直接材料成本 21 000 元，直接人工成本 11 700 元，制造费用 10 400 元。

　　要求：采用定额比例法计算完工产品成本和在产品成本。

项目十五

产品成本计算——品种法

 【内容提示】

本项目主要介绍企业的生产类型按工艺过程的特点划分为单步骤生产和多步骤生产，按生产组织方式的特点划分为大量生产、成批生产、和单件生产三种。每个企业都应根据生产类型的特点和管理的要求，选择适合于本企业的产品成本计算方法进行成本计算。

品种法是产品成本计算的最基本方法。通过本项目的学习，要求掌握品种法的适用性及其核算特点，了解品种法成本计算过程，熟悉生产费用归集和分配的程序和步骤，为学习其他的成本计算方法打下坚实的基础。

任务一　品种法基本知识

一、生产特点和管理要求对成本计算的影响

不同的企业，其生产的特点是千差万别的，也都有着区别于其他企业不同的生产类型及其特点。企业的生产类型及其特点不同，对企业选择成本计算方法有着重要的影响。企业的生产类型，可按生产工艺过程的特点和生产组织的特点进行分类。

1. 企业的生产按工艺过程的特点分类

工业企业的生产按生产工艺过程的特点，可分为两种类型：

（1）单步骤生产。亦称简单生产，是指生产工艺过程不能间断，不可能或不需要划分为几个生产步骤的生产，如发电、采掘等工业生产。这类生产由于技术上不可间断（如发电）或由于工作地点的限制（如采煤），通常只能由一个企业进行，而不能由多个企业协作进行。这类企业的产品生产周期一般比较短，通常没有自制半成品或其他中间产品。

（2）多步骤生产。亦称复杂生产，是指生产工艺过程中间是由可以间断的，也可以分散在不同地点，分别在不同的时间进行多步骤加工、制造所组成的生产。例如，纺织、钢铁、机械、服装等工业生产，既可以在一个企业或车间内独立进行，也可以由几个企业或车间在不同的工作地点协作进行生产。其产品的生产周期一般较长，产品品种不是单一的，有半成品或中间产品。多步骤生产按其产品的加工方式，又可以分为连续式加工生产和装配式加工生产两类。

① 连续式多步骤生产，是指从原材料投入生产以后，需经过许多相互联系的加工步

骤才能最后生产出产成品，前一个步骤生产出来的半成品，是后一个加工步骤的加工对象，直到最后加工步骤才能生产出产成品。属于这种连续式复杂生产的典型企业如钢铁、纺织等企业。

②装配式多步骤生产，是指将原材料投入生产后，在各个步骤进行平行加工，制造成产成品所需的各种零件和部件，最后，再将各生产步骤完成的零部件组装成为产成品。属于这种装配式复杂生产的典型企业如机床、汽车、家电等企业。

2. 企业的生产按生产组织的特点分类

企业的生产按生产组织的特点划分，可分为三种类型：

（1）大量生产。大量生产是指不断地重复生产相同产品的生产。其主要特点是企业生产的产品品种较少且比较稳定，各种产品的产量较大，一般是采用专业设备重复进行生产，专业化水平较高。例如，纺织、采掘、化肥、冶金等企业就是大量生产的典型企业。

（2）成批生产。成批生产是指按照预先确定的产品批别和数量，轮番进行若干种产品的生产。采用这种生产方式的企业或车间中，产品的品种较多，而且又具有一定的重复性，如服装，机械的生产。成批生产按照批量的大小又可进一步划分为大批生产和小批生产：大批生产由于产量大，往往几个月内不断地重复生产一种或几种产品，因而性质上类似于大量生产；小批生产由于生产产品的品种较小，一批产品一般可以同时完工，因而其性质上类似于单件生产。例如，服装等企业就是典型的成批生产企业。

（3）单件生产。单件生产类似小批生产，是根据各定货单位的要求，生产某种规格、型号、性能等特殊产品的生产。这种生产方式下的企业或车间中，产品的品种较多，但每一定单产品数量少，一般不重复或不定期重复生产。例如，航天飞船、造船、重型机械等企业就是单件生产的典型企业。

综上所述，一般情况下，单步骤生产和连续加工式的多步骤生产的生产组织多为大量生产，装配式的多步骤生产的生产组织存在大量生产，成批生产和单件生产的区别。

3. 生产类型的特点对成本计算方法的影响

生产类型的特点对产品成本计算方法的影响，主要表现在三个方面，即成本计算对象、成本计算期、生产费用在完工产品和在产品之间的分配问题。这三个方面的有机结合，构成了某种成本计算方法的主要特点。

（1）成本计算对象。成本计算对象的确定是产品成本计算的核心。根据管理的需要，工业企业的成本计算对象可能是产品的品种，也可以是产品的批别或者产品的生产步骤。

在产品成本计算工作中，有着三种不同的成本计算对象：①以产品品种为成本计算对象；②以产品批别为成本计算对象；③以产品生产步骤为成本计算对象。

成本计算对象的确定，是设置产品成本明细账、归集生产费用、计算产品成本的前提，是构成成本计算方法的主要标志，因而也是区别各种成本计算基本方法的主要标志。

（2）成本计算期。成本计算期是指每次计算产品成本的期间，计算产品成本的期间并不完全与产品的生产周期或会计报告期间相一致。影响成本计算期的主要因素是生产类型的特点。

在大量大批生产的企业中，每个月份内都有大量的产品，产品的生产周期很短，由于随时都有完工产品，因而不能在产品完工的时候马上计算产品成本，而是定期地在月末进行计算。这时，产品的成本计算期与会计报告期一致，而与产品的生产周期不一致；在单件小批生产的企业里，当每一订单产品或每批产品未完工时，全部是在产品的成本，只有产品全部完工时才能计算该件(批)完工产品的成本，故其成本计算期与产品的生产周期一致，但与会计报告期不一致。需要指出的是成本计算期与会计报告期并不能相提并论，尽管在单件小批生产的企业里要在产品完工时才计算完工产品的成本，但企业与成本计算有关的经济业务，如费用的归集与分配都应按月进行并按月结账，据以考核企业内部各单位产品成本的发生情况。同时，也可积累资料，待产品完工时便于及时进行成本计算。

(3)生产费用在完工产品和月末在产品之间的分配。企业生产产品过程中发生的全部生产费用，经过生产费用要素的归集和分配后，最终都集中在"基本生产成本明细账"和各种"产品成本计算单"当中。

若该种产品期末在产品数量很少或没有在产品，则归集在"基本生产成本明细账"和"产品成本计算单"中的所有的生产费用，就是完工产品的总成本。用总成本除以产量，就是完工产品单位成本。若该种产品期末在产品数量很多、费用额也较大，这时，就应将在"基本生产成本明细账"和各种"产品成本计算单"中归集的费用采用一定的方法在完工产品和在产品之间进行分配。所要分配的费用是月初在产品成本加上本月发生的费用之和，在完工产品和在产品之间进行分配。

4. 成本管理的要求对成本计算方法的影响

一个企业究竟采用哪种方法计算产品成本，除了受生产类型的特点影响外，还必须根据企业成本管理的要求选择适合于本企业的成本计算方法。例如，在大量大批复杂生产的企业里，一般以每种产品及其所经过的加工步骤作为成本计算对象，采用分步法来计算产品成本；如果企业规模较大但是产品的品种较少，成本管理上不要求计算产品所经过加工步骤的成本，只要求计算出每种产品的成本，这时可采用品种法计算产品成本；而对于小批、单件生产企业，由于其生产的产品批量小，一批产品一般可以同时完工，因而可以按照产品的批别或件别归集生产费用，计算产品成本。从成本管理的角度，为了分析和考核各批产品成本水平，也要求按照产品批别或件别计算成本。

二、产品成本计算方法

1. 产品成本计算的基本方法

(1)在单步骤生产的企业里，由于其生产工艺过程的不可间断，没有必要或不可能分生产步骤来计算产品成本，只能按每种产品的品种作为成本计算对象计算每种产品的成本。单步骤生产的企业，从其生产组织的特点来看，一般大多属于大量生产，分不出生产批次来，每日每时都有完工产品，因而，不能在产品完工时就计算它的成本，只能以会计报告期作为成本计算期，定期在月末进行计算。这样，其产品的生产周期与成本计算期就不一致。单步骤生产的企业月末一般没有在产品或在产品数量很少，占用的在产品成本一般也较小或相对稳定，因而一般不需要将生产费用在完工产品和在产品之间进行分配，本月发生的生产费用就是完工产品成本，这种以产品的品种作为成本计算对象的成本计算方法，称为品种法。

必须指出，品种法应用于一些单步骤生产企业时，由于不需计算在产品成本，从而成本计算方法比较简单，所以又称为简单法。但是，这并不意味着采用品种法的企业一律不计算在产品成本。当这些企业生产的产品，在产品数量较多而且变化较大时，需要将生产费用在完工产品和在产品之间进行分配。因此，这种类型企业采用的品种法又称为典型品种法。

(2)在大量大批多步骤生产的企业，由于其生产工艺过程是由若干可以间断的、分散在不同地点进行的生产步骤所组成，因此，它不仅要计算出最终产品的成本，而且要计算产品所经过的各个加工步骤的成本。在大量大批多步骤生产的企业，只能定期在月末计算产品成本，成本计算期与会计报告期相一致，而与产品的生产周期不一致。在这种类型的生产企业里，月末在产品数量很多，占用的成本数额也较大。因此，应采用适当的成本计算方法，将生产费用在完工产品和期末在产品之间进行分配。这种以产品和其所经过的生产步骤作为成本计算对象的成本计算方法，称为分步法。

(3)在单件小批多步骤生产的企业里，产品生产是按定单或批别组织，这一特点就要求计算每一定单或每批产品的成本。因此，它的成本计算对象就是每批产品(或每一定单)。在单件小批复杂生产的企业里，一批(或一件)产品往往同时投产又同时完工，在该批产品完工时就应计算它的完工产品成本，未完工时全部都是在产品。它的成本计算期是不定期的，与产品的生产周期相一致。所以，一般不需要将生产费用在完工产品和月末在产品之间进行分配。这种以产品的批别作为成本计算对象的成本计算方法，称为分批法。

以上产品成本计算方法即品种法、分步法和分批法，是产品成本计算方法中的基本方法，其特点用表15-1加以说明。

表 15-1　产品成本计算的基本方法

基本方法	成本计算对象	成本计算期	生产费用是否需要在完工产品和月末在产品之间进行分配
品种法	每种产品	定期于月末计算	一般不需分配，大量大批复杂生产企业采用该法时需要进行分配
分步法	每种产品及其所经过的生产步骤	定期于月末计算	需要进行分配
分批法	每批产品	不定期计算	一般不需要分配

2. 产品成本计算的辅助方法

除上述基本方法外，在产品品种、规格繁多的工业企业如针织厂、灯泡厂等，为了简化成本计算工作，还应用一种简便的产品成本计算方法——分类法；在定额管理工作基础好的工业企业中，为了配合和加强定额管理、加强成本控制，更有效地发挥成本计算的分析性和监督性作用，还应用一种将符合定额的费用和脱离定额的差异分别核算的产品成本计算方法——定额法。这些方法与生产类型的特点没有直接联系，不涉及成本计算对象，其应用或者是为了简化成本计算工作，或者是为了加强成本管理。只要具备条件，在哪种生产类型企业都能用。因此，从计算产品实际成本的角度来说，它们不是必不可少的。基于上述情况，这些方法通称辅助方法，一般应与各种类型生产中采用的基本方法结合起来使用，而不能单独使用。

需要指出的是，产品成本计算的基本方法和辅助方法的划分，是从计算产品实际成本角度考虑的，并不是因为辅助方法不重要。相反，有的辅助方法，如定额法对控制生产费用、降低产品成本具有重要作用。

企业应根据其生产的特点和管理的要求，确定所应选择的成本计算方法。

三、产品成本计算的品种法

1. 品种法概述

(1)品种法及其适用范围。

产品成本计算的品种法，是指以产品的品种作为成本核算对象，用以归集费用并计算产品成本的方法。品种法是工业企业产品成本计算的最基本的方法。

品种法主要适用于大量、大批的单步骤生产，如发电、采掘生产等。在这种类型的生产中，产品的生产工艺过程不可能或不需要划分为几个生产步骤，因而也就不可能或不需要按照生产步骤计算产品成本。在大量、大批的多步骤生产中，如果企业或车间的规模较小，或者车间是封闭式的(从原材料投入到产品产出的全过程，都是在一个车间内进行的)，或者生产时按流水线组织的，管理上不要求按照生产步骤计算产品成本，也可以采用品种法计算产品成本，如小型水泥厂、造纸厂、织布厂等。企业的辅助生产单位，如供水车间、供电车间、供气车间等也可以采用品种法计算其产品和劳务的成本。

(2)品种法的特点。

① 以产品品种作为成本核算对象，设置生产成本明细账。在采用品种法计算产品成本的企业或车间里，成本计算对象是产品品种。如果企业生产一种产品，全部生产费用都是直接费用，计算产品成本时只需要为这种产品开设一本产品成本明细账，账内按成本项目设立专栏或专行。在这种情况下，所发生的全部生产费用可以直接计入该产品成本明细账的有关成本项目中，而不存在在各成本计算对象之间分配费用的问题。如果是生产多种产品，产品成本明细账就要按照产品品种分别设置，发生的生产费用中能分得清是哪种产品消耗的，可以直接计入该产品成本明细账的有关成本项目，分不清的则要采用适当的分配方法在各成本计算对象之间进行分配，再分别计入各产品成本明细账的有关成本项目。

根据品种法成本核算对象上的差别，也可以将品种法划分为单一品种的品种法和多品种的品种法。在产品品种单一的大量大批单步骤生产企业(或生产单位)，由于只生产一个成本核算对象，生产过程中发生的应计入产品成本的费用都是直接计入费用，不存在在各成本核算对象之间分配的问题。如果企业(或生产单位)生产周期较短，没有或极少有期末在产品，也不存在在完工产品和期末在产品之间分配费用的问题。在供水、供电、采掘等企业采用的这种单一品种的品种法，实际工作中也称为简单计算法。

② 成本计算定期按月进行。在大量、大批的单步骤生产中，由于是不断地重复生产一种或几种产品，不能在产品制造完工时立即计算它的成本，所以成本计算一般定期于每月月末进行。在多步骤生产中，如采用品种法计算成本，成本计算一般也定期于每月月末进行，与会计报告期一致，与产品生产周期不一致。

③ 如果企业月末有在产品，要将生产费用在完工产品和在产品之间进行分配。在单步骤生产中，月末计算成本时一般不存在尚未完工的在产品，或者在产品数量很小，因而可以不计算在产品成本。在这种情况下，产品成本明细账中按成本项目归集的生产费用就是该成本的总成本，用该产品的产量去除，即可求得该产品的平均单位成本。

在一些规模较小且管理上又不要求按照生产步骤计算成本的大量、大批的多步骤生产中，月末一般都有在产品且数量较多，这就需要将产品成本明细账中归集的生产费用选择适当的分配方法，在完工产品与月末在产品之间进行分配，以便计算完工产品成本和月末在产品成本。

2. 品种法运用

(1)品种法的成本计算程序。

按照产品品种计算成本，是成本管理对于成本计算的最一般的要求，成本计算的一般程序也就是品种法的成本计算程序。

① 按产品品种设置有关成本明细账。企业应在"生产成本"总分类账户下，设置"基本生产成本"和"辅助生产成本"二级账；按照企业确定的成本核算对象(产品品种)，设置产品生产成本明细账(或产品成本计算单)，按照辅助生产车间或辅助生产提供的产品(劳务)品种，设置辅助生产成本明细账；在"制造费用"总分类账户下，按生产单位(分厂、车间)设置制造费用明细账。产品生产成本明细账(产品成本计算单)和辅助生产成本明细账应当按照成本项目设专栏，制造费用明细账应当按费用项目设专栏。

② 归集和分配本月发生的各项费用。根据各项费用发生的原始凭证和其他有关凭证，归集和分配材料费用、工资费用和其他各项费用。按成本核算对象(产品品种)归集和分配生产费用时，根据编制的会计分录，凡能直接计入有关生产成本明细账(产品成本计算单)的应当直接计入；不能直接计入的应当按照收益原则分配以后，根据有关费用分配表分别计入有关生产成本明细账(产品成本计算单)。各生产单位发生的制造费用，先通过制造费用明细账归集计入有关制造费用明细账。直接计入当期损益的管理费用、销售费用、财务费用，应分别计入有关期间费用明细账。

③ 分配辅助生产费用。根据辅助生产成本明细账归集的本月辅助生产费用总额，按照企业确定的辅助生产费用分配方法，分别编制各辅助生产单位的"辅助生产费用分配表"分配辅助生产费用。根据分配结果编制会计分录，分别计入有关产品成本明细账(产品成本计算单)、制造费用明细账和期间费用明细账。

辅助生产单位发生的制造费用，如果通过制造费用明细账归集，应在分配辅助生产费用前分别转入各辅助生产成本明细账，并入该辅助生产单位本期费用(成本)总额。

④ 分配基本生产单位制造费用。根据各基本生产单位制造费用明细账归集的本月制造费用，按照企业确定的制造费用分配方法分别编制各生产单位的"制造费用分配表"分配制造费用。根据分配结果编制会计分录，分别记入有关产品生产成本明细账(产品成本计算单)。

⑤ 计算完工产品实际总成本和单位成本。根据产品生产成本明细账(产品成本计算单)归集的生产费用合计数(期初在产品成本加上本期生产费用)，在完工产品和在产品之间分配生产费用，计算出本月完工产品的实际总成本和月末在产品成本。各产品完工产品

实际总成本分别除以其实际总产量,即为该产品本月实际单位成本。

⑥ 结转完工产品成本。根据产品成本计算结果编制本月"完工产品成本汇总表",编制结转本月完工产品成本的会计分录,并分别记入有关产品生产成本明细账(产品成本计算单)和库存商品明细账。

(2)品种法举例。

【例 15-1】 长春电机厂采用品种法计算产品成本。企业生产 A、B 两种产品,月末在产品成本只包括原材料价值,产品的共同费用按工人工资的比例分配。20××年 9 月初 A 产品的在产品成本为 2 200 元,B 产品无在产品。9 月末,A 产品在产品负担的原材料为 3 400 元,B 产品全部完工。9 月发生下列业务:

(1)基本生产车间领用原材料 13 200 元,其中 A 产品耗用 10 000 元,B 产品耗用 3 200 元。

(2)基本生产车间领用低值易耗品 500 元。

(3)计算提取固定资产折旧费 1 140 元,其中车间折旧费 970 元,厂部管理部门折旧费 170 元。

(4)应付职工工资 5 000 元,其中生产工人工资 3 000 元(生产 A 产品的工人工资为 1 800 元,生产 B 产品的工人工资为 1 200 元),车间管理工资 500 元,厂部管理人员工资 1 500 元。

(5)发放福利费 700 元,其中生产工人福利 420 元(A 产品工人的福利费 252 元,B 产品工人的福利费 168 元),车间管理人员福利费 70 元,厂部管理人员福利费 210 元。

计算该企业 A、B 产品成本、在产品成本及有关的会计处理如下:

(1)借:生产成本——基本生产成本——A 产品		10 000	
——B 产品		3 200	
贷:原材料			13 200
(2)借:制造费用		500	
贷:周转材料——低值易耗品			500
(3)借:制造费用		970	
管理费用		170	
贷:累计折旧			1 140
(4)借:生产成本——基本生产成本——A 产品		1 800	
——B 产品		1 200	
制造费用		500	
管理费用		1 500	
贷:应付职工薪酬——工资			5 000
(5)借:生产成本——基本生产成本——A 产品		252	
——B 产品		168	
制造费用		70	
管理费用		210	
贷:应付职工薪酬——职工福利			700

本月发生的制造费用＝500＋970＋500＋70＝2 040(元)

制造费用按产品生产工人的工资为标准，则：

制造费用分配率＝2 040÷(1 800＋1 200)＝0.68

A产品分配的制造费用＝1 800×0.68＝1 224(元)

B产品分配的制造费用＝2 040－1 224＝816(元)

(6)借：生产成本——基本生产成本——A产品　　　　　　　　　1 224

　　　　　　　　　　　　　　——B产品　　　　　　　　　　816

　　　贷：制造费用　　　　　　　　　　　　　　　　　　　　　2 040

本月完工的A产品总成本＝2 200＋10 000＋1 800＋252＋1 224－3 400＝12 074(元)

本月完工的B产品总成本＝3 200＋1 200＋168＋816＝5 384(元)

(7)借：库存商品——A产品　　　　　　　　　　　　　　　　　12 074

　　　　　　　——B产品　　　　　　　　　　　　　　　　　5 384

　　　贷：生产成本——基本生产成本——A产品　　　　　　　　12 074

　　　　　　　　　　　　　　　——B产品　　　　　　　　　5 384

任务二　品种法实训

 【能力目标】

通过品种法核算的实训，使学生掌握品种法核算的基本原理、核算程序以及具体计算过程和账务处理方法。

 【任务描述】

1. 开设产品成本明细账。

2. 登记产品成本明细账。

 【实训资料】

光华制品公司下设一个基本生产车间和一个辅助生产车间。基本生产车间生产甲、乙两种产品，采用品种法计算成本。基本生产成本明细账设置"直接材料""直接人工"和"制造费用"三个成本项目。辅助生产车间的制造费用不通过"制造费用"的账户进行核算。

20××年10月份光华制品公司有关资料如下：

(1)基本生产车间领料50 000元，其中直接用于甲产品的A材料10 000元，直接用于乙产品的B材料15 000元，甲、乙产品共同耗用C材料20 000元(按甲、乙产品的定额消耗量比例进行分配，甲产品的定额消耗量为4 000千克，乙产品的定额消耗量为1 000千克)，车间耗用的消耗性D材料5 000元，辅助生产车间领D材料6 000元。

(2)基本生产车间本月报废周转材料一批，实际成本为2 000元，残料入库，计价100元，采用五五摊销法进行核算。

（3）基本生产车间的工人工资 20 000 元（按甲、乙产品耗用的生产工时比例进行分配，甲产品的生产工时为 6 000 小时，乙产品的生产工时为 2 000 小时）、管理人员工资 4 000 元、辅助生产车间的工人工资 6 000 元、管理人员工资 1 500 元，共计 31 500 元。按照工资费用的 14% 发放职工福利。

（4）基本生产车间月初在用固定资产原值 100 000 元，月末在用固定资产原值 120 000 元，辅助生产车间月初、月末在用固定资产原值均为 40 000 元，按月折旧率 1% 计提折旧。

（5）基本生产车间发生其他费用支出 4 540 元，辅助生产车间发生其他费用支出 3 050 元，共计 7 590 元，均通过银行转账结算。

（6）辅助生产车间（机修车间）提供劳务 9 000 小时，其中为基本生产车间提供 8 000 小时，为企业管理部门提供 1 000 小时，辅助生产费用按工时比例进行分配。基本生产车间的制造费用按生产工时比例在甲、乙产品之间进行分配。

（7）甲产品的原材料在生产开始一次投入，生产费用采用约当产量比例法进行分配。甲产品本月完工产成品 1 000 件，月末在产品 400 件，完工率为 40%。乙产品各月在产品数量变化不大，生产费用在产成品与在产品之间的分配，采用在产品按年初固定成本计价法。甲、乙产品月初在产品成本资料见其产品成本明细账，如表 15 - 2、表 15 - 3 所示。

表 15 - 2　甲产品成本明细账

产品名称：甲产品　　　　　　　　　　　　　20××年 10 月　　　　　　　　　　　　产成品：1 000 件

项　目	原材料	直接人工	制造费用	合　计
月初在产品成本	16 000	11 900	16 600	44 500
本月生产费用				
生产费用合计				
约当产量				
分配率				
完工产品成本				
月末在产品成本				

表 15 - 3　乙产品成本明细账

产品名称：乙产品　　　　　　　　　　　　　20××年 10 月　　　　　　　　　　　　产成品：560 件

项　目	原材料	直接人工	制造费用	合　计
月初在产品成本	9 00	3 500	5 000	18 000
本月生产费用				
生产费用合计				
完工产品成本				
月末在产品成本				

【实训要求】

1. 编制记账凭证。

(1)编制各项要素费用分配的会计分录；

(2)编制辅助生产费用分配的会计分录；

(3)编制结转基本生产车间制造费用的会计分录；

(4)编制结转产成品成本的会计分录。

2. 登记甲产品成本明细账。

3. 登记乙产品成本明细账。

【实训用表及记账凭证】

1. 甲产品成本明细账。

2. 乙产品成本明细账。

3. 记账凭证。

【实训结果】

(1)借：生产成本——基本生产成本——甲	26 000	
生产成本——基本生产成本——乙	19 000	
生产成本——辅助生产成本	6 000	
制造费用	6 000	
贷：原材料——A 材料		10 000
——B 材料		15 000
——C 材料		20 000
——D 材料		11 000
(2)借：原材料	100	
制造费用	900	
贷：周转材料——摊销		1 000
(3)借：生产成本——基本生产成本——甲	17 100	
生产成本——基本生产成本——乙	5 700	
生产成本——辅助生产成本	8 550	
制造费用	4 560	
贷：应付职工薪酬		35 910
(4)借：制造费用	1 000	
生产成本——辅助生产成本	400	
贷：累计折旧		1 400
(5)借：制造费用	4 540	
生产成本——辅助生产成本	3 050	
贷：银行存款		7 590

（6）辅助生产费用合计＝6 000＋8 550＋400＋3 050＝18 000（元）

借：制造费用 16 000

管理费用 2 000

贷：生产成本——辅助生产成本 18 000

（7）制造费用合计＝5 000＋900＋4 560＋1 000＋4 540＋16 000＝32 000（元）

借：生产成本——基本生产成本——甲 24 000

生产成本——基本生产成本——乙 8 000

贷：制造费用 32 000

（8）借：产成品——甲 90 000

产成品——乙 32 700

贷：生产成本——基本生产成本——甲 90 000

生产成本——基本生产成本——乙 32 700

表 15－4　甲产品成本明细账

产品名称：甲产品 20××年 10 月 产成品：1 000 件

项　目	原材料	直接人工	制造费用	合　计
月初在产品成本	16 000	11 900	16 600	44 500
本月生产费用	26 000	17 100	24 000	67 100
生产费用合计	42 000	29 000	40 600	111 600
约当产量	1 400	1 160	1 160	—
分配率	30	25	35	90
完工产品成本	30 000	25 000	35 000	90 000
月末在产品成本	12 000	4 000	5 600	21 600

表 15－5　乙产品成本明细账

产品名称：乙产品 20××年 10 月 产成品：560 件

项　目	原材料	直接人工	制造费用	合　计
月初在产品成本	9 500	3 500	5 000	18 000
本月生产费用	19 000	5 700	8 000	84 000
生产费用合计	28 500	9 200	13 000	102 000
完工产品成本	19 000	5 700	8 000	84 000
月末在产品成本	9 500	3 500	5 000	18 000

 【基市知识训练题】

一、单项选择题

1. 采用品种法，生产成本明细账（产品成本计算单）应当按照（　　）分别开设。

A. 生产单位　　　　B. 产品品种　　　　C. 生产步骤　　　　D. 产品类别

2. 在各种成本计算方法中，品种法成本计算程序(   )。

    A. 最具有特殊性

    B. 最具有代表性

    C. 最不完善

    D. 与其他方法的成本计算程序完全不同

3. 品种法在本期完工产品与期末在产品之间分配生产费用的特点是(   )。

    A. 没有在产品，不需要进行分配

    B. 通常有在产品，需要进行分配

    C. 管理上不要求分步计算成本的多步骤生产，通常有在产品，需要进行分配

    D. 大量大批单步骤生产都有在产品，需要进行分配

4. 品种法成本的计算期的特点是(   )。

    A. 定期按月计算成本，与生产周期一致

    B. 定期按月计算成本，与会计报告期一致

    C. 不定期计算成本，与生产周期一致

    D. 不定期计算成本，与会计报告期不一致

5. 最基本的成本计算方法是(   )。

    A. 品种法   B. 分批法

    C. 分步法   D. 分类法

6. 下列企业中，最常采用品种法计算产品成本的是(   )。

    A. 纺织厂   B. 发电厂

    C. 制衣厂   D. 钢铁厂

7. 品种法的成本计算对象是(   )。

    A. 产品品种   B. 产品类别

    C. 批别或订单   D. 生产步骤

8. 若企业只生产一种产品，则发生的费用(   )。

    A. 全部是直接费用   B. 全部是间接费用

    C. 部分是直接费用   D. 部分是间接费用

二、多项选择题

1. 品种法的适用范围有(   )。

    A. 大量大批单步骤生产

    B. 管理上不要求分步计算成本的大量大批多步骤生产

    C. 大量大批多步骤生产

    D. 单件小批生产

2. 品种法是成本计算最基本的方法，这是因为(   )。

    A. 各种方法最终都要计算出各产品品种的成本

    B. 品种法成本计算程序是成本计算的一般程序

    C. 品种法定期按月计算产品成本

    D. 品种法不需要进行费用分配

3. 下列企业中,适于采用品种法进行成本计算的有( )。

  A. 采掘企业   B. 汽车制造企业

  C. 供水、供电企业   D. 小型水泥厂

4. 品种法的特点有( )。

  A. 产品的品种作为成本计算对象

  B. 定期按月计算产品成本

  C. 如果有在产品时,需要在完工产品和期末在产品之间分配生产费用

  D. 需要采用一定的方法,在各生产步骤之间分配生产费用

5. 下列关于品种法表述正确的有( )。

  A. 以产品的品种作为成本计算对象

  B. 成本计算程序较为复杂

  C. 是大量大批多步骤生产企业必须采用的成本计算方法

  D. 简单品种法一般不需要将生产费用在完工产品和在产品之间进行分配

三、判断题

1. 采用品种法,应当按照产品品种分别设置生产成本明细账(产品成本计算单)。( )

2. 从成本核算对象和成本计算程序来看,在各种成本计算方法中,品种法是最基本的方法。( )

3. 品种法也就是简单法。( )

4. 采用品种法,不存在在完工产品和期末在产品之间分配生产费用的问题。( )

5. 多步骤生产不能采用品种法。( )

6. 企业的供水、供电等辅助生产车间,可以采用品种法计算成本。( )

7. 从生产组织形式看,品种法主要适用于大量大批生产。( )

8. 品种法的成本计算期为定期在每月月末进行,与产品生产周期不一致。( )

 【实际技能训练题】

长春电机厂产品成本计算采用品种法。20××年5月有关资料如下:

(1)基本生产车间有关材料消耗、工时及工资费用、生产车间制造费用资料见下表,制造费用在各产品之间采用实际工时比例法进行分配。

材料费用分配表

20××年5月   单位:元

项 目	直接计入	分配计入	合 计
甲产品	50 000	40 000	90 000
乙产品	30 000	70 000	100 000
车间一般消耗		2 000	2 000

工资费用分配表

20××年5月　　　　　　　　　　　　　　　　　　　　单位：元

项　目		直接计入	分配计入		合　计
			生产工时	分配额	
生产工人	甲产品	20 000	4 000		
	乙产品	18 000	2 000		
	小计	38 000	6 000	30 000	68 000
车间管理人员		21 000			21 000

其他费用

20××年5月　　　　　　　　　　　　　　　　　　　　单位：元

项　目	办公费	水电费	折旧费	修理费	其　他
金额	10 000	6 000	7 000	3 000	50 000

（2）月末在产品按定额成本计算，产品定额成本资料见下表，本月甲产品完工80件，月末在产品20件。在产品原材料已投足，完工程度平均为50%。

甲产品定额成本

20××年5月　　　　　　　　　　　　　　　　　　　　单位：元

项　目	直接材料	直接人工	制造费用
定额成本	980	695	510

要求：根据已知资料，计算并填列下表所示的甲产品成本明细账的有关项目。

甲产品成本明细账

20××年5月　　　　　　　　　　　　　　　　　　　　单位：元

20××年		摘　要	直接材料	直接人工	制造费用	合　计
月	日					
5	1	在产品成本	29 400	10 425	7 650	47 475
	31	本月发生费用				
	31	生产费用累计				
	31	完工产品成本				
	31	在产品成本				

项目十六

产品成本计算——分批法

 【内容提示】

分批法是产品成本计算的基本方法之一。本项目对分批法的概念、特点和分批法的成本计算程序进行了论述，以大宇服装厂为例从企业成本核算基本情况、实验资料、实验要求等方面进行分批法核算实训。

通过本项目学习，要求掌握分批法的适用性、特点和成本计算程序，以及在采用分批法核算成本时，分批完工交货情况下应如何计算产品成本。了解简化的分批法及其特点和应用条件。

任务一　分批法核算基本知识

一、分批法的特点

分批法是按照产品的批别（或定单）归集生产费用、计算产品成本的一种方法。它主要适用于小批、单件、管理上不要求分步骤计算成本的多步骤生产，如重型机械制造、船舶制造、精密工具、仪器制造、服装加工及印刷工业等生产。在单件、小批生产企业中，由于生产一般是按客户定单组织的，所以，分批法又称为定单法。

分批法的主要特点有：

（1）以产品的批别（或定单）为成本计算对象。

采用分批法计算产品成本，产品成本的计算一般是以定单划分批别的，一张定单的产品为一批，以此来计算产品的成本。在这种情况下，成本计算对象就是每一定单的产品。但是，如果在一张定单中规定有几种产品，或虽然只有一种产品但其数量较大而又要求分批交货时，如按定货单位的定单组织生产不利于按产品品种考核、分析成本计划的完成情况，从生产管理上也不便于集中一次投料，或满足不了分批交货的要求。对此，企业生产计划部门可以将不同客户的定单按照产品品种划分批别组织生产，或将同一定单的产品划分为数批组织生产。如果一张定单中只规定一件产品，但其属于大型复杂的产品，价值较大且生产周期较长，如大型船舶制造，也可以按照产品的组成部分分批组织生产。如果在同一时期内，企业接到不同购货单位要求生产同一产品的几张定单，为了经济合理地组织生产，企业生产计划部门也可以将其合并为一批组织生产。在上述情况下，分批法的成本计算对象，就不是购货单位的定单产品，而是企业生产计划部门签发的生产通知单上规定并编号的产品批别。会计部门应根据产品批别设置产品生产成本明细账，并按成本项目设专栏，以便归集费用和计算成本。发生的直接费用可直接记入各批产品生产成本明细账的有关成本项目，间接费用则采用适当的分配方法在各批产品之间进行分配，再记入各批产品生产成本明细账，以计算产品成本。

（2）以每批产品的生产周期为成本计算期。

按批次组织生产，各批次产品因生产的复杂程度、数量、要求不同，其生产周期也不相同。有的批次当月投产当月完工，有的批次需要几个月甚至几年的时间才能完工。而每批产品的实际成本必须等到该批产品全部完工后才能计算确定，因而，采用分批法必须以各批产品的生产周期为成本计算期，即成本计算期与生产周期相同，而与会计报告期不一致。

（3）一般不需要在完工产品与月末在产品之间分配费用。

在小批、单件生产下，由于成本计算期与产品的生产周期相一致，因此在月末计算产品成本时，各批产品生产成本明细账所归集的费用在完工之前都是在产品成本，在完工之后都是完工产品的成本，一般不存在在完工产品与在产品之间分配费用的问题。但如果批内出现跨月陆续完工的情况，就要求在完工产品与在产品之间分配费用。如果完工的产品数量较少，可以采用简单的分配方法，即按计划单位成本、定额单位成本或最近一期相同产品的实际单位成本计算完工产品成本，从产品生产成本明细账中转出，剩余数额即为在产品成本。待批内产品全部完工时，再计算该批产品的实际总成本和单位成本，但对已经转账的完工产品成本一般不作账面调整。如果月末批内完工产品的数量较多，为了提高成本计算的正确性，则应采用适当的方法在完工产品和月末在产品之间分配费用，计算完工产品成本和月末在产品成本。为了使同一批产品尽量同时完工，避免跨月陆续完工的情况，减少在完工产品与月末在产品之间分配费用的工作，在合理组织生产的前提下可以适当缩小产品的批量。

二、分批法的成本计算程序

分批法的成本计算程序如下：

（1）按批别设置产品生产成本明细账。

采用分批法时，企业的生产计划部门应按产品的批别（或定单）签发生产通知单，注明产品批号下达到生产车间，据以按批组织生产。会计部门应根据生产通知单上规定的产品批号设置产品生产成本明细账，并按成本项目归集生产费用。为了分析、考核车间的工作业绩、加强车间成本管理，产品生产成本明细账也可按车间别，然后再按每一定单或每一批产品开设，计算每一定单或每一批产品在各车间发生的费用。

（2）按批别归集生产费用。

在按批别设置的产品生产成本明细账中，对于本月发生的生产费用，凡能直接按批号确定的直接费用，可根据有关原始凭证上注明的产品批号直接记入。各批产品共同耗用的费用，应先按费用发生的地点进行归集，然后再选择适当的分配标准按一定比例在各批产品之间进行分配。

（3）计算与结转完工产品成本。

月末计算产品成本时，对于完工批别的产品，加总其生产成本明细账中所归集的各项费用即为该批完工产品的总成本，并应将其从完工批别的产品生产成本明细账中转出。至于各批未完工产品生产成本明细账中所归集的生产费用，即为月末在产品成本，则应继续保留在该成本明细账上。

如果某批产品数量较大、出现跨月陆续完工时，则要采用适当的方法在完工产品和在产品之间分配费用，计算出当月完工产品成本和月末在产品成本，并将完工产品成本从该产品生产成本明细账中转出。

三、分批法一般应用程序举例

【例16-1】 红旗服装加工厂有剪裁、缝纫和包装三个生产工序，按照定货单位、定货合同规定的服装品种、规格和数量分批进行生产。该厂采取厂部一级核算的组织形式，不要求分生产步骤计算产品成本，因此，可采用分批法计算产品成本。

该厂20××年6月份有关产品成本的资料和计算程序如下：

(1)截至6月末各批服装投产及完工情况，如表16-1所示。

表16-1 生产记录表

批 号	产品名称	开工日期	投产批量	完工数量	在产品数量	生产工时
501	甲	5月23日	500件	500件		8 000 小时
502	乙	5月25日	600套	480套	120套	27 000 小时
503	丙	5月26日	250件	100件	150件	8 500 小时
604	丁	6月1日	250套	250套		4 250 小时
605	戊	6月26日	165件		165件	2 250 小时

(2)501、502、503批号的产品为以前月份投产，6月初在产品费用资料如表16-2所示。

表16-2 在产品费用汇总表 单位：元

批 号	产品名称	直接材料	直接人工	制造费用	合 计
501	甲	57 135	360	155	57 650
502	乙	95 550	1 118	204	96 872
503	丙	24 200	385.50	146.50	24 732

(3)根据6月份材料出库单编制"材料费用分配汇总表"，如表16-3所示。

表16-3 材料费用分配汇总表

20××年6月 单位：元

产品批号和车间、部门	成本或费用项目	原料及主要材料	其他材料	合 计
604	直接材料	18 300		18 300
605	直接材料	10 200		10 200
基本生产车间	机物料消耗		1 500	1 500
	劳动保护		500	500
企业管理部门	物料消耗		1 000	1 000
合 计		28 500	3 000	31 500

根据表16-3编制会计分录,并据以登记有关总账及明细账,会计分录如下:

借:生产成本——604   18 300

     ——605   10 200

  制造费用   2 000

  管理费用   1 000

  贷:原材料   31 500

(4)根据6月份职工薪酬资料编制"直接人工分配表",如表16-4所示。

表16-4　直接人工分配表

20××年6月   单位:元

产品批号和车间、部门	成本或费用项目	分配标准(工时)	分配率	应分配金额(元)
501	直接人工	8 000		3 920
502	直接人工	27 000		13 230
503	直接人工	8 500	0.49	4 165
604	直接人工	4 250		2 082.50
605	直接人工	2 250		1 102.50
小　计		50 000		24 500
基本生产车间	直接人工			1 110
企业管理部门	直接人工			2 220
合　计		50 000		27 830

根据表16-4编制会计分录,并据以登记有关总账及明细账,会计分录如下:

借:生产成本——501   3 920

     ——502   13 230

     ——503   4 165

     ——604   2 082.50

     ——605   1 102.50

  制造费用   1 110

  管理费用   2 220

  贷:应付职工薪酬   27 830

(5)根据6月份固定资产折旧资料编制"折旧费用分配表",如表16-5所示。

表16-5　折旧费用分配表

20××年6月   单位:元

车间、部门	成本或费用项目	分配金额
基本生产车间	折旧费	3 500
企业管理部门	折旧费	1 500
合　计		5 000

根据表 16-5 编制会计分录，并据以登记有关总账及明细账，会计分录如下：

借：制造费用   3 500

  管理费用   1 500

   贷：累计折旧   5 000

(6)根据 6 月份其他费用资料编制"其他费用分配表"，如表 16-6 所示。

表 16-6 其他费用分配表

20××年 6 月   单位：元

车间、部门	水电费	办公费	差旅费	运输费	其 他	合 计
基本生产车间	500				1 890	2 390
企业管理部门	500	1 000	750	1 000	1 250	4 500
合 计	1 000	1 000	750	1 000	3 140	6 890

根据表 16-6 编制会计分录，并据以登记有关总账及明细账，会计分录如下：

借：制造费用   2 390

  管理费用   4 500

   贷：银行存款   6 890

(7)本月制造费用明细账中归集的制造费用总额为 9 000 元，编制"制造费用分配表"如表 16-7 所示。

表 16-7 制造费用分配表

车间：基本生产车间   20××年 6 月   单位：元

产品批号	分配标准（工时）	分配率	应分配金额
501	8 000		1 440
502	27 000		4 860
503	8 500	0.18	1 530
604	4 250		765
605	2 250		405
合 计	50 000		9 000

根据表 16-7 编制会计分录，并据以登记有关总账及明细账，会计分录如下：

借：生产成本——501   1 440

     ——502   4 860

     ——503   1 530

     ——604   765

     ——605   405

   贷：制造费用   9 000

(8)根据上述各项资料，登记各批产品生产成本明细账，如表16-8、表16-9、表16-10、表16-11、表16-12所示。

表16-8　产品生产成本明细账

批号：501　　　　　　　　　　　批量：500件　　　　　　　　　开工日期：5月23日
产品名称：甲　　　　　　　　　完工日期：6月29日　　　　　　　　　　单位：元

20××年		凭证号数	摘　要	直接材料	直接人工	制造费用	合　计
月	日						
6	1		月初在产品成本	57 135	360	155	57 650
6	31		本月生产费用		3 920	1 440	5 360
	31		生产费用合计	57 135	4 280	1 595	63 010
	31		完工产品转出	57 135	4 280	1 595	63 010

表16-9　产品生产成本明细账

批号：502　　　　　　　　　　　批量：600套　　　　　　　　　开工日期：5月25日
产品名称：乙　　　　　　　　　完工日期：　　　　（本月完工480套）单位：元

20××年		凭证号数	摘　要	直接材料	直接人工	制造费用	合　计
月	日						
6	1		月初在产品成本	95 550	1 118	204	96 872
6	31		本月生产费用		13 230	4 860	18 090
	31		生产费用合计	95 550	14 348	5 064	114 962
	31		完工转出480套	76 440	13 043.64	4 603.64	94 087.28
	31		月末在产品成本	19 110	1 304.36	460.36	20 874.72

表16-10　产品生产成本明细账

批号：503　　　　　　　　　　　批量：250件　　　　　　　　　开工日期：5月26日
产品名称：丙　　　　　　　　　完工日期：　　　　（本月完工100件）单位：元

20××年		凭证号数	摘　要	直接材料	直接人工	制造费用	合　计
月	日						
6	1		月初在产品成本	24 200	385.50	146.50	24 732
6	31		本月生产费用		4 165	1 530	5 695
	31		生产费用合计	24 200	4 550.50	1 676.50	30 427
	31		完工转出100件	9 680	1 900	700	12 280
	31		月末在产品成本	14 520	2 650.50	976.50	18 147

表 16-11　产品生产成本明细账

批号：604　　　　　　　　　　批量：250 套　　　　　　　　　　开工日期：6 月 1 日
产品名称：丁　　　　　　　　　完工日期：6 月 29 日　　　　　　　单位：元

20××年		凭证号数	摘　要	直接材料	直接人工	制造费用	合　计
月	日						
6	1		月初在产品成本	—	—	—	—
6	31		本月生产费用	18 300	2 082.50	765	21 147.50
	31		生产费用合计	18 300	2 082.50	765	21 147.50
	31		完工产品转出	18 300	2 082.50	765	21 147.50

表 16-12　产品生产成本明细账

批号：605　　　　　　　　　　批量：165 件　　　　　　　　　　开工日期：6 月 26 日
产品名称：戊　　　　　　　　　完工日期：　　　　　　　　　　　单位：元

20××年		凭证号数	摘　要	直接材料	直接人工	制造费用	合　计
月	日						
6	1		月初在产品成本	—	—	—	—
6	31		本月生产费用	10 200	1 102.50	405	11 707.50
	31		生产费用合计	10 200	1 102.50	405	11 707.50
	31		月末在产品成本	10 200	1 102.50	405	11 707.50

在上述产品生产成本明细账中：

(1)501 批号、604 批号产品本月全部完工，其产品生产成本明细账中所归集的费用全部为当月完工产品成本。

(2)502 批号产品本月完工 480 套、未完工 120 套，原材料是在生产开始时一次投入，其费用可按完工产品和月末在产品实际数量比例分配，其他费用按完工产品和月末在产品的约当产量比例分配。在产品约当产量计算如表 16-13 所示。

表 16-13　在产品约当产量计算表　　　　　　　　　　　　　　单位：套

批　号	单　位	缝纫工序			包装工序			约当产量合计
		完工率	在产品数量	在产品约当产量	完工率	在产品数量	在产品约当产量	
502	套	30%	100	30	90%	20	18	48

$$完工产品应负担的直接材料成本 = \frac{95\ 550}{480+120} \times 480 = 76\ 440(元)$$

$$月末在产品应负担的直接材料成本 = \frac{95\ 550}{480+120} \times 120 = 19\ 110(元)$$

$$完工产品应负担的直接人工成本 = \frac{14\ 348}{480+48} \times 480 = 13\ 043.64(元)$$

月末在产品应负担的直接人工成本 $=\dfrac{14\ 348}{480+48}\times 48=1\ 304.36(元)$

完工产品应负担的制造费用成本 $=\dfrac{5\ 064}{480+48}\times 480=4\ 603.64(元)$

月末在产品应负担的制造费用成本 $=\dfrac{5\ 064}{480+48}\times 48=460.36(元)$

（3）503 批号丙产品，本月末完工数量为 100 件。为简化核算工作完工产品按定额成本转出，每件成本定额为直接材料 96.80 元，职工薪酬 19 元，制造费用 7 元，合计 122.80 元。

（4）505 批号戊产品本月全未完工，其产品生产成本明细账中所归集的费用全部为月末在产品成本。

将本月完工产品成本转入"库存商品"账户，会计分录如下：

借：库存商品——甲产品 63 010
　　　　　　——乙产品 94 087.28
　　　　　　——丙产品 12 280
　　　　　　——丁产品 21 147.50
　　贷：生产成本——501 63 010
　　　　　　　　——502 94 087.28
　　　　　　　　——503 12 280
　　　　　　　　——604 21 147.50

任务二　分批法核算实训

【能力目标】

通过分批法实训，使学生掌握分批法核算的基本原理、核算程序以及具体账务处理方法。

【任务描述】

1. 按批别设置产品生产成本明细账。
2. 按批别归集生产费用。
3. 计算与结转完工产品成本。

【实训资料】

大宇服装厂设有三个生产车间：裁剪车间、缝纫车间、包装车间。裁剪车间的生产任务是将布料按照工艺要求进行裁剪，然后将裁剪好的布料送到缝纫车间进行下一步加工；缝纫车间的生产任务是将裁剪好的布料进行缝制，在缝制过程中要添加一些辅助材料，将布料做成成衣，然后将成衣送到包装车间进行整理；包装车间的生产任务是对成衣进行整理、熨烫、定型、包装等工序处理，经检验合格后形成产成品。该厂还设置一个辅助车间——机修车间，为全厂提供修理服务。该厂产品成本核算采用分批法。

1. 产品成本核算要求

(1)该厂设置"产品成本明细账",按直接材料、直接人工、燃料动力费、制造费用等成本项目设置专栏;产品成本中原材料费用在生产开始时一次投入,产品所需的辅助材料、包装材料随着生产的进行逐步投入,原材料、辅助材料及包装材料费用直接计入各批产品成本;直接人工、燃料动力费、制造费用按生产工时比例进行分配。

(2)各批号产品月末如果有完工产品和在产品,完工产品按计划成本结转,月末不进行完工产品成本和在产品成本分配,待批内产品全部完工时再计算该批产品的实际总成本和单位成本。

(3)机修车间为全厂提供修理服务,该车间发生的各项费用直接通过"生产成本——辅助生产——机修车间"账户核算,月末按其提供的劳务量比例将费用直接分配给各受益部门。

2. 20××年9月大宇服装厂有关资料

(1)9月期初资料。

① 男式西服(生产批号701)。7月28日根据生产订单投产4 000套,8月份生产完工2 000套男式西服,每套按计划单位生产成本220元结转;9月初有在产品2 000套。

② 校服(生产批号801)。8月20日接到定单生产校服7 200套,8月28日根据生产定单先投产2 400套,8月份全部未完工。

③ 计划单位生产成本明细资料见表16-14。

表16-14 计划单位生产成本　　　　　　　　单位:元

产品名称及批号	原材料	直接人工	燃料动力费	制造费用	合　计
男式西服(套)(701)	120	46	15	39	220
校服(套)(801)	110	22	8	20	160

④ 9月初在产品成本见表16-15。

表16-15 9月初在产品成本　　　　　　　　单位:元

产品名称及批号	数量	原材料	直接人工	燃料动力费	制造费用	合　计
男式西服(套)(701)	2 000	116 600	9 600	4 200	6 800	137 200
校服(套)(801)	2 400	127 600	26 400	8 800	28 984	191 784

(2)9月生产情况。

① 男式西服(生产批号701)截止9月份已全部完工。

② 校服(生产批号801),9月份又投产4 800套,本月完工5 200套,每件按计划单位生产成本160元结转,另2 000套仍在车间进行加工。

③ 女式花衬衣(生产批号901),当月投产当月全部完工。

④ 9月份完工产品产量及工时情况见产品产量及工时统计表(表16-16)。

表 16-16　产品产量及工时统计表　　　　　　　　　　单位：小时

批　号	产品名称	月初在产品	本月投产	本月完工	月末在产品	生产工时
701	男式西服（套）	2 000		2 000		9 600
801	校服（套）	2 400	4 800	5 200	2 000	14 400
901	女式花衬衣（件）		2 000	2 000		12 000

（3）9 月生产费用发生情况。

① 材料消耗情况见材料分配汇总表（表 16-17）。

表 16-17　材料分配汇总表　　　　　　　　　　单位：元

材料名称	产品名称及批号				基本生产车间	机修车间	管理部门	合　计
	男式西服	校服	女式花衬衣	小　计				
棉布		256 000		256 000				256 0000
棉花布			96 000	96 000				96 000
辅助材料	900	2 200	1 900	5 000				5 000
包装材料	1 500	5 400	3 000	9 900				9 900
修理配件					4 000	8 000		12 000
机油					1 200	1 000		2 200
其他材料					800		4 400	5 200
合　计	2 400	263 600	100 900	366 900	6 000	9 000	4 400	386 300

② 外购动力情况见 9 月份耗电明细表（表 16-18）。本月用银行转账支票支付动力费 67 200 元，共耗电 56 000 度。

表 16-18　9 月份耗电明细表　　　　　　　　　　单位：度

车间部门	生产车间		机修车间	行政管理部门	合　计
	产品生产	车间照明			
耗电量	36 000	6 000	8 000	6 000	56 000

③ 9 月份职工薪酬情况见工资结算汇总表（表 16-19）和实际发生福利费用明细表（表 16-20）。

表 16-19　工资结算汇总表　　　　　　　　　　单位：元

车间部门		应付工资				代扣款项			实发金额
		基础工资	各种津贴	奖　金	合　计	其　他	个人所得税	小　计	
生产车间	生产工人	100 000	10 000	10 000	120 000		8 400	8 400	111 600
	管理人员	9 000	2 000	1 000	12 000		840	840	11 160
机修车间		20 000	2 000	2 000	24 000		1 680	1 680	22 320
行政管理部门		44 000		4 000	48 000		3 360	3 360	44 640
合　计		173 000	14 000	17 000	204 000		14 280	14 280	189 720

表16－20　实际发生福利费用明细表　　　　　　　　　　　　　　单位：元

车间部门		福利费
生产产品	男式西服	4 480
	校服	6 720
	女式花衬衣	5 600
	小　计	16 800
基本生产车间		1 680
机修车间		3 360
行政管理部门		6 720
合　计		28 560

④ 9月初固定资产原值资料见固定资产原值明细表（表16－21）。

表16－21　固定资产原值明细表　　　　　　　　　　　　　　单位：元

车间部门		房屋建筑物	机器设备	合　计
生产车间	裁剪车间	900 000	300 000	1 200 000
	缝纫车间	2 000 000	2 000 000	4 000 000
	包装车间	1 200 000	400 000	1 600 000
	小　计	4 100 000	2 700 000	6 800 000
机修车间		600 000	200 000	800 000
行政管理部门		600 000	200 000	800 000
合　计		5 300 000	3 100 000	8 400 000

注：该厂计提固定资产折旧采用分类折旧率，房屋建筑物年折旧率4.8%，机器设备年折旧率9.6%。

⑤ 以现金支付其他费用情况见其他费用表（表16－22）。

表16－22　其他费用表　　　　　　　　　　　　　　单位：元

车间部门		办公费	水　费	差旅费	其　他	合　计
生产车间	裁剪车间	800	800		400	2 000
	缝纫车间	1 000	1 000		600	2 600
	包装车间	600	600		200	1 400
	小　计	2 400	2 400		1 200	6 000
机修车间		700	400		200	1 300
行政管理部门		900	600	4 000	400	5 900
合　计		4 000	3 400	4 000	1 800	13 200

⑥保险费和劳动保护费。本月摊销跨年保险费 3 200 元，其中生产车间负担 2 000 元，机修车间负担 800 元，行政管理部门负担 400 元；本月摊销跨年劳动保护费 4 000 元，其中生产车间负担 2 400 元，机修车间负担 1 600 元。

⑦预提费用情况。本月计提短期借款利息 5 000 元；本月计提租金 1 600 元，其中生产车间 1 200 元，机修车间 400 元。

⑧机修车间劳务提供情况见机修车间劳务通知单(表 16 - 23)。

表 16 - 23　机修车间劳务通知单

车间部门	生产车间	行政管理部门	合　计
劳务量(修理工时)	3 004	600	3 604

【实训要求】

(1)设置"生产成本——辅助生产成本""制造费用"明细账和产品成本明细账。

(2)编制各种费用分配表，编制记账凭证，登记有关账户。

(3)月末采用直接分配法分配辅助生产费用，编制有关记账凭证并登记有关账户。

(4)月末分配结转基本生产车间的制造费用，登记有关账户。

(5)月末计算完工产品成本，编制产品完工入库业务的记账凭证。

(6)分配率保留四位小数。

【实训用表及记账凭证】

(1)材料分配表(表 16 - 24)。

表 16 - 24　材料分配表
20××年 9 月 30 日　　　　　　　　　　　　　　　　单位：元

材料名称	基本生产				制造费用	辅助生产	管理费用	合　计
	男式西服(701)	校服(801)	女式花衬衣(901)	小　计				
棉　布								
棉花布								
辅助材料								
包装材料								
修理配件								
机　油								
其他材料								
合　计								

(2)外购动力分配表(表16-25)。

表 16-25　外购动力分配表

20××年9月30日　　　　　　　　　　　　　　　　　　单位：元

车间部门		生产车间		耗电(度)	分配率	金额合计
		工　时	分配率			
生产车间	男式西服(套)					
	校服(套)					
	女式花衬衣(件)					
	小　计					
	车间照明					
机修车间						
行政管理部门						
合　计						

(3)直接人工分配表(表16-26)。

表 16-26　直接人工分配表

20××年9月30日　　　　　　　　　　　　　　　　　　单位：元

车间部门		应付职工薪酬				合　计
		工　时	分配率	金　额	福利费	
产品生产	男式西服(套)					
	校服(套)					
	女式花衬衣(件)					
	小　计					
基本生产车间管理						
机修车间						
行政管理部门						
合　计						

注：基本生产中分配率保留四位小数，分配金额四舍五入，保留整数。

(4)固定资产折旧计算表(表16-27)。

表16-27 固定资产折旧计算表

20××年9月30日 单位:元

车间部门		房屋建筑物年折旧率4.8%		机器设备年折旧率9.6%		折旧额合计
		固定资产原值	月折旧额	固定资产原值	月折旧额	
生产车间	裁剪车间					
	缝制车间					
	包装车间					
	小 计					
机修车间						
行政管理部门						
合 计						

(5)保险费和劳动保护费分配表(表16-28)。

表16-28 保险费和劳动保护费分配表

20××年9月30日 单位:元

项 目	保险费	劳动保护费	合 计
制造费用			
辅助生产费用			
管理费用			
合 计			

(6)短期借款利息及租金费用分配表(表16-29)。

表16-29 短期借款利息及租金费用分配表

20××年9月30日 单位:元

项 目	短期借款利息	租金费用	合 计
财务费用			
制造费用			
辅助生产费用			
合 计			

（7）辅助生产费用分配表（表 16-30）。

表 16-30　辅助生产费用分配表

20××年 9 月 30 日　　　　　　　　　　　　　　单位：元

受益部门	劳务量（工时）	分配率	金　额
生产车间			
行政管理部门			
合　计			

（8）制造费用分配表（表 16-31）。

表 16-31　制造费用分配表

20××年 6 月 30 日　　　　　　　　　　　　　　单位：元

产品名称及批号	生产工时	分配率	金　额
男式西服（701）			
校服（801）			
女式花衬衣（901）			
合　计			

注：分配率保留小数点后四位。

（9）辅助生产明细账。

（10）制造费用明细账。

（11）产品成本明细账——男式西服（生产批号 701），如表 16-32 所示。

表 16-32　产品成本明细账——男式西服

生产批号：701　　　　　　　投产日期：　年　月　日

批量：　　　　　　　　　　　完工日期：　年　月　日　　　　　单位：元

项　目	数　量	原材料	直接人工	燃料动力费	制造费用	合　计
月初在产品成本						
本期生产费用						
费用合计						
完工产品成本						
单位成本						
月末在产品成本						

(12)产品成本明细账——校服(生产批号801),如表16-33所示。

表16-33 产品成本明细账——校服

生产批号:801   投产日期: 年 月 日

批量: 完工日期: 年 月 日   单位:元

项 目	数 量	原材料	直接人工	燃料动力费	制造费用	合 计
月初在产品成本						
本期生产费用						
费用合计						
完工产品成本						
单位成本						
月末在产品成本						

(13)产品成本明细账——女式花衬衣(生产批号901),如表16-34所示。

表16-34 产品成本明细账——女式花衬衣

生产批号:901   投产日期: 年 月 日

批量: 完工日期: 年 月 日   单位:元

项 目	数 量	原材料	直接人工	燃料动力费	制造费用	合 计
月初在产品成本						
本期生产费用						
费用合计						
完工产品成本						
单位成本						
月末在产品成本						

(14)完工产品成本汇总表,如表16-35所示。

表16-35 完工产品成本汇总表

20××年9月   单位:元

产品名称	完工产量	原材料	直接人工	燃料动力费	制造费用	合 计	
						总成本	单位成本
男式西服							
校 服							
女式花衬衣							
合 计							

(15)管理费用明细账。

(16)记账凭证。

【实训结果】

(1)9月份"生产成本——辅助生产成本"明细账发生额：54 060元。

(2)9月份制造费用明细账发生额：121 540元。

(3)9月份男式西服完工产品成本：220 010.56元。

(4)9月份校服完工产品成本：832 000元。

(5)9月份女式花衬衣完工产品成本：201 413.6元。

【基本知识训练题】

一、单项选择题

1. 分批法适用于( )的企业。

    A. 大量大批生产   B. 单件小批生产

    C. 单步骤生产   D. 大量生产

2. 分批法的成本核算对象是( )。

    A. 产品步骤   B. 产品批别

    C. 生产计划   D. 产品品种

3. 分批法成本计算程序与( )一致。

    A. 品种法   B. 分步法   C. 分类法   D. 定额法

二、多项选择题

1. 分批法适用于( )的企业。

    A. 小批且管理上不要求分步骤计算成本的多步骤生产

    B. 单件生产

    C. 管理上不要求分步骤计算成本的多步骤生产

    D. 大量生产

2. 分批法的主要特点有( )。

    A. 以产品的批别(或定单)为成本计算对象

    B. 计算与结转完工产品成本

    C. 不计算与结转完工产品成本

    D. 按批别归集生产费用

3. 分批法是按照产品的( )归集生产费用。

    A. 批别   B. 定单   C. 生产步骤   D. 品种

三、判断题

1. 分批法的成本核算对象是产品定单。   ( )

2. 分批法的成本计算程序与品种法基本上相同。   ( )

3. 分批法的成本计算期与产品生产周期是一致的。   ( )

4. 分批法适用于大量大批的多步骤生产。   ( )

5. 分批法应按产品批别(工作令号、生产通知单)设置生产成本二级账。 ( )

6. 采用简化的分批法，完工产品不分配结转制造费用。   ( )

【实际技能训练题】

　　某厂根据客户的定单组织生产，采用分批法计算产品成本。该厂设有第一、第二两个基本生产车间，一个辅助生产车间。

　　20××年6月份有关生产情况和成本计算的资料如下：

　　(1)生产情况如生产情况表所示。

生产情况表　　　　　　　　　　　　单位：台

批　号	产品名称	开工日期	投产批量	本月完工数	在产品数
601	甲产品	5月份	400	100	300
602	乙产品	5月份	200	200	
603	丙产品	6月份	200	150	50
604	丁产品	6月份	300		300

　　(2)生产工时情况如生产工时表所示。

生产工时表　　　　　　　　　　　　单位：小时

批　号	产品名称	生产工时	
		第一车间	第二车间
601	甲产品	3 000	1 600
602	乙产品	1 500	2 000
603	丙产品	1 000	1 500
604	丁产品	800	1 000

　　(3)月初在产品成本如在产成品成本表所示。

在产品成本表　　　　　　　　　　　　单位：元

批　号	产品名称	直接材料	职工薪酬	制造费用	合　计
601	甲产品	37 638	27 914	14 200	79 752
602	乙产品	43 558	9 624	4 264	57 446

　　(4)材料耗用汇总情况如材料耗用汇总表所示。

材料耗用汇总表　　　　　　　　　　　　单位：元

批　号	产品名称	甲材料	乙材料	合　计
601	甲产品	19 414	4 474	23 888
602	乙产品	2 662	1 544	4 206
603	丙产品	2 808	9 587	12 395
604	丁产品	2 002	8 438	10 440
合　计		26 886	24 043	50 929

(5)本月基本生产车间职工薪酬 44 742 元，其中第一车间 25 893 元，第二车间 18 849元。

(6)本月基本生产车间汇总的制造费用为 9 900 元，其中第一车间 4 410 元，第二车间 5 490 元。

(7)该厂辅助生产车间本月为 601 批号产品制造专用模具和夹具，耗用材料 8 909 元，发生的人工费为 3 680 元、制造费用为 7 920 元。

(8)该厂甲产品的定额单位成本为直接材料 206.66 元、职工薪酬 105.02 元、制造费用 119.11 元。

(9)丙产品的在产品完工率和投料率均为 70%，该企业采用约当产量法分配丙产品的生产费用。

要求：

(1)编制"直接人工分配表"和"制造费用分配表"。

(2)设置辅助生产明细账归集辅助生产费用，并结转至 601 批号甲产品生产成本明细账"直接材料"项目。

(3)登记各批别产品生产成本明细账。

(4)开设产品成本明细账，计算完工产品成本(甲产品按定额成本法，丙产品按约当产量法)。

(5)编制完工产品入库的会计分录。

项目十七

产品成本计算——分步法

【内容提示】

分步法是产品成本计算的基本方法之一。本项目对分步法的概念、特点和成本计算程序进行了论述，以长春市百盛纸张试验机有限公司成本核算的基本情况、实验资料作为实训案例介绍分步法核算的基本程序。

通过本项目学习，应明确分步法的适用性、特点及成本计算程序，掌握逐步结转分步法的计算程序以及具体的计算过程，同时，要掌握综合逐步结转分步法的成本还原方法。

任务一　分步法基本知识

一、分步法的适用范围

分步法是按照生产过程中各个加工步骤归集生产费用、计算产品成本的一种方法。它适用于大量大批的多步骤生产的制造业，如冶金、纺织、造纸、砖瓦以及大量大批生产的机械制造等企业。

在多步骤生产的企业里，产品要经过多个生产工序加工制成。这类企业从原材料投入到产成品制成，要依次经过若干个连续的生产步骤，这些生产步骤的工艺技术过程是可以间断的，可以在不同时间、不同地点进行。例如，钢铁企业可分为炼铁、炼钢、轧钢等生产步骤；纺织企业可分为纺纱、织布、染色等生产步骤。在这些企业里，其生产过程是由若干个技术上可以间断的生产步骤所组成，每个生产步骤除了生产出半成品（最后步骤为产成品）外，还有一些加工中的在产品。已经生产出来的半成品既可以用于下一生产步骤进行进一步的加工，也可以对外销售。为了加强各生产步骤的成本管理，往往不仅要求按照产品品种计算成本，而且还要求按照生产步骤计算成本，以便为考核和分析各种产品及其各生产步骤的成本计划的执行情况提供资料。

二、分步法的特点

1. 按生产步骤和产品品种为成本计算对象

在分步法下，产品成本计算对象是各种产品及其所经过的各个加工步骤。如果企业只生产一种产品，成本计算对象就是该产品最后完工时成本及其所经过的各个生产步骤的成本。在这种情况下，产品成本明细账应按生产步骤设立，分别归集各个加工步骤的生产费用。

如果企业生产多种产品，成本计算对象就是各种产品最后完工的成本及其所经过的各个生产步骤的成本。在这种情况下，产品成本明细账应按生产步骤设立，明细账内再按产品品种反映。各个生产步骤发生的费用，凡能直接计入某种产品的，应直接计入其成本计算单内，不能直接计入的生产费用，先按生产步骤归集，月终时再按适当的分配方法分配计入有关产品成本计算单内。由于成本计算采用分步法，在费用归集上需要区别加工步骤和产品品种。因此，在生产费用发生时，应在原始凭证上注明该项费用发生在哪一个步骤，对于发生的直接费用，还应注明用于哪个产品，便于生产费用的汇总和分配。

应该指出的是，成本计算的分步与实际的生产步骤不一定完全一致，有的企业以一个车间为一个步骤，有的则将几个车间合并为一个步骤，也有在一个车间内再按工序划分步骤计算成本的。总之，要根据成本管理的要求，只对有必要分步计算成本的生产步骤单独设立成本计算单；对管理上不要求单独计算成本的生产步骤，则不必设立单独的成本计算单，可与其它生产步骤合并设立成本计算单。

2. 按月计算成本

分步法计算产品成本一般是按月定期进行的。因为在大量大批生产的企业里，原材料连续投入，产品连续不断地往下移动，生产过程中始终有一定数量的在产品，成本计算只能在每月月底进行，成本计算是定期的，成本计算期与生产周期不一致，但与报告期一致。

3. 合理分配完工产品与在产品成本

由于大量、大批多步骤生产的产品往往跨月陆续完工，月末经常有未完工的在产品，这就需要把产品成本计算单的各项费用，采用适当的分配方法在完工产品和在产品之间进行分配，计算本步骤各种完工产品和在产品成本，然后分别每种产品结转各步骤完工产品的成本，计算求得完工产品的总成本和单位成本以及在产品应负担的生产费用。

4. 分步法分为逐步结转和平行结转两种成本结转方法

在实际工作中，由于各个企业生产的具体情况不同以及对于生产步骤成本管理的要求不同，分步法在结转各个步骤的成本时，又分为逐步结转和平行结转两种方法。其中，逐步结转又分为综合结转和分项结转两种。

三、逐步结转分步法的计算程序

1. 逐步结转分步法的概念及其特点

在采用分步法的大量大批多步骤生产企业中，有些企业生产的半成品不仅用于进一步加工，而且还可以作为商品产品对外销售；有一些半成品，为本企业几种产品所耗用；有的半成品尽管不外售，但要进行同行业成本的评比。这些企业在计算成本时，除了按要求计算各种产成品的成本之外，还必须计算出各生产步骤的半成品成本，以便提供必要的信息资料。为了适应这种情况，成本计算就应采用逐步结转分步法。

逐步结转分步法又称为计列半成品成本的分步法，它是指按照产品生产加工的先后顺序，逐步计算并结转半成品成本，直到最后一个步骤计算出产成品成本的方法。

在采用逐步结转分步法时，成本计算对象是各种产成品及其各步骤的半成品；各个步骤的半成品成本，要随着半成品实物的转移而结转，以便逐步计算半成品成本和最后一个步骤的产成品成本。同时，由于不断地投入也有产出，在月末进行成本计算时，各生产步骤必然存在尚处在加工过程中的在产品，这种处于某一加工步骤的在产品属于狭义在产品。在分别计算各生产步骤半成品成本和最后步骤完工产品成本时，均应将各步骤(包括最后步骤)汇集的生产费用在本步骤完工半成品(最后步骤为产成品)与在产品之间进行分配。

2. 逐步结转分步法的计算程序

逐步结转分步法是按照产品连续加工的顺序，在计算各生产步骤产品成本时，每一个生产步骤所产半成品成本，要伴随着半成品实物的转移，从上一步骤的成本计算单转入下一步骤相同产品的成本计算单中，以便逐步计算出半成品成本和最后一个步骤的产成品成本。逐步结转分步法的计算程序如下：

(1)设置产品成本明细账。由于逐步结转分步法下产品成本计算对象是每种产品及其所经过生产步骤的半成品成本，因此，应按每种产品及其所经过的生产步骤设置成本明细账，明细账内按规定的成本项目设置专栏，这时，最后步骤为产成品，其余各步骤均为半成品。

(2)登记产品成本明细账，归集生产费用。逐步结转分步法下产品成本明细账要按月设置，分别成本项目登记。每月月初，先要根据上月资料登记月初在产品成本。然后，根据各费用分配表登记本月费用。当费用发生时，能直接确认为某种产成品或每步骤半成品的成本，应直接计入；不能直接计入的，则应采用适当的方法分配计入。最后，根据月初在产品成本和本月发生费用，加总计算出生产成本总额。

(3)在产品成本的计算。期末时，应将归集在各步骤产品成本明细账上的生产费用合计数，采用适当的方法，在完工半成品(最后步骤为产成品)和狭义在产品之间进行分配。

(4)半成品成本的计算。当在产品成本计算出来之后，对于除最后步骤外的其余各步骤来说，将生产费用合计数扣除在产品的成本，其余额就是完工半成品的成本。半成品实物可一次全部转入下步骤，也可以通过半成品库收发。随着半成品实物的转移，其成本也从本步骤成本明细账上转出，转入下一步骤产品成本明细账(或半成品明细账)中。

(5)产成品成本的计算。逐步结转分步法下，产成品成本是在最后步骤计算出来的。因此，将最后步骤产品成本明细账上的生产费用扣除期末在产品的成本，其余额就是完工产品成本。

采用逐步结转分步法计算产品成本的计算程序可用图 17-1 表示。

如果各步骤半成品完工后，不通过半成品库收发，而为下一步骤直接领用，半成品成本就在各步骤的产品成本明细账之间直接结转，不必编制结转半成品成本的会计分录；如果半成品完工后，不直接为下一步骤领用，而要通过半成品库收发，则应编制结转半成品成本的会计分录：在验收入库时，借记"自制半成品"账户，贷记"生产成本"账户；在下一步骤领用时，再编制相反的会计分录。

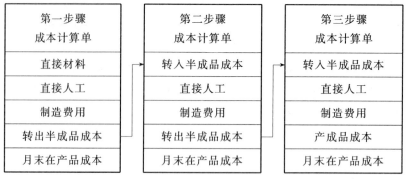

图 17-1　逐步结转分步法成本计算程序

逐步结转分步法，按照半成品成本在下一生产步骤产品成本明细账中的反映方法，又可以分为综合结转分步法和分项结转分步法两种。

四、综合结转分步法

采用综合结转分步法是将各生产步骤所耗用的半成品成本，综合计入各步骤产品成本明细账的"原材料""直接材料"或专设的"半成品"成本项目中。半成品成本的综合结转可以按实际成本结转，也可以按计划成本结转。

1. 按实际成本综合结转

采用这种结转方法时，各步骤所耗上一步骤的半成品费用，应根据所耗半成品的数量乘以半成品的实际单位成本计算。由于各月所产半成品的单位成本不同，因而所耗半成品的单位成本要采用先进先出法或加权平均法等方法计算。

【例 17-1】 假设某企业生产的甲产品分两个生产步骤，分别由第一、第二两个车间进行。第一车间为第二车间提供半成品，半成品通过半成品库收发，第二车间所耗半成品费用按加权平均法计算。两个车间在产品成本按定额成本计价。其成本计算程序如下：

(1)根据各种费用分配表、半成品交库单和第一车间在产品定额成本资料，登记第一车间甲产品成本计算单，如表 17-1 所示。

表 17-1　甲产品(半成品)成本计算单

第一车间　　　　　　　　　　　　　20××年 5 月　　　　　　　　　　　产量 2 000 件

成本项目	月初在产品成本	本月生产费用	合　计	完工半成品转出	月末在产品成本(定额成本)
直接材料	5 000	46 000	51 000	48 500	2 500
直接人工	3 200	12 000	15 200	13 600	1 600
制造费用	3 600	8 000	11 600	9 800	1 800
合　计	11 800	66 000	77 800	71 900	5 900

根据表 17-1 和半成品交库单编制结转半成品成本的会计分录：

借：自制半成品——甲半成品　　　　　　　　　　　71 900

　　贷：生产成本——基本生产成本——第一车间（甲产品）　　　71 900

（2）根据半成品入库单、第二车间领用半成品的领用单，登记自制半成品明细账，如表 17-2 所示。

表 17-2　自制半成品明细账

半成品：甲半成品　　　　　　　　　　　　　　　　　　　　　　　单位：件

月份	月初余额		本月增加		合计			本月减少	
	数量	实际成本	数量	实际成本	数量	实际成本	单位成本	数量	实际成本
5	500	18 100	2 000	71 900	2 500	90 000	36	1 800	64 800
6	700	25 200							

根据表 17-2 和第二车间领用半成品的领用单，编制结转半成品成本的会计分录：

借：生产成本——基本生产成本——第二车间（甲产品）　　　64 800

　　贷：自制半成品——甲半成品　　　　　　　　　　　　64 800

（3）根据各种费用分配表、半成品领用单、以及第二车间在产品定额成本资料，登记第二车间甲产品成本计算单，如表 17-3 所示。

表 17-3　甲产品（产成品）成本计算单

第二车间　　　　　　　　　20××年 5 月　　　　　　　　　产量：1 700 件

成本项目	月初在产品成本	本月生产费用	合计	产成品转出	在产品成本（定额成本）
直接材料	12 000	64 800	76 800	64 710	12 090
直接人工	2 000	12 200	14 200	12 000	2 200
制造费用	2 200	3 000	5 200	2 900	2 300
合计	16 200	80 000	96 200	79 610	16 590

根据第二车间成本计算单和产成品入库单，编制结转产成品成本的会计分录：

借：库存商品——甲产品　　　　　　　　　　　　　79 610

　　贷：生产成本——基本生产成本——第二车间（甲产品）　　　79 610

2. 按计划成本综合结转

采用这种结转方法时，半成品的日常收发均按计划成本核算。在半成品实际成本计算出来后，再计算半成品的成本差异率和成本差异，将所耗半成品的计划成本调整为实际成本。

按计划成本综合结转时，自制半成品明细账不仅要反映半成品收发和结存的数量和实际成本，而且要反映半成品的收发和结存的计划成本、成本差异和成本差异率。同时，在产品成本计算单的"半成品"项目或"原材料""直接材料"项目中，要分设"计划成本""成本差异"和"实际成本"三栏。

【例 17-2】承例 17-1 的资料，列示自制半成品明细账如表 17-4 所示。

表 17-4　自制半成品明细账

半成品：甲半成品　　　　　　　　　　　单位：件　　　　　　　　计划单位成本：35 元

月份	月初余额			本月增加			合　计					本月减少		
	数量	计划成本	实际成本	数量	计划成本	实际成本	数量	计划成本	实际成本	成本差异	成本差异率	数量	计划成本	实际成本
	①	②	③	④	⑤	⑥	⑦=①+④	⑧=②+⑤	⑨=③+⑥	⑩=⑨-⑧	⑪=⑩÷⑧	⑫	⑬	⑭=⑬+⑬×⑪
5	500	17 500	18 100	2 000	7 000	71 900	2 500	87 500	90 000	+2 500	+2.857%	1 800	63 000	64 800
6	700	24 500	25 200											

在第二车间甲产品成本计算单中，"半成品"或"直接材料"成本项目按"计划成本""成本差异"和"实际成本"分列三栏，其格式和金额如表 17-5 所示。

表 17-5　甲产品（产成品）成本计算单

第二车间　　　　　　　　　　20××年5月　　　　　　　　　产量：1 700 件

成本项目		月初在产品成本	本月发生费用	合　计	产成品转出	月末在产品成本（定额成本）
直接材料（半成品）	计划成本	11 670	63 000	74 670	62 920	11 750
	成本差异	330	1 800	2 130	1 790	340
	实际成本	12 000	64 800	76 800	64 710	12 000
直接人工		2 000	12 200	14 200	12 000	2 200
制造费用		2 200	3 000	5 200	2 900	2 300
合　计		16 200	80 000	96 200	79 610	16 590

按计划成本综合结转半成品成本与按实际成本综合结转半成品成本相比较，具有以下两个方面的优点：

(1)简化和加速了成本核算工作。按计划成本结转半成品成本，可以简化和加速半成品收发的凭证计价和记账工作。在半成品种类较多，按类计算半成品成本差异率、调整所耗半成品成本差异时，可以省去按品种、规格设立产品成本计算单，逐一计算所产半成品的实际成本和成本差异，逐一调整所耗半成品成本差异的大量计算工作。

(2)便于进行成本考核和分析。按计划成本结转半成品成本，可以在各步骤的产品成本明细账中分别反映所耗半成品的计划成本和成本差异，因而在考核和分析各步骤产品成本时，可以扣除上一步骤半成品成本节约或超支的影响，便于成本考核和分析工作的进行。

3. 综合结转法的成本还原

采用综合结转法结转半成品成本，各步骤所耗半成品的成本是以"半成品"或"原材料"项目综合反映的。这样计算出来的产成品成本，不能提供按原始成本项目反映的成本资料，在生产步骤较多的情况下，逐步综合结转半成品成本以后，表现在产成品成本中的绝大部分费用是最后一个步骤所耗半成品的费用，其他费用只是最后一个步骤发生的费用，在产成品成本中所占的比重很小。这显然不符合企业产品成本结构（也就是各项成本之间的比例关系）的实际情况，因而不能据以从整个企业的角度来考核和分析产品成本的构成和水平。为了正确反映企业产品成本的构成、保证成本资料的可比性，需要对产成品成本中的"半成品"综合成本项目进行成本还原。

所谓成本还原，就是从最后一个生产步骤起，将各步骤所耗上一步骤半成品的综合成本，按照上一步骤所产半成品成本的结构，逐步分解、还原为按"直接材料""直接人工""制造费用"等原始成本项目反映的产成品成本。通常采用的成本还原方法，是将本月产成品所耗上一步骤半成品的综合成本，按照本月上步骤所产的该半成品的成本结构进行还原。还原时，应从最后一个生产步骤起，自后向前逐步进行，直至还原出第一步的原始成本项目为止，然后将各步骤成本按规定的成本项目汇总，消除产成品成本中的"半成品"项目，求出按规定的成本项目反映的产成品成本。还原时要先计算出成本还原分配率，其计算公式如下：

$$成本还原分配率 = \frac{本月产成品所耗上步骤半成品成本合计}{本月上步骤所产该种半成品成本合计}$$

以成本还原分配率分别乘以本月上步骤所产该种半成品成本中的各个项目的成本，就可将本月耗用半成品的综合成本还原为按原始成本项目反映的产成品成本。

【例 17-3】 承例 17-1、例 17-2，编制"产品成本还原计算表"说明成本还原过程，如表 17-6 所示。

表 17-6　产品成本还原计算表

产品名称：甲产品　　　　　　　　　　20××年5月　　　　　　　　　　单位：元

行　次	项　目	产量（件）	还原分配率	半成品	直接材料	直接人工	制造费用	合　计
①	还原前产成品成本			64 710		12 000	2 900	79 610
②	本月所产半成品成本				48 500	13 600	9 800	71 900
③＝②×还原率	产成品成本中半成品成本还原		0.9*	−64 710	43 650	12 240	8 820	0
④＝①＋③	还原后产成品总成本	1 700			43 650	24 240	11 720	79 610
⑤＝④÷产量	还原后产成品单位成本				25.68	14.26	6.89	46.83

※还原分配率＝$\frac{64\ 710}{71\ 900}$＝0.9

本例中，甲产品是经两个生产步骤生产而成的。如果产品的生产步骤不止两步而是三步，按照上述方法还原后，上表"半成品"项目还会有未还原尽的综合费用，这时应再进行一次成本还原。如果是四步，则应还原三次，以此类推，直至"半成品"项目的综合费用全部分解，还原为原始成本项目时为止。

4. 综合结转分步法的优缺点

综上所述，综合结转分步法的优点在于：可以在各生产步骤的产品成本计算单中反映各该步骤完工产品所耗半成品费用的水平和本步骤加工费用的水平，有利于各个生产步骤的成本管理。其缺点是：为了从整个企业的角度反映产品成本的构成，加强企业综合的成本管理，必须进行成本还原，进而增加了核算工作量。因此，综合结转分步法只宜在半成品具有独立的国民经济意义、管理上要求计算各步骤完工产品所耗半成品费用，但不要求进行成本还原的情况下采用。

五、分项结转分步法

采用分项结转分步法是将各生产步骤所耗用的半成品成本，随着半成品实物的转移，按照成本项目分别转入各该步骤产品成本计算单的相应成本项目中，并且与本步骤的相应成本项目合并计算产品成本的一种方法。如果半成品通过半成品库收发，那么，在自制半成品明细账中登记半成品成本时，也要按照成本项目分别登记。这种结转方法，转出的半成品成本与综合结转分步法一样，既可按照半成品的实际单位成本结转，也可以按照半成品的计划单位成本结转，然后按成本项目分项调整成本差异。由于按照计划成本结转需分项结转差异，计算工作量较大，因此一般采用按实际成本分项结转的方法。

1. 按实际成本分项结转

【例17-4】 仍以前例甲种产品为例，说明分项结转分步法的计算程序。

(1)根据第一车间产品成本计算单、半成品交库单和领用单，登记自制半成品明细账，如表17-7所示。

表 17-7　自制半成品明细账(加权平均法)

半成品：甲半成品　　　　　　　　　　　　　　　　　　　　　　单位：元

月　份	项　目	数量(件)	实际成本			
			直接材料	直接人工	制造费用	合　计
5	月初余额	500	12 000	3 400	2 700	18 100
	本月增加	2 000	48 500	13 600	9 800	71 900
	合　计	2 500	60 500	17 000	12 500	90 000
	单位成本		24.20	6.80	5.00	36.00
	本月减少	1 800	43 560	12 240	9 000	64 800
6	月末余额	700	16 940	4 760	3 500	25 200

(2)根据各种费用分配表、半成品领用单、自制半成品明细账、产成品交库单和第二车间在产品定额成本资料，登记第二车间甲产品成本计算单，如表17-8所示。

表 17 - 8　甲产品(产成品)成本计算单

第二车间　　　　　　　　　　　　　　20××年 5 月　　　　　　　　　　　产量：1 700 件

成本项目	月初在产品成本	本月本步骤生产费用	本月耗用半成品费用	合　计	产成品转出	产成品单位成本	月末在成品成本（定额成本）
直接材料	8 000		43 560	51 560	39 470	23.22	12 090
直接人工	3 800	12 200	12 240	28 240	26 040	15.32	2 200
制造费用	4 400	3 000	9 000	16 400	14 100	8.29	2 300
合　计	16 200	15 200	64 800	96 200	79 610	46.83	16 590

在甲产品成本计算单中，计算出产成品单位成本合计数为 46.83 元，与例 17-3 中甲种产成品成本还原计算表中还原后的产成品单位成本合计数相同，但两者的成本结构不同。这是因为，产成品成本还原计算表中产成品所耗半成品各项费用是按本月所产半成品的成本结构还原算出的，没有考虑以前月份所产半成品，即月初结存半成品成本结构的影响；而例 17-3 产品成本计算单中产成品所耗半成品各项费用，不是按本月所产半成品的成本结构还原算出，而是按其原始成本项目逐步转入的，包括了以前月份所产半成品成本结构的影响，是比较正确的。

2. 分项结转分步法的优缺点

采用分项结转分步法结转半成品成本，可以直接、正确地提供按原始成本项目反映的企业产品成本资料，能够真实地反映产品成本结构，便于分析各项目成本超支或降低的原因，不需要进行成本还原。但是，其成本结转工作比较复杂，而且在各步骤完工产品成本中看不出所耗上一步骤半成品费用是多少，本步骤加工费用是多少，不便于进行各步骤完工产品的成本分析。因此，分项结转分步法一般适用在管理上不要求计算各步骤完工产品所耗半成品费用和本步骤加工费用，而要求按原始成本项目计算产品成本的企业。

六、逐步结转分步法的优缺点及适用范围

综上所述，逐步结转分步法(包括综合结转和分项结转)的优点在于：能够提供各个生产步骤的半成品成本资料；由于半成品的成本随着实物转移而结转，因而还能为半成品和在产品的实物管理和资金管理提供数据；能够全面地反映各生产步骤所耗上一步骤半成品费用和本步骤加工费用，有利于各个生产步骤的成本管理。其缺点在于：各生产步骤的半成品成本要逐步结转，在加速成本计算工作方面有一定的局限性；在综合结转半成品成本的情况下，往往要进行成本还原，在分项结转半成品成本的情况下，各步成本的结转工作又比较复杂，因而核算工作量比较大。

逐步结转分步法一般适用于在半成品的种类不多、逐步结转半成品成本的工作量不是很大的情况下，或者半成品的种类较多但管理上要求提供各个生产步骤半成品成本数据的情况下采用。

任务二 分步法实训

 【能力目标】

通过产品成本计算的分步法的实验，使学生掌握分步法核算的基本原理、核算程序以及具体计算过程，同时掌握逐步结转分步法的成本还原。

 【任务描述】

1. 能够开设基本生产成本明细账、自制半成品明细账。
2. 登记基本生产成本明细账。
3. 掌握成本还原分配率的计算方法，会编制"产品成本还原计算表"。

 【实训资料】

长春市百盛纸张试验机有限公司是专业生产纸张检测仪的生产企业。企业设有三个基本生产车间，第一生产车间生产半成品底座（为方便说明简称为 A 半成品，下同），完工后不经过半成品仓库，全部交给第二车间继续加；第二生产车间进一步生产半成品平衡规（为方便说明简称为 B 半成品，下同），完工后全部交给半成品仓库；第三生产车间从半成品仓库领出半成品继续加工生产出完工产品纸张检测仪（为方便说明简称为甲产成品，下同）。同时设有供电、机修两个辅助生产车间和一个企业管理部门。

长春市百盛纸张试验机有限公司本月发生的其他业务如下：

（1）本月生产车间发生的费用已经在各成本核算对象之间进行分配，各生产车间产成品和半成品月初在产品成本和本月本车间发生的生产费用资料以及本月各生产车间生产数量记录资料见表 17 - 9、表 17 - 10。

表 17 - 9 生产费用记录资料

产品：甲产品　　　　　　　　　　　20××年 10 月　　　　　　　　　　　单位：元

项　目	第一车间	第二车间	第三车间
月初在产品成本	7 250	26 000	40 000
其中：直接材料（半成品）	5 000	19 000	33 000
直接人工	1 250	4 000	4 000
制造费用	1 000	3 000	3 000
本月本步发生生产费用	102 250	70 000	73 500
其中：直接材料	55 000		
直接人工	26 250	40 000	42 000
制造费用	21 000	30 000	31 500

表 17-10 生产数量记录资料

产品：甲产品　　　　　　　　　　　　　　20××年10月　　　　　　　　　　　　　　单位：件

项 目	第一车间	第二车间	第三车间
月初在产品	20	40	40
本月投入或上步转入	220	200	200
本月完工转入下步或交库	200	200	220
月末在产品	40	40	20

（2）本月B半成品收入、发出和结存情况如下：B半成品月初结存40件，总成本为33 000元，本月第二车间生产完工交库B半成品200件，第三车间生产领用B半成品200件。B半成品明细账有关资料见自制半成品明细账（表17-11）。

表 17-11 自制半成品明细账

产品名称：B半成品　　　　　　　　　　　20××年10月　　　　　　　　货币计量单位：元　　实物计量单位：件

20××年		凭证号	摘 要	收 入		发 出			结 存	
月	日			数量	金额	数量	单价	金额	数量	金额
10	1		上月结转						40	33 000
	2	1	三车间领用			40			0	
	7	2	二车间交库	80					80	
	8	3	三车间领用			80			0	
	16	4	二车间交库	80					80	
	17	5	三车间领用			80			0	
	31	6	二车间交库	40					40	
	31		本月合计	200		200			40	

该厂采用逐步结转分步法计算产成品成本，成本结转方式为半成品按实际成本综合结转。

 【实训要求】

（1）分别设置三个基本生产车间的"生产成本明细账"和自制B半成品的"自制半成品明细账"。

（2）根据有关的自制B半成品明细账的资料，编制B半成品入库、领用的记账凭证。

（3）登记"基本生产成本明细账"，计算完工产品（或半成品）及月末在产品成本，完工产品（或半成品）与月末在产品费用分配方法采用约当产量法（原材料在生产开始时一次投入，完工程度为100%，在产品完工程度为50%）。

（4）自制B半成品通过半成品库收发，其中半成品按实际成本综合结转，发出半成品采用全月一次加权平均法。

（5）对甲产品按照成本还原分配率进行成本还原，并且编制"产品成本还原计算表"。

【实训用表及记账凭证】

（1）记张凭证 3 张。

（2）基本生产成本明细账 3 张，如表 17 - 12、表 17 - 13、表 17 - 14 所示。

表 17 - 12　第一车间产品生产成本明细账

产品：A 半成品　　　　　　　　　　　20××年 10 月　　　　　　　　　　　单位：元

摘　　要	直接材料	直接人工	制造费用	合　　计
月初在产品成本				
本月本步发生费用				
生产费用合计				
本月完工产品数量				
月末在产品约当量				
约当总产量				
完工产品单位成本				
完工产品总成本				
月末在产品成本				

表 17 - 13　第二车间产品生产成本明细账

产品：B 半成品　　　　　　　　　　　20××年 10 月　　　　　　　　　　　单位：元

摘　　要	上步转入	本步发生		合　　计
	A 半成品	直接人工	制造费用	
月初在产品成本				
本月本步发生费用				
本月上步转入费用				
生产费用合计				
本月完工产品数量				
月末在产品约当量				
约当总产量				
完工产品单位成本				
完工产品总成本				
月末在产品成本				

表 17-14 第三车间产品生产成本明细账

产品：甲产品　　　　　　　　　　　20××年10月　　　　　　　　　　单位：元

摘　要	上步转入	本步发生		合　计
	B 半成品	直接人工	制造费用	
月初在产品成本				
本月本步发生费用				
本月上步转入费用				
生产费用合计				
本月完工产品数量				
月末在产品约当量				
约当总产量				
完工产品单位成本				
完工产品总成本				
月末在产品成本				

（3）自制半成品明细账 1 张，如表 17-15 所示。

表 17-15 自制半成品明细账

　　　　　　　　　　　　　　　　　　　　　　　　　　　　　　　　货币计量单位：元

产品名称：B 半成品　　　　　　　20××年10月　　　　　　　　　实物计量单位：件

20××年		凭证号	摘　要	收　入		发　出			结　存	
月	日			数量	金额	数量	单价	金额	数量	金额
10	1		上月结转						40	33 000
	2	1	三车间领用			40			0	
	7	2	二车间交库	80					80	
	8	3	三车间领用			80			0	
	16	4	二车间交库	80					80	
	17	5	三车间领用			80			0	
	31	6	二车间交库	40					40	
	31		本月合计	200		200			40	

(4)产品成本还原计算表 1 张,如表 17 - 16 所示。

表 17 - 16 产品成本还原计算表

产品:甲产品　　　　　　　　　　20××年 10 月　　　　　　　　产量:220 件 单位:元

摘　要	成本原分配率	成本项目					
		B 半成品	A 半成品	直接材料	直接人工	制造费用	合　计
还原前总成本①							
本月所产 B 半成品成本②							
B 半成品成本还原③							
本月所产 A 半成品成本④							
A 半成品成本还原⑤							
还原后总成本⑥ (⑥=①+③+⑤)							
还原后单位成本⑦							

提示:

(1)首先,根据产品成本计算程序,分别计算三个生产车间的产成品(或半成品)的实际成本。

(2)注意正确计算自制 B 半成品的加权平均单位成本以及第三车间领用 B 半成品的总成本。

(3)注意正确计算成本还原分配率。

 【实训结果】

(1)第一基本生产车间 A 半成品的实际总成本为 95 000 元。

(2)第二基本生产车间 B 半成品完工入库总成本为 165 000 元。

(3)自制 B 半成品的加权平均单位成本为 825 元,第三车间领用 B 半成品的总成本为 165 000 元。

(4)第三基本生产车间完工入库甲产品总成本为 258 500 元。

(5)A 半成品、B 半成品的成本还原分配率均为 1.1,还原后的总成本为 258 500 元(其中直接材料 55 000 元、直接人工 115 500 元、制造费用 88 000 元)。

 【基本知识训练题】

一、单项选择题

1. 半成品实物转移,成本也随之结转的成本计算方法是(　　)。

　　A. 分批法　　　　　　　　　　　　B. 逐步结转分步法

　　C. 分步法　　　　　　　　　　　　D. 平行结转分步法

2. 不计算半成品成本的分步法是指(　　)分步法。

　　A. 综合结转　　　B. 逐步结转　　　C. 分项结转　　　D. 平行结转

3. 分步法的适用范围是（　　　）。

    A. 大量大批单步骤生产

    B. 单件小批多步骤生产

    C. 大量大批多步骤生产

    D. 管理上要求分步计算成本的大量大批多步骤生产

4. 分步法中，需要进行成本还原的成本计算方法是（　　　）。

    A. 综合结转　　　　　B. 逐步结转　　　　　C. 分项结转　　　　　D. 平行结转

5. 成本还原是将（　　　）成本中的自制半成品项目的成本，还原为原始成本项目的成本。

    A. 在产品　　　　　B. 产成品　　　　　C. 半成品　　　　　D. 自制半成品

6. 采用逐步结转分步法，各步骤期末在产品是指（　　　）。

    A. 广义在产品　　　　　　　　　　　B. 自制在产品

    C. 狭义在产品　　　　　　　　　　　D. 合格品和废品

7. 在下列企业中，（　　　）必须采用逐步结转分步法。

    A. 有自制半成品生产的企业　　　　　B. 有自制半成品交给下一步骤的企业

    C. 有自制半成品对外销售的企业　　　D. 没有自制半成品生产的企业

8. 成本还原是从（　　　）生产步骤开始的。

    A. 第一个　　　　　　　　　　　　　B. 最后一个

    C. 任意一个　　　　　　　　　　　　D. 中间一个

二、多项选择题

1. 应当采用逐步结转分步法计算成本的企业主要有（　　　）。

    A. 自制半成品可加工为多种产品的企业　　B. 有自制半成品对外销售的企业

    C. 需要考核自制半成品成本的企业　　　　D. 生产多种产品的企业

2. 半成品成本的计算和结转，可以采用（　　　）方式。

    A. 综合结转　　　　　　　　　　　　B. 逐步结转

    C. 分项结转　　　　　　　　　　　　D. 平行结转

3. 分步法中，能够直接反映产成品成本的原始构成项目的成本计算方法有（　　　）。

    A. 逐步结转分步法　　　　　　　　　B. 逐步综合结转方式

    C. 平行结转分步法　　　　　　　　　D. 逐步分项结转方式

4. 采用平行结转分步法，各生产步骤的期末在产品包括（　　　）。

    A. 本步骤正在加工的在制品

    B. 上步骤正在加工的在制品

    C. 已转入下一步骤的自制半成品

    D. 已转入下一步骤的尚未最终完工的自制半成品

5. 逐步结转分步法的特征有（　　　）。

    A. 管理上要求计算半成品成本　　　　B. 最后生产步骤计算的是产成品成本

    C. 半成品实物转移成本随之结转　　　D. 期末在产品指狭义在产品

6. 逐步结转分步法中，综合结转方式的特征有（　　　）。

    A. 能反映所耗上一步骤半成品的成本水平

B. 能反映所耗上一步骤半成品的成本构成

C. 能反映本步骤加工费用水平

D. 需要进行成本还原

7. 采用平行结转分步法计算产品成本一般应符合的条件有（　　）。

A. 半成品种类较多，但管理上不要求计算半成品成本

B. 半成品种类较多，但管理上要求计算半成品成本

C. 有自制半成品对外销售，不需要核算半成品成本

D. 自制半成品不被企业多种产品生产所消耗

8. 平行结转分步法的特征有（　　）。

A. 管理上要求分步归集费用但不要求计算半成品成本

B. 将各步骤应计入相同产成品成本的份额平行汇总求得产成品成本

C. 没有自制半成品对外销售，不需要考核半成品成本

D. 期末在产品是指广义在产品

三、判断题

1. 分步法的成本核算对象是产品品种及其所经过的生产步骤。　　　　（　　）

2. 需要计算半成品成本是分步法区别于品种法和分批法的标志。　　　（　　）

3. 采用逐步结转分步法，各生产步骤半成品成本的结转与其实物的转移不一致。　（　　）

4. 采用逐步结转分步法，各生产步骤成本计算单中的月末余额，就是各该步骤实际结存的在产品成本，即狭义在产品的成本，月末在产品成本与该步骤在产品实物一致。　（　　）

5. 逐步结转分步法采用分项结转方式时，为了反映产成品成本的原始构成，必须进行成本还原。　　　　（　　）

6. 综合结转分步法是将上一步骤转入下一步骤的半成品成本，不分成本项目，全部记入下一步骤产品成本计算单中的"直接材料"项目或"自制半成品"项目。　（　　）

7. 采用逐步结转分步法，完工产品是指最后步骤的产成品，在产品是指广义在产品。　（　　）

8. 采用平行结转分步法，在产品是指广义在产品，半成品实物转移，但成本不结转。

（　　）

9. 成本还原是从最后一个生产步骤开始，将最终产成品所耗自制半成品的综合成本，逐步由后一步骤向前一步骤还原，直到第一生产步骤为止。　（　　）

【实际技能训练题】

（一）训练逐步结转分步法的产成品成本的计算

设某工业企业生产甲产品，生产分三个步骤进行，采用逐步结转分步法计算成本，第一步骤本月转入第二步骤的生产费用为 13 000 元，第二步骤本月转入第三步骤的生产费用为 21 000 元，第三步骤本月发生的生产费用为 11 000 元（不包括上一步骤转入的费用），月初在产品费用为 5 000 元，月末在产品费用为 4 000 元。

要求：计算甲产品的本月产成品成本。

(二)训练逐步结转分步法的产成品成本还原

某企业采用逐步结转分步法分三个步骤计算产品成本,三个步骤成本计算的资料经整理如下表所示。

三个步骤的成本资料　　　　单位:元

生产步骤	半成品	直接材料	直接人工	制造费用	成本合计
第一步骤半成品成本	—	40 000	16 000	4 000	60 000
第二步骤半成品成本	70 000		8 000	3 000	81 000
第三步骤半成品成本	77 760		4 000	12 000	93 760

要求:根据上述资料进行成本还原,并将计算结果填入产品成本还原计算表。

产品成本还原计算表　　　　产量:100件

成本项目		还原前产品成本 ①	本月生产半成品成本 ②	还原分配率 ③	半成品成本还原 ④=③×②	还原后总成本 ⑤=①+④	还原后单位成本 ⑥=⑤÷完工产品产量
按第二步骤半成品成本结构进行还原	直接材料						
	半成品						
	直接人工						
	制造费用						
	合　计						
按第一步骤半成品成本结构进行还原	直接材料						
	半成品						
	直接人工						
	制造费用						
	合　计						

(三)训练逐步结转分步法(综合结转方式)和产成品成本还原

某企业生产的甲产品顺序经过第一车间、第二车间和第三车间三个基本生产车间加工,第一车间完工产品为A半成品,完工后全部交第二车间继续加工;第二车间完工产品为B半成品,完工后全部交第三车间继续加工;第三车间完工产品为甲产成品。甲产品原材料在第一车间生产开始时一次投入,各车间的工资和费用发生比较均衡,月末在产品完工程度均为50%。

该企业本月有关成本计算资料如下:

(1)生产数量资料见下表。

生产数量资料

产品：甲产品　　　　　　　　　　　20××年×月　　　　　　　　　　　单位：件

项　目	第一车间	第二车间	第三车间
月初在产品数量	50	100	200
本月投入或上步转入数量	550	500	500
本月完工转入下步或交库数量	500	500	550
月末在产品数量	100	100	150

(2)生产费用资料见下表。

生产费用资料

产品：甲产品　　　　　　　　　　　20××年×月　　　　　　　　金额单位：元

项　目	第一车间	第二车间	第三车间
月初在产品成本	36 250	130 000	400 000
其中：直接材料(半成品)	25 000	95 000	330 000
直接人工	6 250	20 000	40 000
制造费用	5 000	15 000	30 000
本月本步发生生产费用	511 000	35 000	367 500
其中：直接材料	275 000		
直接人工	131 250	200 000	210 000
制造费用	105 000	150 000	157 500

要求：

(1)根据资料采用逐步结转分步法(综合结转方式)计算甲产品及其 A 半成品、B 半成品成本(月末在产品成本按约当产量法计算)，编制结转完工产成品的会计分录，登记产品生产成本明细账。

第一车间产品生产成本明细账

产品：A 半成品　　　　　　　　　　20××年×月　　　　　　　　金额单位：元

摘　要	直接材料	直接人工	制造费用	合　计
月初在产品成本				
本月本步发生费用				
生产费用合计				
本月完工产品数量				
月末在产品约当量				
约当总产量				
本月完工产品单位成本				
本月完工产品总成本				
月末在产品成本				

第二车间产品生产成本明细账

产品：B半成品　　　　　　　　　　　　20××年×月　　　　　　　　　　　　金额单位：元

摘　要	上步转入	本步发生		合　计
	A半成品	直接人工	制造费用	
月初在产品成本				
本月本步发生费用				
本月上步转入费用				
生产费用合计				
本月完工产品数量				
月末在产品约当量				
约当总产量				
本月完工产品单位成本				
结转本月完工产品总成本				
月末在产品成本				

第三车间产品生产成本明细账

产品：B半成品　　　　　　　　　　　　20××年×月　　　　　　　　　　　　金额单位：元

摘　要	上步转入	本步发生		合　计
	B半成品	直接人工	制造费用	
月初在产品成本				
本月本步发生费用				
本月上步转入费用				
生产费用合计				
本月完工产品数量				
月末在产品约当量				
约当总产量				
本月完工产品单位成本				
结转本月完工产品总成本				
月末在产品成本				

（2）对第三车间所产甲产品总成本中的自制半成品成本进行还原，完成产品成本还原计算表。

产品成本还原计算表

产品：甲产品　　　　　　　　　　20××年×月　　　　　产量：550 件　　金额单位：元

摘　要	成本原分配率	成本项目					
		B半成品	A半成品	直接材料	直接人工	制造费用	合　计
还原前总成本①							
本月所产B半成品成本②							
B半成品成本还原③							
本月所产A半成品成本④							
A半成品成本还原⑤							
还原后总成本⑥							
还原后单位成本⑦							

项目十八

本量利分析

【内容提示】

本项目对企业成本、业务量和利润的关系、边际贡献率的概念及相关换算、本量利关系图的绘制、盈亏临界点的判断、敏感性分析进行了论述，以荣升公司为例从能力目标、任务描述、实训资料、实训要求等方面进行本量利分析的实训。

通过本项目学习，要求从总体上掌握本量利分析的含义及计算公式、盈亏临界点销售额与盈亏临界点销售量的分析、敏感因素分析等相关内容。

任务一 本量利分析基本知识

一、本量利分析概述

本量利分析是成本—业务量—利润关系分析的简称，它是指在成本习性分析的基础上，运用数学模型和图式，对成本、利润、业务量与单价等因素之间的依存关系进行具体的分析，研究其变动的规律性，以便为企业进行经营决策和目标控制提供有效信息的一种方法。本量利分析的目的在于通过分析短期内产品销售价格、销售量、固定成本、单位变动成本以及产品结构等因素的变化对利润的影响，为企业管理人员提供预测、决策等方面的信息。

二、成本、数量和利润的关系

本量利分析涉及的相关因素主要包括固定成本(用 a 表示)、单位变动成本(用 b 表示)、单价(用 p 表示)、产量或者销售量(用 x 表示)、销售收入(用 px 表示)和营业利润(用 P 表示)等。这些变量之间的关系可以通过数学模型进行建立。

1. 损益方程式

(1)基本的损益方程式。

营业利润(P)＝销售收入－总成本
     ＝销售收入－(变动成本＋固定成本)
     ＝销售收入－变动成本－固定成本
     ＝销售单价×销售量－单位变动成本×销售量－固定成本

$$=(销售单价-单位变动成本)\times 销售量-固定成本$$

即
$$P=px-(bx+a)$$
$$=px-bx-a$$
$$=(px-bx)-a$$
$$=(p-b)x-a$$

损益方程式是明确表达本量利之间数量关系的基本方程式，它含有五个相互联系的变量，给定其中四个，便可求出另一个变量的值。

（2）包含期间成本的损益方程式。

根据多步式利润表的结构，不但要分解产品成本，而且要分解销售费用、行政管理费用等期间成本。分解后的方程式为：

$$税前利润=销售收入-\left(\begin{array}{c}变动\\销售成本\end{array}+\begin{array}{c}固定\\销售成本\end{array}\right)-\left(\begin{array}{c}变动销售\\和管理费\end{array}+\begin{array}{c}固定销售\\和管理费\end{array}\right)$$
$$=单价\times 销量-\left(\begin{array}{c}单位变动\\产品成本\end{array}+\begin{array}{c}单位变动销\\售和管理费\end{array}\right)\times 销量-\left(\begin{array}{c}固定产品\\成本\end{array}+\begin{array}{c}固定销售\\和管理费\end{array}\right)$$

该损益方程式假设影响税前利润的因素只有销售收入、产品成本、管理费用和销售费用，省略了营业税金及附加、财务费用、资产减值损失、投资收益和营业外收支等因素。

（3）计算税后利润的损益方程式。

税后利润=利润总额-所得税

　　　　=利润总额-利润总额×所得税税率

　　　　=利润总额×（1-所得税税率）

　　　　=（单价×销量-单位变动成本×销量-固定成本）×（1-所得税税率）

【例 18-1】 荣升公司每个月的固定制造成本为 1 500 元，固定销售费用 100 元，固定管理费用 200 元，单位变动制造成本 8 元，单位变动销售费用 0.6 元，单位变动管理费用 0.4 元。荣盛公司产销一种润滑剂，单价为 20 元。

要求：

（1）若本月计划销售 1 000 件产品，计算预计税前利润。

（2）假定所得税率为 50%，本月计划销售 1 200 件润滑油，计算税后利润。

税前利润=1 000×20-(8+1)×1 000-(1 500+300)=9 200(元)

税后利润=[1 200×20-(8+1)×1 200-(1 500+300)]×（ 1-50% ）=5 700(元)

2. 边际贡献方程式

（1）边际贡献。在本量利分析中，边际贡献是指产品的销售收入扣除变动成本之后的金额，表明该产品为企业作出的贡献，也称贡献边际、边际利润或创利额，是用来衡量产品盈利能力的一项重要指标。边际贡献可以由三种形式进行表示，分别是边际贡献总额、单位边际贡献和边际贡献率：边际贡献总额(Tcm)是指产品销售收入总额与变动成本总额之间的差额；单位边际贡献(Ucm)是指单位产品售价与单位变动成本的差额；边际贡献率(cmR)是指边际贡献总额占销售收入总额的百分比，或单位边际贡献占单价的百分比。

边际贡献的这三种形式可以互相转换，公式如下：

① 边际贡献总额＝销售收入总额－变动成本总额

$$= 单位边际贡献 \times 销售量$$

$$= 销售收入 \times 边际贡献率$$

即：
$$Tcm = px - bx$$
$$= cm \times x$$
$$= px \times cmR$$

② 单位边际贡献＝单价－单位变动成本

$$= \frac{边际贡献}{销售量}$$

$$= 销售单价 \times 边际贡献率$$

即：
$$Ucm = p - b$$
$$= \frac{Tcm}{px}$$
$$= p \times cmR$$

③ 边际贡献率$= \dfrac{边际贡献}{销售收入} \times 100\%$

$$= \frac{单位边际贡献}{单价} \times 100\%$$

即：
$$cmR = \frac{Tcm}{px} \times 100\%$$
$$= \frac{cm}{p} \times 100\%$$

（2）边际贡献率和变动成本率。边际贡献率可以理解为每一元销售收入中边际贡献所占的比重，它反映产品给企业做出贡献的能力。与边际贡献率密切相关的指标是"变动成本率"（bR），即变动成本在销售收入中所占的百分率。其计算公式为：

$$变动成本率 = \frac{变动成本}{销售收入} \times 100\%$$

$$= \frac{单位变动成本 \times 销量}{单价 \times 销量} \times 100\%$$

$$= \frac{单位变动成本}{单价} \times 100\%$$

将边际贡献率与变动成本率两个指标联系起来分析，可以得出如下关系式：

$$边际贡献率 + 变动成本率 = \frac{单位边际贡献}{单价} + \frac{单位变动成本}{单价}$$

$$= \frac{(单价 - 单位变动成本) + 单位变动成本}{单价}$$

$$= 1$$

由此可见，边际贡献率与变动成本率属于互补性质。即变动成本率高的企业，则其边际贡献率低，创利能力小；反之，变动成本率低的企业，则贡献边际率高，创利能力大。

（3）基本的边际贡献方程式。

$$利润 = 销售收入 - 固定成本$$

$$=边际贡献－固定成本$$

$$=销量×单位边际贡献－固定成本$$

这个方程式，也可以明确表达本量利之间的数量关系。

三、盈亏临界分析

盈亏临界分析是本量利分析的一项基本内容，亦称损益平衡分析或保本分析。它主要研究如何确定盈亏临界点、确定有关因素变动对盈亏临界点的影响等问题，并可以为企业的决策提供信息。

1. 盈亏临界点的确定

盈亏临界点又称为保本点、盈亏平衡点、损益两平点等，是指刚好使企业经营达到不盈不亏状态的销售量（额）。此时，企业的销售收入恰好弥补全部成本，企业的利润等于零。盈亏临界点分析就是根据销售收入、成本和利润等因素之间的函数关系，分析企业如何达到不盈不亏的状态。也就是说，销售价格、销售量以及成本因素都会影响企业的不盈不亏状态。通过盈亏临界点分析，企业可以预测售价、成本、销售量以及利润情况，并分析这些因素之间的相互影响，从而加强经营管理。企业可以根据所销售产品的实际情况，计算盈亏临界点。简化即 BEP。

（1）单一产品的盈亏临界点。

① 单一产品的盈亏临界点销售量。企业只销售单一产品，则该产品的盈亏临界点计算比较简单。根据本量利分析的基本公式：

$$税前利润＝销售收入－总成本$$

$$=销售价格×销售量－（变动成本＋固定成本）$$

$$=销售单价×销售量－单位变动成本×销售量－固定成本$$

企业不盈不亏时，利润为零，利润为零时的销售量就是企业的盈亏临界点销售量。

即：　$$0=销售单价×\frac{盈亏临界点}{销售量}－单位变动成本×\frac{盈亏临界点}{销售量}－固定成本$$

$$盈亏临界点销售量=\frac{固定成本}{单价－单位变动成本}=\frac{固定成本}{单位边际贡献}$$

【例 18-2】 荣升公司生产配件，单价是 5 元，单位变动成本是 1.8 元，每个月的固定成本是 800 元。计算其盈亏临界点销售量如下：

$$盈亏临界点销售量=\frac{800}{5-1.8}=250（件）$$

② 单一产品的盈亏临界点销售额。相应地，根据利润计算的公式：

$$利润＝销售额×边际贡献率－固定成本$$

令利润为零，此时的销售额是盈亏临界点销售额。

即：　　　　　$$0=盈亏临界点销售额×边际贡献率－固定成本$$

$$盈亏临界点销售额=\frac{固定成本}{边际贡献率}$$

（2）多种产品的盈亏临界点。

在现实经济生活中，大部分企业生产经营的产品不只一种。在这种情况下，企业的盈亏临界点就不能用实物单位表示，因为不同产品的实物计量单位是不同的，把这些计量单位不同的产品销量加在一起是没有意义的。所以，企业在产销多种产品的情况下，一般用金额来表示企业的盈亏临界点，即一般只计算企业盈亏临界点的销售额。这里介绍以综合边际贡献率法计算多品种企业盈亏临界点。

综合边际贡献法，是指将各种产品的边际贡献总额按照其各自的销售比重这一权数进行加权平均，得出综合边际贡献率，然后再据此计算企业的盈亏临界点销售额和每种产品的盈亏临界点的方法。企业盈亏临界点的具体计算步骤如下：

① 计算综合贡献毛益率。

首先，计算各种产品的销售比重，计算公式如下：

$$某种产品的销售比重 = \frac{该品种产品销售额}{全部产品销售总额} \times 100\%$$

公式中，销售比重是销售额的比重而不是销售量的比重。

其次，计算综合边际贡献率，计算公式如下：

$$综合边际贡献率 = \sum(各种产品边际贡献率 \times 该种产品的销售比重)$$

$$综合边际贡献率 = \frac{全部产品边际贡献总额}{全部产品销售收入总额} \times 100\%$$

② 计算企业盈亏临界点销售额。计算公式如下：

$$企业盈亏临界点销售额 = \frac{企业固定成本总额}{综合边际贡献率}$$

③ 计算各种产品盈亏临界点销售额。计算公式如下：

$$某种产品盈亏临界点销售额 = \frac{企业盈亏临界点销售额}{该种产品销售比重}$$

【例18-3】 荣升公司销售甲、乙、丙三种产品，全年预计固定成本总额为200 000元，预计销售量分别为800件、500件和600件，预计销售单价分别为20元、80元、40元，单位变动成本分别为10元、50元、25元，要求计算荣升公司的盈亏临界点。

(1)计算综合边际贡献率。

第一步，计算全部产品销售总额。

全部产品销售总额＝800×20＋500×80＋600×40＝80 000(元)

第二步，计算每种产品的销售比重。

甲产品的销售比重＝800×20÷80 000＝20％

乙产品的销售比重＝500×80÷80 000＝50％

丙产品的销售比重＝600×40÷80 000＝30％

第三步，计算综合边际贡献率。

甲产品的边际贡献率＝(20－10)÷20＝50％

乙产品的边际贡献率＝(80－50)÷80＝37.5％

丙产品的边际贡献率＝(40－25)÷40＝37.5％

综合贡献毛益率＝50％×20％＋37.5％×50％＋37.5％×30％＝40％

(2)计算企业盈亏临界点销售额。

企业盈亏临界点销售额＝200 000÷40％＝500 000(元)

（3）将企业盈亏临界点销售额分解为各种产品盈亏临界点销售额和销售量。

甲产品盈亏临界点销售额＝500 000×20％＝100 000（元）

乙产品盈亏临界点销售额＝500 000×50％＝250 000（元）

丙产品盈亏临界点销售额＝500 000×30％＝150 000（元）

（4）相应地，可以计算出每种产品盈亏临界点销售量。

甲产品盈亏临界点销售量＝100 000÷20＝5 000（件）

乙产品盈亏临界点销售量＝250 000÷80＝3 125（件）

丙产品盈亏临界点销售量＝150 000÷40＝3 750（件）

综合边际贡献率的大小反映了企业全部产品的整体盈利能力高低，企业若要提高全部产品的整体盈利水平，可以调整各种产品的销售比重，或者提高各种产品自身的边际贡献率。

2. 盈亏临界点作业率

盈亏临界点作业率也称为保本作业率、危险率，是指企业盈亏临界点销售量（额）占现有或预计销售量（额）的百分比。该指标越小，表明用于保本的销售量（额）越低；反之，越高。其计算公式为：

$$盈亏临界点作业率＝\frac{盈亏临界点销售量（额）}{现有或预计销售量（额）}$$

3. 安全边际和安全边际率

所谓安全边际是指现有或预计销售量（额）超过盈亏临界点销售量（额）的部分。超出部分越大，企业发生亏损的可能性越小，产生盈利的可能性越大，企业经营就越安全。安全边际越大，企业经营风险越小。衡量企业安全边际大小有安全边际量（额）和安全边际率两个指标。其计算公式如下：

$$安全边际量（额）＝现有或预计销售量（额）－盈亏临界点销售量（额）$$

$$安全边际率＝\frac{安全边际销售量（额）}{现有或预计销售量（额）}×100\%$$

安全边际率与盈亏临界点的作业率之间的关系为：

$$安全边际率＋盈亏临界点作业率＝1$$

西方国家一般用安全边际率来评价企业经营的安全程度。表18-1列示了安全边际的经验数据。

表18-1　安全边际的经验数据

安全边际率	10％以下	10％～20％	20％～30％	30％～40％	40％以上
安全程度	危险	值得注意	比较安全	安全	很安全

安全边际能够为企业带来利润。我们知道，盈亏临界点的销售额除了弥补产品自身的变动成本外，刚好能够弥补企业的固定成本，但不能给企业带来利润。只有超过盈亏临界点的销售额，才能在扣除变动成本后，不必再弥补固定成本，而是直接形成企业的税前利润。用公式表示如下：

$$税前利润＝销售单价×销售量－单位变动成本×销售量－固定成本$$
$$＝(安全边际销售量＋盈亏临界点销售量)×单位贡献毛益－固定成本$$
$$＝安全边际销售量×单位贡献毛益$$
$$＝安全边际销售额×贡献毛益率$$

将上式两边同时除以销售额可以得出：

$$税前利润率＝安全边际率×贡献毛益率$$

四、敏感分析

盈亏临界分析是本量利分析方法中一种广泛应用于各领域的分析技术。它是研究一个系统在周围环境发生变化时，该系统状态会发生怎样变化的方法。敏感性分析具体研究的问题是，一个确定的模型在得出最优解之后，该模型中的某个或某几个参数允许发生多大的变化，仍能保持原来的最优解不变；或者当某个参数的变化已经超出允许的范围，原来的最优解已不再最优时，怎样用最简便的方法重新求得最优解。

本量利关系中的敏感性分析，主要研究销售单价、单位变动成本、固定成本和销售量这些因素的变动对盈亏临界点和目标利润的影响程度。具体说来，本量利关系中的敏感性分析就是分析由盈利转为亏损时各因素的变化情况和分析利润敏感性。由盈利转为亏损时各因素变化情况分析就是分析确定那些使得企业由盈利转为亏损的各因素变化的临界值，也就是计算出达到盈亏临界点的销售量、销售单价的最小允许值以及单位变动成本和固定成本的最大允许值。分析利润的敏感性是分析销售量、销售单价、单位变动成本和固定成本各因素变化对利润的影响程度，在这些因素中，有的因素微小的变化导致利润很大的变化，说明利润对该因素很敏感，该因素被称为敏感因素；而有的因素很大的变化只导致利润不大的变化，说明利润对该因素不敏感，该因素被称为不敏感因素。

1. 相关因素临界值的确定

根据实现目标利润的模型 $P＝px－bx－a＝(p－b)x－a$，当 P 等于零时，可以求出公式中各因素的临界值(最大、最小值)。确定某一相关因素临界值时，通常假定其他因素不变，计算公式如下：

$$p＝b+\frac{a}{x}$$

$$x＝\frac{a}{p-b}$$

$$b＝p-\frac{a}{x}$$

$$a＝(p-b)x$$

【例18-4】　2014年，荣升公司只生产和销售一种零件，产品计划年度内预计售价为每件24元，单位变动成本为8元，固定成本总额为12 000元。预计销售量为10 000件、全年利润为150 000元。相关因素临界值的确定如下：

(1)确定销售单价的临界值(最小值)。

$p＝8+12\ 000÷10\ 000＝9.2(元)$

这说明，单价不能低于9.2元这个最小值，否则便会亏损。

(2)确定销售量的临界值(最小值)。

$x=12\,000\div(24-8)=750(件)$

销售量的最小允许值为750件，这说明，销量只要达到750件，企业就可以保本。

(3)确定单位变动成本的临界值(最大值)。

$b=24-12\,000\div10\,000=22.8(元)$

这就是说，单位变动成本达到22.8元时，企业的利润就为零。

(4)确定固定成本的临界值(最大值)。

$a=(24-8)\times10\,000=160\,000(元)$

这就是说，固定成本的最大允许值为160\,000元，如果超过这个值，企业就会发生亏损。

2. 相关因素变化对利润变化的影响程度

销量、销售单价、单位变动成本和固定成本各因素变化对利润的影响程度是不同的，也就是利润对这些因素变动的敏感程度是不同的，为了测量利润对这些因素变动的敏感程度，人们在长期实践中建立了敏感系数这一指标。其计算公式如下：

$$敏感系数=\frac{目标值变动百分比}{因素值变动百分比}$$

根据该公式，企业管理者可以分析哪些是敏感因素，哪些是不敏感因素，然后对敏感因素应予以高度重视，对于不敏感因素，则可以不作重点关注，这样，就可以分清主次，把握重点了。

【例18-5】 承例18-4，假定单价、单位变动成本、固定成本和销量分别增长25％，则利润对各因素变动的敏感系数(以下简称各因素的敏感系数)可分别确定如下：

(1)销售单价的敏感系数。

由于销售单价增长25％，$p=24\times(1+25\%)=30(元)$

税前利润 $P=(30-8)\times10\,000-12\,000=208\,000(元)$

目标值变动百分比(即利润变动百分比)$=(208\,000-150\,000)\div150\,000=38.67\%$

销售单价的敏感系数$=38.67\%\div25\%=1.55$

这就意味着，销售单价增长1％，利润将提高1.55％。

即：
$$单价的敏感系数=\frac{px}{p}$$

(2)销售量的敏感系数。

由于销售量增长25％，$x=10\,000\times(1+25\%)=12\,500(件)$

税前利润 $P=(24-8)\times12\,500-12\,000=188\,000(元)$

目标值变动百分比(即利润变动百分比)$=(188\,000-150\,000)\div150\,000=25.34\%$

销售量的敏感系数$=25.34\%\div25\%=0.01$

这就说明，销售量增长1％，利润将提高0.01％。

即：
$$销售量的敏感系数=\frac{(p-b)x}{p}$$

(3)单位变动成本的敏感系数。

由于单位变动成本增长25％，$b=8\times(1+25\%)=10(元)$

税前利润 $P=(24-10)\times10\,000-12\,000=128\,000(元)$

目标值变动百分比(即利润变动百分比)$=(128\,000-150\,000)\div150\,000=-14.67\%$

单位变动成本的敏感系数$=-14.67\%\div25\%=-0.59$

这就表明,单位变动成本增长 1%,利润将反向变动 0.59%,即将降低 0.59%。

即:
$$单位变动成本的敏感系数=-\frac{bx}{p}$$

(4)固定成本的敏感系数。

由于固定成本增长 25%,也就是 $a=12\,000\times(1+25\%)=15\,000(元)$

税前利润 $P=(24-8)\times10\,000-15\,000=145\,000(元)$

目标值变动百分比(即利润变动百分比)$=(145\,000-150\,000)\div150\,000=-3.34\%$

固定成本的敏感系数$=-3.34\%\div25\%=-0.13$

这就是说,固定成本增长 1%,利润将降低 0.13%。

即:
$$固定成本的敏感系数=-\frac{a}{p}$$

需要说明的是,敏感系数是正数,表明该因素与利润是同向变动关系;敏感系数是负数,则表明该因素与利润是反向变动关系。分析敏感程度关键是看敏感系数绝对值的大小,绝对值越大,则敏感程度越高;反之,越小。

从以上公式可以看出,各公式的分母均为利润"P",所以公式值的大小完全取决于分子的大小。因此,对各敏感系数的分子进行比较即可。

从单价和销售量的敏感系数公式的分子来看,$px>(p-b)x$,所以单价的敏感系数一定大于销售量的敏感系数;从单价和变动成本的敏感系数公式的分子来看,企业在正常盈利条件下,$px>bx$,所以单价的敏感系数一定大于单位变动成本的敏感系数;同样,单价的敏感系数也大于固定成本的敏感系数。因此,一般来说,单价的敏感系数应该是最大的,也就是利润对单价变动的反应最为敏感。同样,与其他因素相比,销售价格变动对企业利润的影响最大。根据敏感系数公式,并在已知各因素变动幅度时,企业可以很容易地预测利润的变动幅度,从而容易计算出各因素变动后的利润值。

任务二　本量利分析实训

 【能力目标】

通过本量利分析的实训,使学生掌握企业中成本、业务量与利润之间的关系,边际贡献率的计算,盈亏临界点的分析,敏感因子对利润影响等相关内容。

【任务描述】

1. 进行本量利分析。

2. 计算盈亏临界点。

3. 进行敏感分析。

【实训资料】

荣升公司有关资料如下：

(1)荣升公司在郊外承包了一个旅游风景区，并且开了一个荣升百货，主要销售旅游景点的纪念品和生活日用品。周围的旅游景点的人络绎不绝，本地社区的销售额每周达到10 000元。

(2)除此之外，来旅游的人一般都会光顾荣盛百货。经过部门经理估计，平均每200元花费在旅游景点上的游客一般都会另外花费40元在荣升百货的纪念品上。统计门票的销售量波动时，目前这比率仍维持不变。本地区的商品销售与门票的销售是相互独立的。

(3)经计算，旅游景点门票的贡献边际率是22%，纪念品的贡献边际率是28%。现行的旅游门票售价是每人100元，每周的销售量为3 000张。荣升百货每周的固定成本是4 500元，每周员工薪金是固定的2 500元。

 【实训要求】

(1)计算郊区现行每周的利润和该旅游景点一周售票的保本量。

如果是旅游淡季，景点售票数一周减少到100张，分析对利润有何影响。

(2)如果由于天气原因，旅游景点售票数一周减少到100张，但又想保持在效区现行每周的利润水平，假设成本没有改变，那么每张门票的售价应该是多少？

(3)根据以上计算结果及案例中的资料，对荣升公司旅游景点的前景提出建议。

【实训结果】

(1)①计算现行每周的利润。

计算收入如下：

旅游景点销售收入＝3 000×100＝300 000(元)

纪念品销售收入＝300 000×20%＝60 000(元)

郊区总收入＝300 000＋60 000＋10 000＝370 000(元)

计算边际贡献如下：

旅游景点边际贡献＝300 000×22%＝66 000(元)

纪念品边际贡献＝60 000×28%＝16 800(元)

本地社区边际贡献＝10 000×28%＝2 800(元)

边际贡献总额＝66 000＋16 800＋2 800＝85 600(元)

利润＝85 600－(4 500＋2 500)＝78 600(元)

② 计算旅游景点一周售票的保本量。

旅游景点弥补的固定成本＝(4 500＋2 500)－2 800＝4 200(元)

旅游景点单位贡献边际＝(66 000＋16 800)÷3 000＝27.6(元/张)

旅游景点销售保本量＝4 200÷27.6＝152(张)

③ 计算销售100张时的利润。

利润＝100×27.6＋2 800－7 000＝－1 440(元)

如果是旅游淡季，景点售票数一周减少到100张，则产生亏损，亏损1 440元。

(2)如果由于天气原因，旅游景点的售票数一周跌到100张，但要维持每周78 600元的利润水平，旅游景点和关联纪念品销售所需的边际贡献计算如下：

旅游景点和关联纪念品销售所需的边际贡献＝66 000＋16 800＝82 800(元)

由于旅游景点的价格要发生变动，而其单位变动成本保持不变，故旅游景点的单位边际贡献和边际贡献率就会发生变动，因而，不能根据其原来的边际贡献率来计算价格。但可以根据现行资料，计算每张门票的变动成本。

因旅游景点现行边际贡献率20％，则：

变动成本率＝1－20％＝80％

单位变动成本＝现行价格×变动成本率＝100×80％＝80(元/张)

旅游景点价格发生变动时，每张门票变动成本80元是保持不变的。

设门票新价格为x，则有如下等式：

$(100x－100×80)＋28％×20％×100x＝82 800$

解得：$x＝962$

即新售价大约为每张962元时可维持原利润不变。

(3)根据以上计算结果可知，旅游景点门票的销售量对利润是不敏感的，即在恶略天气下，即使没有更多的游客旅游，也不需要降低门票价格来维持利润。因为旅游景点门票的价格对利润的变动影响不大。综上所述，旅游旺季与旅游淡季的利润差相对过大，可以在淡季通过降低成本来提高利润，而不需要降低门票价格。

 【基本知识训练题】

一、单项选择题

1. 销售收入扣减变动成本后的余额称做(　　)。
   A. 安全边际　　　　　　　　　　　　B. 边际贡献
   C. 营业毛利　　　　　　　　　　　　D. 边际贡献率

2. 本量利分析的基础是(　　)。
   A. 盈亏临界点　　　　　　　　　　　B. 目标利润
   C. 成本性态分析　　　　　　　　　　D. 目标销售量

3. 盈亏临界分析的关键是确定(　　)。
   A. 保本点　　　B. 边际贡献　　　C. 成本性态　　　D. 安全边际

4. 边际贡献又称贡献毛益或边际利润，其实质是(　　)。
   A. 企业销售收入的多少　　　　　　　B. 已销产品变动成本总额的多少
   C. 税前利润的多少　　　　　　　　　D. 为企业利润做出贡献的大小

5. 某企业每月固定成本1 000元，单价10元，计划销售量600件。为实现目标利润800元，其单位变动成本为(　　)元。
   A. 7　　　　　　B. 8　　　　　　C. 9　　　　　　D. 10

6. 某企业只生产一种产品，单位变动成本为36元，固定成本总额4 000元，产品单价56元。要使安全边际率达到50％，该企业的销售量应达到(　　)件。

A. 143   B. 222   C. 400   D. 500

7. 下列指标中，能够判断企业经营安全程度的是（   ）。

    A. 边际贡献   B. 保本作业率   C. 保本量   D. 保本额

8. 保本作业率与安全边际率之间的关系是（   ）。

    A. 两者相等   B. 前者一般大于后者

    C. 后者一般大于前者   D. 两者之和等于 1

9. 当单价为 100 元，边际贡献率为 40%，安全边际量为 1 000 件时，企业可实现利润（   ）元。

    A. 2 500   B. 100 000   C. 40 000   D. 60 000

10. 从保本图上得知，对单一产品分析，（   ）。

    A. 单位变动成本越大，总成本斜线率越大，保本点越高

    B. 单位变动成本越大，总成本斜线率小，保本点越高

    C. 单位变动成本越小，总成本斜线率越小，保本点越高

    D. 单位变动成本越小，总成本斜线率越大，保本点越低

二、多项选择题

1. 下列因素发生变动时，不会导致保本点变动的有（   ）。

    A. 销售单价   B. 单位变动成本

    C. 目标利润   D. 销售量

2. 下述规律正确的有（   ）。

    A. 盈亏临界点不变，销售量越大，实现的利润越多

    B. 销售量不变，盈亏临界点越低，实现的利润也越少

    C. 销售收入一定，固定成本越高，盈亏临界点越低

    D. 销售总成本一定的情况下，盈亏临界点受产品单位售价变动的影响

3. 在盈亏临界点的位置取决于（   ）等因素。

    A. 固定成本   B. 销售量

    C. 销售单价   D. 单位变动成本

4. 某企业生产一种产品，单价 20 元，单位变动成本 12 元，固定成本 2 400 元，满负荷运转下的正常销售量为 400 件。以下说法正确的有（   ）。

    A. 在"销售量"以金额表示的边际贡献式本量利图中，该企业的变动成本线斜率为 12

    B. 在保本状态下，该企业生产经营能力的利用程度为 75%

    C. 安全边际中的边际贡献为 800 元

    D. 该企业的生产经营较安全

5. 提高企业安全性的途径有（   ）。

    A. 提高产品市场占有率   B. 降低材料成本

    C. 降低人工成本   D. 增加广告费用

6. 下列各等式成立的有（   ）。

    A. 变动成本率＋安全边际率＝1   B. 贡献毛益率＋安全边际率＝1

    C. 贡献毛益率＋变动成本率＝1   D. 安全边际率＋保本作业率＝1

7. 本量利分析基本内容有( )。

A. 保本点分析 B. 安全性分析

C. 利润分析 D. 成本分析

8. 从本量利图得知:( )。

A. 保本点右边,成本大于收入,是亏损区

B. 安全边际越大,盈利面积越大

C. 实际销售量超过保本点销售量部分即是安全边际

D. 在其他因素不变的情况,保本点越低,盈利面积越小

9. 生产单一品种产品的企业,保本销售额可以通过以下( )公式计算。

A. 保本销售额×单位利润

B. 固定成本总额/贡献毛益率

C. 固定成本总额/综合边际利润率

D. 固定成本总额×单价/(单价−单位变动成本)

三、判断题

1. 在其他条件不变的情况下,单位变动成本上升,保本点业务量便会降低。 ( )

2. 超过保本点以上的安全边际所提供的边际贡献就是利润。 ( )

3. 安全边际是现有或预计的销售业务量与保本点业务量之间的差量,该指标越大越好。 ( )

4. 假定其他条件不变;单位变动成本和单价同时变动,则利润必定发生变化。 ( )

5. 固定成本单独变动对安全边际的影响与单位变动成本单独变动对安全边际的影响,其方向是一致的。 ( )

6. 如果产品的单价与单位变动成本上升的百分率相同,其他因素不变,则保本销售量上升。 ( )

7. 生产某种产品的固定成本为 5 000 元,单位变动成本 10 元,所得税率 30%。若计划销售 1 000 件并实现净利润 2 100 元,产品的单价应定为 18 元。 ( )

8. 单一品种情况下,盈亏临界点的销售量随着贡献毛益率的上升而上升。 ( )

9. 企业各种产品提供的贡献毛益即是企业的营业毛利。 ( )

10. 单价的敏感系数肯定大于销售量的敏感系数。 ( )

【实际技能训练题】

2015 年 2 月,荣升公司预测利润对各因素的敏感程度。荣升公司生产甲种产品,预计销售量 8 000 件,固定成本为 90 000 元,产品单价是 75 元,单位变动成本 45 元。

要求:

(1)若销售量增长 20%,计算利润对销售量的敏感系数。

(2)若单价增长 20%,计算利润对单价的敏感系数。

(3)若单位变动成本增长 20%,计算利润对单位变动成本的敏感系数。

(4)若固定成本增长 20%,计算利润对固定成本的敏感系数。

(5)进行对比分析,将以上各因素的敏感系数由大到小按顺序排列。

参考文献

[1] 姜春毓. 成本会计[M]. 北京：电子工业出版社，2012.

[2] 于晓红. 财务管理[M]. 北京：北京大学出版社，2014.

[3] 刘正兵. 财务成本管理[M]. 北京：中国财政经济出版社，2014.

[4] 美国管理会计师协会. 管理会计公告[M]. 北京：人民邮电出版社，2012.

[5] 王保林. 管理会计[M]. 北京：清华大学出版社，2012.

[6] 闫华红. 财务成本管理[M]. 北京：经济科学出版社，2007.

[7] 戴德明. 财务会计学. [M]. 北京：中国人民大学出版社，2004.

[8] 王化成. 财务管理理论结构[M]. 北京：中国人民大学出版社，2006.

[9] 金圣才. 财务管理学考研真题与典型题详解[M]. 北京：中国石化出版社，2009.